죽음 이후의 또다른 삶

THE SURVIVAL OF THE SOUL
by Lisa Williams

Copyright © 2011, by Lisa Williams
All rights reserved.
English language publication 2011 by Hay House USA Inc.
Korean translation rights © 2012 Inner World Publishing.
Korean translation rights are arranged with Hay House UK Ltd.
through Amo Agency Korea.

이 책의 한국어판 저작권은 아모 에이전시를 통한 저작권자와의 독점 계약으로 정신세계사에 있습니다.
신저작권법에 의하여 한국어판의 저작권 보호를 받는 서적이므로 무단 전재와 복제를 금합니다.

영매와 인도령들에게서 듣는

죽음 이후의 또다른 삶

리사 윌리엄스 지음 ― 자야리라 옮김

정신세계사

죽음 이후의 또다른 삶
ⓒ 리사 윌리엄스, 2011

리사 윌리엄스 짓고, 자야리라 옮긴 것을 정신세계사 정주득이 2012년 10월 19일 처음 펴내다. 이균형과 김우종이 다듬고, 김윤선이 꾸미고, 경운출력에서 출력을, 한서지업사에서 종이를, 영신사에서 인쇄와 제본을, 김영수가 기획과 홍보를, 하지혜가 책의 관리를 맡다. 정신세계사의 등록일자는 1978년 4월 25일(제1-100호), 주소는 03965 서울시 마포구 성산로4길 6 2층, 전화는 02-733-3134, 팩스는 02-733-3144, 홈페이지는 www.mindbook.co.kr, 인터넷 카페는 cafe.naver.com/mindbooky 이다.

2023년 1월 3일 펴낸 책(초판 제6쇄)

ISBN 978-89-357-0363-0 03290

얼굴엔 늘 웃음을 띠고 가슴엔 늘 사랑을 담고서
빛이 있는 곳을 가르쳐준,
내 영감의 근원인 아들 찰리에게!

차례

서문 9

1부 들어가기

1장 발견 25
2장 회의주의자와 냉소주의자들 51
3장 종교와 영성 75
4장 우리는 왜 죽음을 두려워하는가
　　ㅡ 그리고 왜 두려워할 필요가 없는가 85

2부 저세상으로 건너가기

5장 베일 통과하기 119
6장 천국과 지옥 ㅡ 두 가지 다른 길 137
7장 영혼의 인연 165
8장 죽음으로써 살아나기 ㅡ 재탄생! 181
9장 지상의 인연 내려놓기 191

3부 치유의 여정

10장 입문 — 기다림의 방　209

11장 삶을 되살피기 — 통찰의 방　229

12장 순수한 치유 — 치유의 방　253

13장 영혼의 더 큰 힘 — 보호자의 방　269

14장 높은 차원의 봉사, 그리고 신과의 만남　295

4부 돌아오기

15장 다시 세상으로　311

16장 지금 이 순간을 살라　329

에필로그　333
감사의 말　350
역자후기　352

서문

우리가 이 땅에서의 삶을 마친 후엔 어떤 일들이 일어나는지에 대해 많은 이들이 궁금해 하는 요즈음, 저는 이 책을 쓰게 되었습니다. 죽음 이후에는 어떤 일들이 일어날까요? 많은 사람들이 저에게 이 질문을 던집니다. 물론 저는 죽은 사람들과 대화를 나눌 수 있는 영능력 있는 영매입니다.

최근에 와서 저는 이 질문을 더욱 자주 받곤 합니다. 제 워크숍에 참석하거나 저에게 즉석상담을 받으시는 분들은 저세상에 있는 사랑하는 이들로부터의 메시지보다도 사후세계에 관한 이야기를 더 듣고 싶어합니다. 그래서 사후세계에 대한 이처럼 높아진 관심에 힘입어 이 책을 쓰게 되었습니다.

어쩌면 삶의 가장 큰 신비일 수도 있는 이 질문에 답을 할 수 있다고 말한다면 주제넘은 일이 될 것이고 보통 사람들은 꿈도 꿀 수 없는 경지에 도달했다고 떠벌리는 것과 다르지 않을 것입니다. 저는 자신을 보통 사람들과 다른 경지에 있는 존재라고 생각하지 않습니다. 저는 그런 존재가 아닙니다. 제가 이 책에 쓴 이야기들은 다른 사람들에게 영적 상담을 해줄 때 영(Spirit)이 들려준 이야기들이거나 제 인도령들(spirit guides)이 해준 이야기들입니다. 인도령들은 제 삶의 여정을 늘 함께해주는 에너지 차원의 존재들입니다. (이 책에서 영이란 사후의 세계에 들어간 영혼들을 집단적으로 일컫는 말입니다.) 또한 저의 직접적인 체험도 이 책을 쓰는 데 많은 도움이 되었습니다. 저는 '죽은' 적이 있습니다. 하지만 사후세계로 완전히 들어가 보지는 못했습니다. 다시 말해서 저는 임사체험을 한 후에 소명을 다하기 위해 지상으로 다시 보내졌습니다.

저는 지식과 정보의 근원이 아닙니다. 단지 알고 싶어하는 사람들에게 지식과 정보가 전달되도록 도와주는 매개자에 불과합니다. 사실 우리는 모두 영능력자가 될 수 있는 가능성을 지니고 있습니다. 하지만 모든 영능력자가 영매인 것은 아닙니다. 근육을 단련하려면 반복적인 훈련이 필요하듯이, 영과 대화하는 법을 터득하려면 반복적인 연습이 필요합니다. 저는 여러 해 동안 전 세계 곳곳에서 수많은 개인 상담과 집단 공개상담을 해오면서 영매로서의 능력을 연마했습니다. 하지만 제가 배운 가장 중요한 사실은, 항상 자신을 믿어야 한다는 것입니다.

제가 어떻게 이 유별난 직업을 갖게 되었는지는 제 첫 번째 책인 《죽은 사람들과 함께 살기》(Life Among the Dead)에 소개되어 있습니다. 어릴 적에 저는 자주 영혼들을 보고 대화를 나누곤 했습니다. 하지만 주변 사람들이 저를 이상하게 보거나 죽은 사람들을 볼 줄 아는 저의 능력을 무서워했기 때문에 저는 — 나중엔 선물이라고 부르게 될 — 이 능력을 점차 감추게 되었습니다. 제 외할머니인 프랜시스 글레이즈브룩 역시 영매로 활동했지만 어릴 때는 좀처럼 외할머니를 만날 기회가 없었습니다. 그렇긴 했어도 제가 10대였을 때 외할머니는 저에게 무수한 사람들 앞에서 무대 위에 올라 외할머니가 하는 것과 같은 일을 하게 될 것이라고 말해 주었습니다.

전문적으로 영적 상담을 시작했을 때, 저는 영적 상담이 얼마나 인기 있는지를 깨닫고 놀랐습니다. 하지만 제가 유명해지거나 텔레비전에 나오게 되리라고는 생각지도 못했습니다. 저는 날마다 개인상담을 하면서 사람들의 삶에 힘이 되어주는 것에 만족했습니다. 그러던 중 6년쯤 전 영국 레딧치에 있는 제 집의 거실에서 영매로서 일하고 있을 당시 로스앤젤레스에서 장기간 머물 수 있는 기회가 생겼습니다. 이 기회는 저에게 상담을 받던 한 친구가 제안한 것으로 그는 모든 것을 떠나서 로스앤젤레스를 한 번 탐험해보라고 저를 부추겨주었습니다. 이 여행이 제 삶을 바꿔 놓았습니다.

사람들은 우연이란 없고 모든 것은 뜻이 있어서 일어나는 것이라고 말합니다. 그렇다면 제가 미국에 있는 동안 병원에 입원해야 할 정도로 아팠던 것도 틀림없이 뜻이 있어서 일어난 일이겠지요. 로스앤젤레스에서 체류한 3개월 동안 저는 어떤 항생제로도 치료되지 않는 심각한 골반염과 싸우며 지냈습니다. 수술을 한 후에 의사들은 제가 영국으로 돌아가는 것이 안전하지 않다는 판단을 내렸고, 저는 건강을 회복할 때까지 비자를 열흘 동안 연장했습니다.

그 열흘간의 회복기 중에 한 여성 내담자를 만났는데 그녀는 저에게 머브 그리핀Merv Griffin이라는 친구를 소개시켜주었습니다. 그는 미국에서는 텔레비전을 통해 무척 잘 알려진 인물인 모양이었지만 저는 영국인인 관계로 그가 누구인지 전혀 알지 못했습니다. 우리는 서로 만났고 시간이 지나면서 친구가 되었습니다. 후에 저는 미국으로 다시 돌아와서 그와 함께 〈리사 윌리엄스, 죽은 사람들과 함께 살기〉라는 텔레비전 쇼를 만들었습니다. 방송이 성공하면서 저는 전 세계를 돌아다니면서 작은 그룹의 사람들에게 영능력과 영매술을 가르치거나 수천 명의 사람들이 지켜보는 무대에 서서 즉석 상담을 하게 되었습니다. 제 외할머니의 말씀이 이루어진 것입니다!

이 책이 만들어진 과정

제가 이 두 번째 책을 쓰게 된 사연은 무척 흥미롭고, 동시에 제가 평소 어떤 방식으로 일하는지를 잘 보여줍니다. 최소한 제가 생각했던 대로 일이 풀리지 않았다는 것은 분명합니다. 사실 초고의 여러 장을 쓴 후에야 저는 처음에 생각했던 것과는 전혀 다른 틀을 가지고 글을 풀어나가야 한다는 사실을 깨닫고, 원고를 문서분쇄기로 몽땅 없애버렸습니다. 이것은 제 인도령들의 지시에 따른 것이었습니다. 그때 저는 인도령들의 메시지를 최대한 잘 옮기기 위해 제 손가락이 움직일 수 있는 한 가장 빠른 속도로 컴퓨터 자판을 두드려댔습니다.

모든 일은 2009년 4월, 제가 호주의 시드니와 멜버른에서 네 편의 쇼를 하면서부터 시작되었습니다. 그때 호주는 멜버른 교외의 덤불숲에서 일어난 화재 때문에 큰 피해를 입은 상황이었습니다. 그래서 저는 쇼를 통해 얻은 수익을 구호활동을 돕는 데 썼습니다. 그리고 호주 중부의 영적인 명소 중의 명소라고 하는 울루루 거석(에어즈락)을 방문하기 위해서 호주 체류기간을 연장했습니다.

이 성소 근처의 호텔 방 발코니에 앉아 있을 때, 불현듯 글을 써야만 한다는 느낌이 몰려왔습니다. 우리가 죽을 때 어떤 일이 일어나는지에 관해 책을 써야겠다는 생각이 떠올랐지요. 그래서 상담 중에 얻은 정보들을 바탕으로 글을 쓰기 시작했는데, 글을 쓰기 시작하자마자 누군가가 제 옆에 앉아 있는 듯한 느낌을 받았습니다. 그게 누구인지는 전혀 알 수 없었지만 마치 받아쓰기를 하는 것처럼 누군가가 저에게 정보를 주고 있다는 것이 생생하게 느껴졌습니다.

'그래, 글을 어떤 틀에 맞춰서 쓰기를 포기하고 나에게 주어지는 정보를 그냥 받아 적자.' 그래도 미심쩍은 구석이 있어서 저는 물어보았습니다. "당신은 누구신가요?" 그러자 곧 대답이 들려왔습니다. "나는 아리엘이다." 그리고 나서 인도령 아리엘은 저에게 정보를 주기 시작했고, 저는 그 정보를 컴퓨터로 받아 적었습니다. 이 책의 많은 부분이 그때 받은 정보를 바탕으로 구성되었습니다.

울루루 거석에서 이 일이 일어난 지 몇 달 후, 저는 헤이하우스 출판사와 출판계약을 맺고 뉴욕에 머물게 되었습니다. 그때 마침 저는 크루즈 여행을 마친 상태였고 이어서 곧 순회여행을 시작할 계획이었습니다. 그래서 서른여섯 시간이라는 짧은 시간 동안 서부로 다시 돌아오기보다는 뉴욕에서 며칠을 더 머물면서 집필을 시작하기로 마음먹은 것입니다.

많은 사람들이 뉴욕은 창조적인 에너지를 채널링하기에는 적합하지 못한 곳이라고 생각할는지도 모르겠지만, 저는 그때 뉴욕이 창조적 활동에 매우 적합한 곳이라는 사실을 발견했습니다. 사실 그때 저는 사흘을 꼬박 방에 처박혀서 줄곧 글만 써댔습니다. 룸서비스가 얼마나 고맙던지요! 그 덕분에 저는 방 안에서 요가를 하고 마음을 고요히 가라앉히면서 영으로부터 더 많은 것들을 수월하게 받을 수 있었습니다.

그러던 중에 저는 제 뒤편에 어떤 존재가 있는 것을 느꼈습니다. 그는 저와 여러 해 동안 함께해온 인도령 벤이었습니다. 그가 말했습니다. "너를 조시야라는 이름의 영에게 소개시켜주고 싶다." 그리고 벤은 제가 호주에서 글을 쓸 때 아리엘로부터 정보를 받던 모습을 심상으로 보여주었습니다. 저는 그 심상을 통해 조시야도 저에게 정보를 주어서 받아 적게 하려고 한다는 것을 깨달았습니다.

다시 한 번 책을 쓰는 일반적인 틀을 빠져나와야만 했습니다. 사실 저는 아리엘이 전해준 정보를 받은 후 이미 책의 장들을 어떻게 배치할지를 구상하고 있던 참이었습니다. 그래서 저는 잠시 앉아서 마음을 가라앉힌 후에 속으로 생각했습니다. '좋아요, 준비됐어요.'

상담을 할 때면 저는 항상 인도령들에게 내가 받는 정보를 잘 전달할 수 있도록 보호해달라고 기도로써 도움을 구하고 나서 시작합니다. 정보가 저에게 명확하고 정확하고 간결하게 전달되게 해주고, 가장 긍정적인 정보만 보내달라고 하지요. 그리고 나서는 눈을 감고 제 안으로 들어오는 에너지가 저의 에너지와 하나가 되는 것을 느낍니다. 그날 호텔에서 저는 평상시에 받던 에너지와는 전혀 다른 에너지를 받았습니다. 이 에너지는 마치 우주의 근원과 직접 연결되고 있는 것처럼 무척 강렬한 느낌이 들었습니다.

저는 손가락이 컴퓨터 자판 위에서 저절로 움직이도록 놔뒀습니다. 호텔 방의 작은 창문 밖으로 먼 곳에 있는 나무들과 하늘이 보였습니다. 저는 몸 밖으로 나와서 제 인도령들과 함께 시간을 보냈습니다. 키보드를 치고 있는 것은 물질 차원의 몸뿐이었고, 제 영혼은 몸 바깥으로 나와 있었습니다.

의식이 몸 안에 들어 있지 않았기 때문에 저는 제가 영과 나누고 있는 이야기가 무엇에 관한 것인지를 전혀 알지 못했습니다. 그러다가 갑자기 몸 안으로 밀어 넣어졌습니다. 처음 든 생각은 '화장실에 가야겠다'였습니다. 옆에 서 있는 벤에게 가도 되냐고 물어보니 가도 된다고 했습니다.

화장실에 가면서 저는 '내가 적은 것을 읽어봐야겠다'고 생각했습니다. 받은 정보가 두뇌에서 하나도 소화되지 않았기에 노트북을 들고 읽으면서 걸어갔지요. 컴퓨터 화면에 적힌 내용을 읽으면서 저는 너무 놀라서 정신을 차릴 수가 없었습니다.

'너무 굉장해서 믿을 수가 없을 정도야!'라고 저는 생각했습니다. '다른 사람들에게도 보여줘야겠다.' 그러자 "20분 후에 다시 시작한다"라는 소리가 들려왔습니다. 저는 노트북을 들고 책상으로 가서 제가 적은 내용의 일부를 조수 캐롤라인과 친구 조네시에게 이메일로 보냈습니다. 둘 다 즉시 "오 마이 갓! 어머나 세상에! 정말 믿을 수가 없어!"라고 답장을 보내왔습니다.

20분이 지나자 머릿속에서 뭔가가 두드리는 듯한 느낌이 느껴졌습니다. "알겠어요, 알겠다니까요. 지금 갑니다"라고 대답을 하고 저는 다시 일을 시작할 준비를 했습니다.

"그게 아니라, 옮겨라."

"옮기라고요?"라고 저는 물었습니다.

"그래. 다른 장소로 옮겨라."

"알겠습니다. 장소를 옮기라고요."

제가 침대에 앉자 또다시 같은 영인 조시야가 정보를 주기 시작했고 저는 다시 두 시간 동안 키보드를 두드렸습니다.

벤은 저를 조시야에게 소개시켜주면서 조시야가 '근원'과 함께 일하는 장로라고 말해주었습니다. 그리고 그가 전해주는 정보가 정확한 방법으로 세상에 전달되어야 한다고 했습니다. 조시야와 함께 일하는 시간이 막바지에 이르면서 저의 의식은 점차 몸 안으로 돌아왔고 저에게 주어지는 정보가 이해되기 시작하는 순간이 왔습니다. 아마도 저로 하여금 제가 받고 있는 정보를 확인하게 하고 명확히 하기 위해서 그런 순간이 주어졌는지도 모릅니다. 그래서 저는 "자, 이제 질문 좀 할게요"라고 말하고, 30분 동안 이해가 가지 않는 부분들에 대한 명확한 설명을 들으면서 새로운 정보들을 계속 소화했습니다.

마침내 그 일을 다 마치고 나서 저는 호텔의 비즈니스 센터로 내려가서 여태까지 적은 내용을 인쇄했습니다. 다 인쇄하고 보니 두툼한 종이 뭉치가 됐습니다. 저는 방으로 돌아가서 전에 써놓은 잘 정리된 초고를 잘게 조각내어버렸습니다. 제 책이 제 마음이 아니라 영으로부터 받은 정보를 바탕으로 쓰여야 한다는 확신이 들었던 것이지요.

이 책과 시리즈에 대해서

이 책은 제가 쓰고 있는 〈모든 사실을 알고 싶은가요?〉(Do You Want to Know Everything?)라는 시리즈의 첫 번째 책입니다. 이 질문은 저를 찾아오는 모든 내담자에게 제가 맨 먼저 하는 질문이라서 시리즈의 제목으로 골랐습니다. 이 질문은 영으로부터 받은 정보를 모두 전달해도 될지, 내담자에게 허락을 구하는 저만의 방식입니다. 저는 사람들이 저를 통해 받는 정보를 온전히 자신의 것으로 여기고 받은 정보에 대해 책임을 지기를 바랍니다. 어떨 때는 듣기 좋은 메시지가 아닐 경우도 있지만 저는 절대로 내용을 가감하지 않습니다. 저는 상담자로서 '안 좋은' 내용들은 최대한의 배려와 사랑을 담아서 전달하려고 최선을 다하지만, 내담자 역시 진실을 알기를 스스로 원해야만 합니다.

〈모든 사실을 알고 싶은가요?〉 시리즈에서는 각 권마다 사람들이 저에게 묻곤 하는 질문들을 다룰 것입니다. 하지만 책을 통해 주어지는 정보와 지식은 궁극적으로 영으로부터 받은 것입니다. 이 시리즈를 통해 다룰 내용들 중에는 부모로서 자녀들이 영능력을 발달시킬 수 있도록 어떻게 격려해줄 수 있는지, 또 소울메이트 혹은 쌍둥이 불꽃(twin flame)을 어떻게 찾고 또 어떻게 함께 성장할 수 있는지에 관한 이야기도 포함되어

서문

있습니다.

시리즈의 첫 번째 책인 이 책에 대해 말씀드리자면, 1부는 사후세계를 탐구하기 위한 준비작업입니다. 1부에서는 제가 어린 시절에 영들과 나눴던 교류에 대해 자세하게 이야기했습니다. 아마도 저와 공감하는 독자들이 많이 있을 것입니다. 왜냐하면 너무나 많은 아이들이 천부적으로 영능력을 지니고 있는데 주변 사람들을 불편하게 만들지 않기 위해서 자신과 깨어 있는 의식을 감춰야만 하기 때문입니다. 다음엔 믿음에 대해 이야기합니다. 믿음에 대해서는 일찌감치 이야기하는 것이 자연스럽다고 생각합니다. 왜냐하면 많은 사람들이 사후세계에 대해서 상당히 깊은 의심이나 금기의식을 갖고 있기 때문입니다. 이런 의심이나 금기의식은 종교적 성장환경, 과학정보 혹은 학교교육 등을 통해 형성되었을 겁니다. 그다음에는 죽음을 부정적으로 바라보는 사람들의 성향을, 제 외할머니가 돌아가셨을 때 제가 몸소 경험했던 일을 통해 좀 깊게 파고들어볼 겁니다.

2부에서는 저의 임사체험을 이야기합니다. 제가 베일을 지나서 '눈부신 흰 빛' 속으로 들어가 저를 기다리고 있는 외할머니 프랜시스(저는 그녀를 '낸 프랜시스'라고 부릅니다)의 품에 안겼던 일도요. 그다음에는 다른 사람들에게 큰 해를 끼친 영혼들이 사후세계로 들어서면서 선택하게 되는 길에 대해서도 알아봅니다.(지옥은 실질적인 장소라기보다는 마음의 상태를 가리킵니다.) 그다음에는 사후세계에서 여러분의 여정이 강력한 치유의 경험이 되게 하기 위해서 여러분을 기다리고 있는, 가족과도 같은 인도령들과 사랑하는 이들에 관해 많은 이야기를 나눕니다. 여러분은 사후세계의 여정이 배움과 성장의 여정이라는 사실과, 그렇긴 하지만 죽음 이후에도 영혼은 다시 잠시 동안 돌아와서 사랑하는 이들을 돌보고, 만약 필요하다면 위로도 해주고 그들이 궁금해하는 점들을 해명하기도 한다는 사실을 알게 될 것입니다.

3부에서는 모든 영혼이 거치게 되는, 떠나온 삶에 대해 치유를 받는 과정을 이야기합니다. 각 장마다 하나의 '방', 혹은 치유과정 중의 한 단계에 관해 이야기합니다. 첫 번째 단계인 '기다림의 방'은 갓 도착한 영혼들이 들어와서 자신의 삶의 서약서를 받는 곳이며 마지막 단계인 '보호자의 방'은 영혼들이 사후세계에서 자신이 갈 길을 선택하기 전에 인도와 상담을 받는 곳입니다.

4부에서는 아직 사후세계에 있는 영혼들에게 다음 생에서 자신의 부모가 될 사람들을 선택할 기회가 주어지는 과정과, 영혼들이 '영상의 방'에서 부모 후보자들을 자세히 관찰하고 결정을 내리는 과정에 대해서 설명합니다. 영혼은 다시 이 세상에 태어날 준비를 하기 위해 새로운 삶의 서약서를 작성하고, 더욱 진화해가기 위해 정확히 어떤 사건과 상황들이 필요한지를 결정하게 됩니다.

제 인도령 팀을 소개합니다

이 책을 통틀어서 여러분은 제가 함께 일하는 인도령들을 만나게 될 것입니다. 그리고 때로는 제가 받아 적은 그들의 말들을 직접 읽게 될 것입니다. 이미 세 인도령을 언급했지만 여기서 좀더 자세한 소개를 드리고 싶습니다.

― **벤**은 저의 주 인도령으로서 평생 동안 저와 함께 있었다고 합니다. 그러나 제가 그에 대해 알게 된 것은 영매로서 일을 시작하면서부터입니다. 제가 전생에 벤과 함께 살았을 때 벤이 저의 목숨을 구해준 적이 있었습니다. 그 일이 있은 후 우리는 함께, 영적인 가르침을 전하는 저의 소명을 통해서 다른 사람들을 돕자고 약속을 맺었습니다.

벤은 제가 스물일곱 살이 되던 해의 어느 일요일 밤에, 돌아가신 외할머니와 함께 저에게 나타났습니다. 외할머니는 저에게 키가 크고 머리색과 눈빛이 짙은, 잘생긴 낯선 남자를 소개해주면서 이렇게 말했습니다. "나는 너를 이만큼 성장하도록 도와주었다. 하지만 더 이상은 너를 인도해줄 수가 없구나. 이젠 그 일을 벤이 맡게 될 거다." 그는 그때부터 항상 제 삶 속에 존재했고, 다양한 삶의 상황 속에서 저를 인도해주고 확신을 주었습니다. 하지만 벤의 주된 역할은 저를 도와 세상을 떠난 영혼들과 아직 지상에 남아 있는 사람들을 연결해주는 일입니다.

― **아리엘**은 높은 진동수를 가진 영으로서 2009년 전반기에 호주의 성소 울루루 거석에서 저를 통해 정보를 전달했습니다. 제가 명상하면서 석양을 지켜보고 있을 때 아리엘이 방문했고, 그녀는 이 책의 기본바탕이 되는 정보들을 저에게 주었습니다. 참으로 많은 사람들에게 도움이 될 지식을 전달해준 그녀에게 깊은 감사를 느낍니다.

― **조시야**는 수년 동안 저를 여러 차례 방문한 영이지만 최근까지도 벤만큼 가깝게는 교류하지 못하고 있었습니다. 조시야는 장로인데, 장로란 인도령과 신 사이의 중간 위치에 있는 존재입니다. 조시야는 깊은 명상과 채널링을 통해서 자신을 드러냈고 사후의 세계로 옮아가는 과정에

대해 차근차근 설명해주었습니다. 그는 저에게 죽음의 여정과 여러 단계들을 보여주었고, 또 우리가 어떻게 하면 영혼으로서 성장해갈 수 있는지, 더 높은 자아와 연결될 수 있는지에 대해 설명해주었습니다.

이들은 저와 가장 가까운 세 인도령들입니다. 하지만 이 외에도 제가 날마다 다양한 이유로 함께 일하는 인도령들과, 또한 일어나는 다양한 상황에 따라 저에게 필요한 도움을 주는 인도령들이 많이 있습니다. 모든 사람에게는 한 무리의 인도령 팀이 있습니다. 인도령 팀 안에는 리더가 있는데 저의 경우에는 벤이 리더입니다. 자신의 인도령들에 대해 모르고 있는 사람들도 있습니다. 하지만 그들이 존재한다는 사실만은 안심하고 믿어도 됩니다. 여러분의 주 인도령은 다른 도우미들과 인도령들로 하여금 여러분의 삶으로 들어가서 삶의 다양한 상황들에 꼭 맞는 도움을 주도록 지시합니다. 예를 들어 제가 사람들에게 메시지를 전하는 것을 도와주는 인도령들 중의 하나로 루신다가 있습니다. 그녀는 제가 많은 청중들 앞에서 공개상담을 할 때마다 저와 함께하면서 저에게 정보를 주곤 합니다.

제가 제 인도령 팀으로부터 받은 정보들은 눈을 번쩍 뜨이게 하는 것들이었습니다. 저 역시 이런 과정을 통해 개인적으로 많은 것을 배웠습니다. 제가 컴퓨터로 받아 적은 내용들 중에 제 인도령들이 저에게 이 책에 쓰인 정보들을 구체적으로 어떻게 주었는지를 엿볼 수 있는 구절들이 책에 포함돼 있습니다. 인도령들이나 영계로부터의 존재들과 교류한 내용은 따옴표 등으로 따로 구분했습니다. 필요에 따라 인도령들의 도움을 받으며 사람들에게 상담해준 내용도 실었습니다. (이름이나 인적사항은 개인정보 보호를 위해 다르게 바꿨습니다.)

서문

자, 여러분은 모든 사실을 알고 싶으신가요? 그렇다면 여러분은 무수한 의문들의 답을 이 책 속에서 찾으실 수 있을 것입니다. 정말 준비가 되었다면, 이 흥미로운 여행을 함께 시작해봅시다!

1부
들어가기

모든 일은 때를 맞춰 일어난다.
우연이란 존재하지 않는다.

제1장

발견

"죽으면 어떻게 되나요?"

여러 해 동안 영매로 일하면서 나는 이 질문을 수도 없이 받았다. 그리고 지상계 너머 저세상에서 이야기하고 있는 사랑하는 이들의 메시지를 사람들에게 전달해주면서, 나는 이 질문에 수도 없이 대답했다. 그 메시지들은 사후세계에 관하여 깜짝 놀랄 만한 정보들을 전해주었다. 그리고 진실로 영혼은 죽지 않는다는 사실을 확신하게 해주었다.

하지만 영매로서 일해오는 동안, 나에게도 대답이 필요한 의문들이 아직 많이 남아 있었다. 삶의 여정을 좀더 자세히 이해하고 싶은 마음에 나는 영에게 나 자신을 내어주었고, 더 높은 근원이라고밖에 표현할 수 없는 곳으로부터 정보를 받았다. 이 탐험을 통해서 나는 우리 모두가 — 삶에서만이 아니라 죽어서도 — 아주 다채롭고 보람 넘치는 항해를 하고 있으며, 그 목적은 지속적으로 배우고 성장해가는 것임을 발견했다. 영혼은 지속적으로 존재할 뿐만 아니라 지속적으로 진화해간다는 것을 깨달았으며 그 과정의 추이를 설명하는 것이 이 책의 주제이다.

살아가면서 우리는 우리가 왜 여기 있는지, 삶의 목적은 무엇인지를 궁금해한다. 그러나 그 질문에 대한 대답을 아는 사람들은 아주 소수이다. 아주 미미한 숫자의 사람들만이 자기 삶의 진정한 소명과 운명적인 길에 대해 알고 있다. 대부분의 사람들은 소명과 운명을 계속 찾고 있다. 하지만 많은 경우 사람들은 그 모든 답이 자기 안에 있다는 진리를 놓치곤 한다.

내가 이 책에서 제시하는 대답들은 모두 내면으로부터 나온 것들이다. 어떤 사람이든지 그 자신의 내면이 곧 가장 깊은 지혜의 근원이다. 나는 내가 상담해주었던 무수한 상담의 내용들, 채널링하면서 인도령들로부터 받은 메시지들, 그리고 몇 년 전에 겪은 임사체험(이 체험에 대해서는 뒤에 더 자세히 이야기하겠다) 등과 같은 개인적인 경험을 바탕으로 이 책을 집필했다. 어릴 적부터 영과 자주, 깊이 소통했기에 이것은 나에게는 언제나 일상적인 삶의 일부였다.

이 책의 목적은 죽으면 어떻게 되는지에 대한 당신의 의문에 답을 제공해주고 우리 모두가 거쳐가야만 하는 여정과 깨우쳐야만 할 교훈들을 당신이 온전히 이해할 수 있도록 돕는 것이다. 당신보다 먼저 세상을 떠난 가족을 만나볼 수 있을까? 우리는 사후세계에서 시간을 보낸 후 다시 이 지상의 세계로 돌아오는 것일까? 그리고 가장 중요한 질문인, 신은 정말 존재할까?

이것들은 내가 이 책에서 다루는 무수한 질문들 중의 일부일 뿐이다. 하지만 한 가지는 분명하다. — 삶이란 결코 멈추는 일이 없는 여정이며, 그것은 죽음 이후에도 계속된다는 것. 물질세계를 떠나는 것은 사실은 영적이고 영원한 삶 속으로 다시 태어나는 출발점이며, 이 재탄생을 통해서 우리는 계속 사랑하고 배우고 성장해간다. 나는 이 사실을 어릴 적의 경험들을 통해 알고 있었지만 영매로서의 자신의 능력을 온전히 받아들이기 전까지는 나도 의심에 빠져 있었다.

나의 두 세계

성인들은 보통 지상의 생애들 사이에 사후세계에서 보낸 시간들을 기억하지 못한다. (하지만 일부 아이들은 기억한다. 그 이유에 대해서는 다른 장에서 설명했다.) 어렸을 때 나는 영계에 대한 많은 기억들을 가지고 있었고 또 실제로 영계를 체험하기도 했다. 내가 미쳤는지도 모르겠다고 생각하면서…

좀더 자란 후에, 한 신경학자가 내가 영계와 소통할 수 있다는 사실을 확인해주었다. 그 신경학자는 이렇게 말했다. "너는 영계와 소통할 뿐만 아니라 그것을 기억할 수도 있어." 한 점성술사도 이것을 다시 확인해주었다. 그 점성술사는 "죽음의 매력에 이끌리는 것은 네 본성의 일부야"라고 말했다. 순간 나는 말이 좀 이상하다고 생각했지만 내가 죽음에 매혹되듯이 이끌리는 관심을 다른 사람들을 돕는 일에 사용하게 될 거라는 그녀의 직관은 참으로 정확했다. 드디어 나를 이해해주는 사람을 만났다는 것은 무척이나 큰 위안이었다!

어릴 적에 나는 나의 체험들에 대해 이런 지지를 받지 못했다. 어떤 체험들은 나를 불안하게 만들기도 했다. 오늘날의 나는 나만의 텔레비전 쇼에 출연하고 있고 저세상으로 간 사랑하는 이들과 교신하는 영매 리사 윌리엄스로 알려져 있지만, 한갓 어린아이에 지나지 않았던 시절에는 — 그것도 죽은 사람을 보는 어린애였다 — 그런 영들을 보는 것이 두려웠다.

좀더 정확하게 말하자면 영들의 모습 자체가 무서웠던 것은 아니다. 어린 시절에 줄곧 보아온 그들의 잦은 출몰은 하나도 이상하게 느껴지지 않았다. 하지만 주변 어른들의 반응 때문에 나는 점점 그들의 방문을 두려워하게 된 것이다. 나는 기독교 학교에서 교육을 받았고 아버지는 지금도 그렇지만 완강한 무신론자였다. 가족들에게 내가 영을 볼 수 있고 영들과 대화할 수 있다고 말했을 때, 나는 곧바로 '상상력이 너무 뛰어난 아이'로 낙인찍혔다. 이것이 그들에게는 걱정스럽기만 한 내 행동을 이해하고 다룰 수 있는 유일한 방법이었다.

나는 나에게는 정상적으로 느껴지는 일들을 다른 사람들로부터 감추는 법을 터득했다. 그리하여 나는 두 가지의 사뭇 다른 세계 속에서 살아가려고 애쓰는 외톨박이 아이가 되어버렸다. 내 친구와 가족들로 이루어진 한쪽 세계에서는 다른 사람들의 생각과 생활방식에 맞춰 살았다. 일상을 반복하면서 다른 사람들의 의견을 따랐고 나만의 현실에 대해서는 절대로 말하지 않았다. 나에게는 여러모로 현실보다 더 생생하게 느껴지는 또 하나의 세계에서는, 나는 영들과 친구가 되고 영들의 방문을 받으며 그들과 함께 대화를 나누었다. 나는 나만의 세계에 속해 있다고 느꼈고, 다른 사람들이 실재라고 느끼는 현실로부터는 유리된 느낌이 들었다.

그렇다. 나는 저세상으로 간 사람들의 영을 볼 수 있었다. 나는 그들에게 말을 걸었고 그들도 나에게 말해왔다. 하지만 그것은 살아 있는 사람들과 대화를 나누는 것과 똑같았다. 내 마음속에서 그들은 정말 살아 있었다. 나는 '죽었다'는 말과 사람들이 그 말에 부여하는 최종적인 의미를 도무지 이해할 수가 없었다. 나의 현실 속에서는 죽음이라는 것이 존재하지 않았다.

내가 세 살 때 한 영이 나에게 말을 걸어왔던 것이 영과 대화했던 맨 첫 번째 기억이다. 나는 내 방에서 (나만이 볼 수 있는) 내 친구들과 노는 것을 좋아했다. 그들은 불에 타죽은 작은 남자아이와 여자아이였는데 나를 자주 방문하곤 했다. 또한 방 안에 앉아 우리를 지켜보는 어떤 남자도 자주 눈에 띄었다. 그는 아무 말도 하지 않았기 때문에 나도 그를 무시하기로 했다. 내가 그러고 있는 동안 어머니는 바쁜 일상을 보내면서 내 남동생 크리스찬을 돌보았다. 내 방에서 나는 장난스러운 웃음소리는 거의 들리지도 않았을 것이다. 만약 그 소리를 들었어도 아마 틀림없이 그저 '리사가 놀고 있구나'라고 생각했을 것이다.

어느 날 저녁, 어머니가 저녁식사 하라고 부르는 소리를 듣고 식당으로 가는데, 그때까지 내 방에 함께 앉아 있던 남자가 나와 함께 식당으로 걸어가기 시작했다. 아니, 둥둥 떠갔다고 하는 편이 더 정확하겠다. 왜냐하면 나는 그의 다리를 한 번도 보지 못했기 때문이다. 그는 구석에 있는 의자에 앉고 나는 식탁 앞에 앉았다. 내 접시에는 채소가 담겨 있었다. 내가 완두콩을 포크로 떠서 입 안에 넣으려고 했을 때 예상치 못한 일이 벌어졌다. 그 남자가 처음으로 내게 말을 한 것이었다.

그는, "완두콩은 먹지 마, 먹으면 죽게 될 거야!"라고 경고했다.

나는 깜짝 놀라서 포크를 내려놓고 완두콩만 빼고 음식을 먹기 시작했다. 완두콩이 입안에 들어가지 않도록 주의를 기울이면서. 물론 어머니는 내가 왜 완두콩을 먹지 않는지를 알고 싶어했다.

"완두콩을 먹으면 죽을 거라고 저 사람이 말했어요!"라고 말하면서 나는 식당 구석에 앉아 있는 남자를 가리켰다.

엄마는 "바보 같은 소리 하지 마라. 거긴 아무도 없잖니" 하면서 내가 완두콩을 먹도록 설득하기 시작했다.

하지만 나는 말을 듣지 않고 고집스럽게 팔짱을 끼고 입을 꾹 다문 채 앉아 있었다. 나는 아무것도 입에 넣지 않았다. 디저트로 아이스크림을 주겠다는 약속조차 나를 죽게 만들 수도 있는 작고 동그란 녹색 콩들을 먹게 할 수 없었다. 절대로!

부모님이 나를 '상상력이 너무 뛰어난 아이'로 처음 낙인찍은 것이 바로 그때였다. 나는 아버지의 증조부가 한입 가득 완두콩을 먹다가 질식사했다는 사실을 최근에야 알게 됐지만, 지금까지도 완두콩을 싫어한다! 아마도 내 방에서 내가 노는 것을 지켜보고 또 죽음에 이르는 채소에 대해 경고를 준 것은 틀림없이 그 증조부였을 것이다.

야간의 모험

나를 방문하는 영들이 낮 시간에 오는 한 나는 그들과 함께 재미나게 놀 수 있었다. 하지만 밤에는 이야기가 달랐다. 어린아이들뿐만 아니라 온갖 부류의 사람들이 내가 자야 할 시간에 내 방을 들락날락했다. 나는 공포에 질려서 잠을 잘 수가 없었다. 나는 이불 밑에 숨어서 이 침입자들을 피하려고 애써봤지만 숨쉬기가 갑갑해서 결국은 이불 밖으로 나오지 않을 수 없었다. 그럴 때면 한 여자가 내 침대 발치에 서서 손을 허리에 얹은 채 화난 눈초리로 나를 내려다보곤 했다. 나는 다시 이불 밑으로 들어갔다. 숨을 쉬기 위해서 할 수 없이 이불 밑에서 나올 때는 내 방으로 모여들고 있는 영들을 보지 않기 위해 눈을 꼭 감았다. 하지만 그래도 그들은 여전히 내 머리를 잡아당기고 나를 툭툭 치면서 말을 걸었다. 나는 머리를 이불 밑에 파묻고 그들이 사라지기를 온 마음으로 빌었다. 하지만 그들은 가지 않았다.

이 외에도 이런 식의 불안감을 주는 밤의 경험들이 있었다. 한번은 침대에 누워 있다가 내가 몸 밖을 둥둥 떠다녔던 기억도 있다. 뒤돌아보니 나는 평화롭게 잠들어 있는데, 또 다른 나는 그 위를 날고 있었다. 처음에는 아찔하도록 신이 났다. '와아… 내가 날 수 있다니!' 나는 전율을 느끼면서 남동생이 자는 모습이나 어머니와 아버지가 거실에서 텔레비전 보는 모습을 지켜보면서 집안을 돌아다녔다.

하지만 어느 날 밤 나는 나 자신이 집에서 멀리 떨어진 곳에서 혼자 어둠 속에 남겨져 있는 것을 발견했다. 그때 나는 네 살밖에 되지 않았다. 나는 곧 혼자서 밖에 나오질 말았어야 했다고 생각했다. 어머니는 '나쁜 사람들'이 있으니까 어두워진 후에는 절대로 혼자 바깥에 나가지 말라고 타이르곤 했었다. 그런데 이제 나는 바깥에서 어쩔 줄을 모르는 채 겁에 질려 있었다.

주변을 돌아보니 내가 있는 길을 알아볼 수는 있었지만 어떻게 집으로 돌아가야 할지는 알 수가 없었다. 언덕 밑에 있는, 아버지가 골프를 치러 가곤 하시는 장소도 보여서 내가 집에서 멀지 않은 곳에 있다는 사실은 알 수 있었다. 하지만 갑자기 심한 공포가 밀려와서 나는 울기 시작했다. 비록 물질계의 몸 안에 있을 때처럼 눈물이 볼을 따라 흘러내리지는 않았지만 말이다.

나는 소리를 지르려고 애써봤지만 아무런 소리도 나오지 않았다. 언덕을 오르고 있는 한 남자에게 말을 걸려고 했지만 그는 마치 내가 그곳에 존재하지 않는 것처럼 나를 본척만척했다. 그때 비로소 나는 내가 날고 있고, 입을 갖고 있지 않고, 더더군다나 몸도 갖고 있지 않다는 사실을 깨달았다. 바로 그때 나에게 완두콩을 먹지 말라고 말해줬던 남자가 보였다. 먼저 남자와는 달리, 그는 내가 당황하고 있는 것을 알고 도와줬다.

그는, "네가 침대로 돌아가서 안전하게 누워 있는 모습을 상상하렴" 하고 말했다.

그래서 나는 그렇게 했다. 내가 봉제인형들에 둘러싸여 있다고 상상하면서 이불 속의 따스한 느낌을 느꼈다. 그러자 나는 갑자기 배에서 나오는 듯한 어떤 힘에 이끌려서 마치 소용돌이에 빨려들듯이 침대를 향해 돌아가고 있었다. 그 이끌림의 강도가 어찌나 센지, 나는 가로등을 쌩하고 지나 아파트로 들어가는 계단을 올라서 현관을 들어서서는 텔레비전을 보고 있는 어머니 아버지를 지나서 '슉!' 하고 침대로 돌아왔다.

나는 울면서 깨어나 트라우마를 남길 정도로 충격적이었던 이 경험으로부터 부모님의 위로를 받기 위해 거실로 나갔다. 그러나 위안을 받고 마음이 진정된 후에도 나는 내 방으로 돌아가는 것이 무서워서 거실을 한 발짝도 벗어나지 않으려고 했다. 하룻밤은 받아줄 수 있었지만 매일 밤 이런 행동이 계속되자 부모님은 짜증이 났고, 이 뜻밖의 상황에 어떻게 대처해야 할지를 몰라 당혹스러워했다.

가족과 친척들이 모일 때마다 똑같이 되풀이되는 이야기가 있다. 어느 날 밤 내가 침대로 가지 않겠다고 고집을 부리고 있었는데 아버지가 나를 거실에 남겨둔 채 불을 끄고 가버렸다. 고집스럽고 반항적이었던 나는 (아직도 변하지 않았지만!) 아무런 말도 하지 않고 그저 앉은 채 문만 노려보고 있었다. 아버지는 결국 죄책감을 억누르지 못하고 거실로 돌아와 나를 안고 침대로 데려갔다.

그것은 시작에 불과했고, 곧 그런 밤들이 이어졌다. 부모님은 서로에게 "오늘 밤은 당신 차례야"라고 말하곤 했고, 어머니 아니면 아버지가 나를 안심시키기 위해 한 팔로 나를 안은 채 비좁은 침대에 누워 함께 잠을 청하곤 했다. 이제는 나도 엄마가 되었으므로 당시에 내가 부모님 사이를 얼마나 훼방했는지를 이해할 수 있다. 하지만 그 당시에는 누군가가 나와 함께 있어준다는 것에만 너무나 감사했을 뿐, 부모님의 입장에 대해서는 한 번도 생각해보지 않았었다.

그 당시에 나는 나의 야간 나들이가 아스트랄 여행(유체이탈)이라는 사실을 알지 못했다. 아스트랄 여행은 지상의 삶을 사는 동안에 영혼과 몸이 분리되는 현상이다. 일단 분리되면 영혼은 물질계의 구속을 받지 않고 여행할 수 있으며, 이 경험은 마치 허공을 나는 것처럼 느껴진다. 대부분의 사람들이 잠자는 동안에 아스트랄 여행을 하지만 여행을 하는 동안, 혹은 하고 나서도 그 사실을 인지하지 못한다.

어린아이였던 나는 이런 식의 여행에 심한 공포를 느꼈기 때문에 잠이 들 무렵이면 '바깥'으로 나가는 것을 막기 위해 나도 모르게 스스로를 흔들어 깨우곤 했다. 이것은 무척 불안스러운 기분이었다. 아마 당신도 이런 경험을 했던 것을 기억해낼 수 있을지 모르겠다. 잠이 들면 잠재의식이 주도적으로 활동하여 물질계와의 끈이 약해진다. 동시에 당신은 진동수가 올라가면서 영계와 연결되는 것이 더 수월해진다. 이런 경험에 대한 기억은 거의 남는 일이 없지만 만약 지금부터라도 주의를 기울인다면 잠이 들 때 이런 일이 일어나는 과정을 알아차릴 수 있게 될 것이다.

어른이 된 후에야 나는 깊은 명상을 통해서 어린 시절에 아스트랄 여행을 했던 기억들을 온전히 되찾을 수 있었다. 여행 후 몸 안으로 다시 빨려 들어갈 때면 뱃속에서 이상한 느낌이 느껴지곤 했던 것이 소위 은빛 코드(silver cord)를 내가 감지하고 있었기 때문이었음을 이제는 알 수 있다. 이것은 우리가 살아 있는 동안 영혼을 몸과 연결시켜주는 연결고리이며 가슴뼈 아래쪽으로 3센티미터 안 되는 곳에 위치해 있다. 이 코드는 우리가 사후세계로 건너갈 시간이 올 때까지 끊어지지 않는다. 나는 이것을 우리 모두가 갖고 있는 생명 에너지에 빗대어 이해한다. 이 생명 에너지는 근원으로부터 나와서 우리를 지구상에 존재하도록 꼭 붙들어 매어주는 역할을 한다.

이제 나는 우리가 지상계에서 살고 있는 동안에도 영혼이 자주 몸을 떠난다는 사실을 알고 있다. 이를 통해서 만약 필요하다면 몸이 치유를 받을 수도 있고, 또 우리가 인생 여정을 가는 데 필요한 정보를 잠재의식을 통해 얻어낼 수도 있다. 하룻밤을 자고 일어났는데 잠들기 전까지만 해도 당신을 고민스럽게 만들었던 문제에 대해 답을 얻은 듯한 느낌이 든 적이 있는가? 그렇다면 아마도 그것은 당신이 몸 밖으로 나와 아스트랄 여행을 하는 동안 문제를 해결하는 데 필요한 정보를 영을 통해 다운로드 받았다는 증거일 것이다.

자신의 재능을 받아들이기

자라면서 나는 자주 내가 외톨이라고 느꼈다. 친구들이 있었지만 나는 한 번도 '인기녀'였던 적이 없었다. 하지만 유독 사만다라는 친구만은 내가 '선물(gift)'을 받았다고 처음으로 말해주면서 내가 나 자신의 재능을 받아들일 수 있도록 도와주었다. 그녀가 '선물'이라는 말을 사용했을 당시 나는 아직도 무척 어렸고, 비록 내가 선물을 받았다는 개념이 이상하게 느껴지기는 했지만 한편으로는 매우 적합하게 느껴지기도 했다. 나는 그녀가 왜 나를 특별하게 여기는지를 전혀 알 수가 없었다. 나는 나 자신을 평균 이상이라고 생각해본 적이 없었기 때문이었다. 그러나 내가 그녀에게 영능력으로 보이는 몇 가지 능력을 보여주자 — 이를테면 어떤 사람으로부터 전화가 올 것을 미리 아는 것, 혹은 학교에 도착하기도 전에 어떤 학생이 결석할 것임을 아는 것 등 — 샘(사만다의 애칭, 역자 주)은 내가 '특별하다'고 확신했다.

샘은 내가 마음 놓고 이런 정보를 나눴던 유일한 사람이었다. 그리고 나는 서서히 나 자신이 다른 사람들이 갖지 못한 특별한 능력을 갖고 있다는 사실을 받아들이기 시작했다. 하지만 그것을 그다지 심각하게 생각하지는 않았다. 샘과 나는 둘이서 내가 받은 '선물'을 가지고 재미를 보았다. 이를테면 선생님이 깜짝퀴즈를 내겠다는 등 내가 이미 알고 있는 것을 확인해주는 말을 한다든지 하면 우리는 웃음을 터뜨렸다. 이렇게 놀이를 하는 것이 무척 재미있었고, 나의 경험들을 샘과 나누는 것이 나에게는 큰 위안이 되는 동시에 내 능력을 받아들이는 데도 큰 도움이 되었다. 마침내 진짜 사람이 내 세계 속으로 들어온 것이다!

삶은 이어졌고, 영혼과 함께 나누는 날마다의 대화도 계속되었다. 나는 어떤 일이 일어나기도 전에 그 일이 언제 일어날지를 미리 알곤 했고 또 아무런 말도 하기 전에 사람들의 기분을 알아차리곤 했다. 나에게는 두 가지의 재능이 있었다. 하나는 심령적 직관이었고 다른 하나는 죽은 사람들과 통신하는 능력이었다. 하지만 나는 열일곱 살이 되어서야 나의 영능력을 온전히 받아들일 수 있었다.

당시 내 친구들과 나는 블랙풀로 기차여행을 떠날 계획을 세웠다. 바닷가 마을인 블랙풀은 영국 북부에 있는 휴양지로서 학교생활을 떠나 신나게 놀기에 딱 좋은 곳이었다. 친구들은 술을 마실 계획도 세웠지만 나는 즐거운 시간을 보내기 위해서 술에 의존할 필요를 한 번도 느껴본 적이 없었기에 사양했다. 물론 학창시절 사진을 보면 내 모습이 마치 술을 두어 잔 한 것처럼 보일 수도 있지만 말이다! 하지만 그것은 내 안의 우스꽝스러운 면모를 표현한 것에 불과하다. 이 여행 중에 무척 심오한 일들이 일어났고, 이 경험을 통해서 샘이 선물이라고 말해준 내 재능에 대해서 나는 완전히 다른 시각을 갖게 되었다.

블랙풀에는 바다를 향해 뻗어나가 있는 부두가 세 개 있었는데, 거기에는 저마다 특색 있는 명소들이 있어서 관광객들을 끌어들였다. 노스 피어라고 알려져 있는 부두는 다른 두 부두보다 더 세련되고 유서 깊은 느낌이 들었다. 다른 부두들처럼 시설이나 오락실이 많지 않아서 시대에 뒤떨어진 느낌이 들었고, 그래서 더욱 가보고 싶어지는 흥미로운 곳이었다. 그리고 다른 소란스러운 이웃동네들보다 조용하고 느긋한 분위기였다.

노스 피어 위를 거닐면서 나와 내 친구들은 천막같이 생긴 집에 '점성술사'라고 적혀 있는 표지를 보았다. (나는 점성술사라는 말을 결코 좋아하지 않지만, 사람들이 그 단어를 사용하는 것을 반대하지는 않는다.) 나와 친구들은 '그냥 재미삼아' 점을 보기로 했다. 나도 간절히 답을 알고 싶은 의문이 몇 개 있었지만 친구들에게 말하지는 않았다. 나는 내가 좋아하는 남자아이에 대해서 더 알고 싶었고, 어렵게 준비하고 있는 시험에 붙을 것인지도 궁금했고, 그리고 몇 달 후면 학교를 떠나는데 그 후에 내가 무엇을 하게 될지도 알고 싶었다. 당신도 알다시피 열일곱 살, 세상의 모든 것을 가질 수 있을 것처럼 가능성이 충만한 시절에 다들 품곤 하는 의문들이었다.

친구 한 명이 나보다 먼저 들어갔고, 15분쯤 후에 그녀는 시무룩한 얼굴로 "순 엉터리야"라고 투덜거리면서 천막 밖으로 나왔다. 그다음이 내 차례였다. 나는 커튼이 쳐진 입구를 지나 꽤나 작고 후덥지근한 방 안으로 들어갔다. 의자 두 개가 마주보고 놓여 있었고 가운데에 작은 탁자가 놓여 있었다. 탁자 위에는 천이 깔려 있었고 천 위에 타로카드 한 곽이 놓여 있었는데, 그때 그 타로카드가 나의 외할머니 낸 프랜시스가 벽난로 위에 놓아두곤 했던 한 벌의 타로카드와 비슷하다고 어렴풋하게 기억을 더듬던 생각이 난다. 모든 게 무척이나 수리수리 마수리한 느낌이었다. 수리수리 마수리는 내가 나 자신의 영능력을 일컬을 때 즐겨 쓰는 별칭이다.

천막 안의 여자는 나를 쳐다보지도 않고 앉으라고 손짓했다. 그녀는 덥수룩한 금발머리를 어깨 밑까지 늘어뜨리고 있었고 치명적일 것처럼 보이는 긴 분홍색 손톱을 갖고 있었으며 겹겹이 짙은 화장을 하고 있었다. 그녀는 보라색 가운을 입고 치렁치렁한 귀걸이를 하고 있었는데, 이는 내가 예상했던 것과 같은 전형적인 손금쟁이나 점쟁이 복장이었다. 역시 그녀는 어느 모로 보나 점쟁이다워 보였다.

그녀는 커다랗고 파란 두 눈으로 나를 천천히 올려다보면서 재빨리 탁자 위의 타로카드를 집어들었다. 눈이 마주치자마자 그녀는 카드를 내 앞에 내려놓고 나를 뚫어지라 쳐다보았다. 마치 나를 꿰뚫어보는 듯한 느낌이 들었다. 나는 그것이 너무나 불편해서 내 뒤에 무엇이 있기라도 한 건지를 확인하기 위해 뒤를 돌아보았다.

"재미있네, 아주 재미있어"라고 그녀가 말했다. 그녀는 나에게 카드를 건네주면서 카드를 섞은 후 왼손으로 카드를 떼어서 세 부분으로 나누라고 말했다. 나는 불안한 마음에 사로잡혀 있었지만 그녀를 언짢게 하고 싶지 않았기에 하라는 대로 했다. 그러자 그녀는 나에게 세 부분 중 두 개를 고르라고 했다.

나는, '음, 어느 게 맞는 걸까? 내가 맞는 것을 제대로 골랐는지를 어떻게 알 수 있을까?' 하고 생각했다. 하지만 이 의문을 머릿속에 다 떠올리기도 전에 그녀가 말했다. "네가 필요로 하는 카드로 이끌림을 받을 거야. 고르려고 하지 말고 그저 카드가 네 눈에 딱 띄도록 허락하렴."

'어머나, 내 소리를 들었나봐!' 그래서 나는 그녀가 하라는 대로 했다. 이제 나는 많은 사람들이 점을 치기 위해 카드를 고를 때면 똑같은 생각을 한다는 것을 알고 있다. 사람들은 자신이 맞지 않는 카드를 택할까봐 걱정하곤 한다. 하지만 내가 그날 배운 것처럼, 이것은 결과를 조종하고 싶어하는 마음을 버리고 뱃속의 본능적인 느낌을 따를 수 있는 기회인 것이다.

그녀는 내가 고른 카드들을 이리저리 움직이더니 나를 빤히 쳐다보았다. 그것은 또다시 날 불편하게 만들었다.

"뭐가 잘못되었나요?"라고 내가 물어보았다. 그녀가 무엇을 보고 있는지 전혀 알 도리가 없었기에, 나는 물론 최악의 시나리오를 떠올리고 있었다.

그녀는 나를 향해 몸을 기울이면서 마치 다른 사람들이 절대 못 듣게 하려는 듯이 아주 조용하고 부드럽게, 그리고 천천히 말했다. "너는 선물을 받았구나. 하지만 그걸 어떻게 사용해야 할지를 모르고 있어." 나는 입을 딱 벌린 채 뭐라고 대답해야 할지를 모르고 앉아 있었다. "너는 아주 강력한 재능을 갖고 있어. 나보다 훨씬 더 강해." 그녀는 계속해서 말했다. "이런 재능을 가진 사람은 수년 동안 본 적이 없어."

'그래, 이만하면 됐어.' 내 친구가 천막 밖으로 나오면서 한 말이 사실임이 확증되는 순간이었다. 이 여자는 순 엉터리였다. 어떻게 열일곱 살짜리 여학생한테 점쟁이인 자신보다도 더 강력하다고 말할 수 있단 말인가? 무언가 꿍꿍이속이 있는 것이 틀림없었다.

근데, '잠깐만 — 내 재능에 대해선 어떻게 알아낸 것일까?' 이 궁금증 때문에 나는 의자 위에 못 박힌 듯이 앉아 있었다. 그러고 나서 그녀는 나에게 질문을 하라고 했고, 물론 나는 우선 남자아이들에 대해 알고 싶었다. (그녀는 내 삶 속에 있는 남자들이 '바로 그' 남자인 일은 절대로 없을 거라고 말했고, 그것은 진실이었다.) 또한 나는 미래에 내가 무슨 직업을 갖게 될지 알고 싶었다. 그녀는 내가 하나의 직업을 위해 훈련을 받을 것이고, 또 여러 가지 경력을 쌓게 될 것이지만 그중 하나만이 나에게 의미가 있을 것이라고 말했다. 그리고 그것은 내가 내려야 할 결정이라고 했다. 그 당시 나는 이 결정이 내 재능을 사용하는 것, 그리고 그것이 내 전업이 되게 하는 것과 관련되리라고는 꿈에도 생각지 못했다.

내가 커튼이 쳐진 천막 입구를 지나 친구들을 향해 나가려고 할 때 그녀는 나에게 작별인사를 했고, 나는 이때 그녀가 했던 말을 이후에도 늘 가슴속에 담아두었다. "너는 많은 사람들을 도와주고 그들의 삶을 바꾸게 될 것이야. 절대로 꿈을 포기하지 마!"

이제 나는 그 여자가 엄청나게 출중한 영능력자였음을 안다. 사람들은 그녀의 요란한 겉모습 때문에, 혹은 듣고 싶은 말을 해주지 않는다는 이유로 쉽사리 그녀를 우습게 보고 콧방귀를 뀔 수도 있을 것이다. 이 시점에서 그때를 돌아보노라면, 먼저 천막 안으로 들어갔다가 투덜거리면서 나왔던 친구는 아마도 자기가 들어 마땅하다고 기대했던 이야기를 듣지 못한데다가 영능력자가 해준 말이 오히려 자신에게 딱 들어맞는 말이었기 때문에 반감이 일어났던 것임을 알 수 있다!

내가 나오자마자 친구들은 나를 에워싸고 점쟁이가 뭐라고 말했는지를 알고 싶어했다. 비록 나에게는 내 재능이 무척 정상적으로 느껴졌지만 (지금도 여전히 그렇다) 그 당시의 나는 그녀로부터 받은 메시지의 무게를 감당할 준비가 되어있지 않았기에 그냥 아무 이야기나 지어내어 둘러댔다. 어찌된 일인지 점쟁이가 내 재능을 인정해주고 또 내가 많은 사람들을 돕게 되리라고 말한 것을 받아들이기가 힘겨웠고, 온 세상이 이에 대해 알게 되는 것을 내가 과연 원하고 있는 건지 확신이 서지 않았다. 나도 상담 중에 나를 통해 들어오는 정보가 현재 내담자가 갖고 있는 자아개념과 너무 동떨어져 있을 때면 내담자가 이와 비슷한 방식으로 반응하는 것을 보곤 한다. 하지만 그때만 해도 나는 그 영능력자가 하는 얘기를 전혀 이해할 수가 없었고, 비록 그녀의 메시지가 내 안에 심오한 인상을 남기긴 했어도 다른 사람들에게는 그것을 이야기하고 싶지 않았다.

외할머니의 영향

블랙풀에서 이 일을 겪은 이후로 나는 나의 외할머니 낸 프랜시스에 대해 궁금해졌다. 나는 그녀가 영매라는 것, 그리고 집에서 상담자들을 받는다는 것을 알고 있었다. 하지만 그녀가 하는 일과 블랙풀의 심령가가 하는 일을 연결짓지는 못하고 있었다. 그 둘이 같은 타로카드를 사용한다는 것을 알기 전까지는 말이다.

나는 종종 사람들이 외할머니를 찾아와서 객실에 이르는 층계 밑에 앉아서 참을성 있게 상담할 차례를 기다리곤 한다는 것을 알고 있었다. 그들이 목소리를 죽여 가며 만약에 이러저러한 사랑하는 사람이랑 연결이 되면 어떤 일이 일어날까 하는 등에 대해 이야기 나누는 것을 엿들었던 것도 기억한다. 그것이 낸이 살아 있을 때의 광경이었고, 내가 기억할 수 있는 한 그녀는 항상 그 일을 했다. 나는 한 번도 이것에 대해 깊이 생각해본 적이 없었다. 그녀가 벽난로 위에 놓아둔 타로카드를 절대로 건드리지 말라고 엄하게 경고했을 때조차도 그랬다.

그러던 중 낸이 일하는 광경을 목격할 기회가 생겼다. 나는 100마일 이상 떨어진 하트퍼드셔에서 새 삶을 시작하기 위해 부모님의 집을 떠났다. 레디치에서 함께 자란 내 친구 수와 나는 가족들을 방문하러 가다가 외할머니 집에 잠깐 들르기로 했다. 낸은 우리를 따뜻하게 맞이해주고는 갑자기 정원이 내다보이는 구석에 있는 둥근 탁자에 앉으라고 했다. 우리가 모두 자리를 잡고 앉자 낸은 수를 똑바로 쳐다보면서 말했다. "데이빗이 너를 보러 여기 왔다." 그녀는 잠시 멈추었다가 내 친구에게 메시지를 전달해주기 시작했다.

수와 나는 친했지만 나는 그녀의 가족에 대해서는 깊이 알지 못했다. 나는 그녀에게 여자형제가 있다는 것, 어머니와 사이가 좋지 않다는 것, 그리고 그 때문에 수가 하트퍼드셔로 이사했다는 것 정도만 알고 있을 뿐이었다. 나중에 수는 데이빗이 몇 년 전에 돌아가신 그녀의 아버지라고 말해주었다. 나는 아무것도 예상치 못했다. 그때 나는 처음으로 낸 프랜시스의 능력을 목격하면서 내내 높은 진동수의 에너지를 느꼈고 그저 경이로울 따름이었다.

몇 주 후에는 내가 상담을 받을 차례가 왔다. 나는 다시 낸을 방문하고 있었는데 갑자기 낸이 "리사, 너한테 전해줘야 할 메시지가 있다"고 말했다. 물론 나는 궁금한 마음에 그녀에게 상담을 받기로 했다. 그러자 낸은 그 당시에는 이해할 수 없었지만 나중에 가서 이해하게 될 말을 했다. "나는 내 죽음을 만나면 그만둬버릴 거야."

우리는 몇 주일 전 수와 내가 앉았던 바로 그 탁자에 둘러앉았다. 다만 이번에는 낸이 나에게 카드를 섞도록 했다. 나는 좀 어리둥절했다. ─ 수는 안 했는데 왜 나한테는 카드를 섞으라고 하시는 것일까?

이제 나는 낸이 그때 나에게 영능력을 통해 메시지를 전해주고자 했던 것이었으며, 받은 정보를 타로카드를 통해 확인하려고 했던 것이었음을 이해할 수 있다. 이는 심령상담을 할 때에 보통 사용하는 방식이다. 수를 위한 상담은 외할머니를 '매개'로 해서 수의 아버지로부터 직접 메시지를 전달하는 것이었고,(그래서 영매라고 일컫는다) 이는 심령상담과는 성격을 달리한다. 왜냐하면 낸은 다른 종류의 에너지, 즉 방문한 영의 에너지와 통신하고 있기 때문에 수를 위해서는 타로카드를 사용할 필요가 없었던 것이다.

이는 심령가와 영매가 일하는 방식이 서로 어떻게 다른지를 잘 보여준다. 심령상담에서는 상담자가 직관과 내적인 앎을 활용하여 미래에 일어날 사건이나 상황을 내다볼 수 있다. 내가 전에도 언급했듯이 우리는 모두 영능력자여서 이런 종류의 앎을 다 가지고 있다. 어떤 사람들은 이것을 '여자의 직감'이라고 부르고 어떤 사람들은 '내적인 앎'이라고 부르기도 하지만, 이것은 당신이 당신 자신과 조화를 이루어 더 높은 자아에게 귀를 기울일 때면 일어나는 현상이다.

반면에 영매란 하나의 세계를 다른 세계와 연결시켜주는 중개자이다. 영매는 무선송신기와 비슷한 역할을 하고, 영들은 DJ의 역할을 하면서 영매를 통해서 그들의 메시지를 내담자들에게 전하는 것이다. 영매는 세심하게 주파수를 맞추고 정확한 방송국과 연결함으로써 메시지를 명쾌하고 확실하게 들려주어야 한다. 모든 영매는 영능력자인 경향이 있으나 영능력자가 동시에 영매이기도 한 경우는 드물다. 영매들은 타로카드를 사용하지 않지만 다른 도구들을 사용하기도 한다. 예를 들어 내담자의 사랑하는 사람이 남긴 물건을 손에 쥔다든지 내담자의 손이나 다른 무엇인가를 붙잡는다든지 하는 식이다.

나의 소중한 외할머니 낸의 집으로 다시 돌아가자. 외할머니는 나로 하여금 카드를 섞고 세 부분으로 나누도록 했다. 하지만 블랙풀의 영능력자처럼 어느 쪽 손을 사용하라고 지시하지는 않아서 다시 어리둥절한 느낌이 들었다. 낸 프랜시스는 나에게 보고 싶지 '않은' 부분을 골라서 옆으로 치워놓으라고 했다. 그 말을 듣자 다시 공포가 밀려왔다. '만약 틀린 부분을 고르면 어쩌지? 내 미래를 부정적인 카드들에게 줘버리게 되는 건 아닐까? 아아, 안돼… 결정해야 해, 결정.' 나는 이 불안정한 느낌이 싫었지만 블랙풀의 영능력자가 충고해준 대로 내 느낌을 따라서 본능을 믿기로 했다. (비록 카드들을 다 보고 싶을 정도로 몹시 궁금한 마음이 들기는 했지만.)

다음으로 외할머니는 나에게 첫 번째로 읽을 부분과 두 번째로 읽을 부분을 선택하라고 했다. 결국은 두 부분을 다 보게 될 거니까 이건 어렵지 않은 일이었다. (참 바보 같지 않은가 — 난 '궁금쟁이'인가 보다!)

나는 낸에게 왜 옆으로 치워놓은 카드 더미는 보지 않는 건지 물어보았다. "그건 너의 과거란다. 과거는 바꿀 수 없기 때문이지"라고 그녀는 대답했다. "다른 두 부분은 너의 현재와 너의 미래란다. 현재와 미래가 바로 우리가 주목해야 할 부분이야."

'그렇다면 카드에 나와 있는 일들을 내가 바꿀 수 있다는 말일까?' 하고 나는 생각했다.

아마도 그녀는 내 생각을 들은 모양이었다. 왜냐하면 그녀는 "아니, 운명지어진 일들을 바꿀 수는 없단다. 그 일들은 너에게 삶의 교훈을 주기 위해 이미 결정된 것들이기 때문이지. 하지만 너에게는 자유의지가 있단다. 자유의지를 통해 교훈을 받아들일지 받아들이지 않을지를 선택할 수 있는 능력이 생긴단다. 하지만 일어나야만 할 상황들은 일어나게 마련이지."

상담이 시작되었다. 나는 즉각적으로 내가 사귀고 있던 남자에 대해 생각했다. — 그가 '바로 그'일까? 그리고 그 당시의 내 직업에 대해 생각했다. — 직업을 바꾸게 될까? 언젠가 프로 가수가 되어서 경력을 쌓을 수 있게 될까? 이제 와서 돌아보면 당시 나의 의문과 관심사들은 경박하고 이기적인 것으로 느껴진다. 하지만 그 당시의 나에게는 무척이나 중요한 일들이었다. 나는 답이 필요했다.

상담이 끝나갈 무렵, 낸은 블랙풀의 영능력자가 했던 것처럼 나를 쳐다보더니 다시 내 위쪽을 바라보았다. '왜 영능력자들은 나를 쳐다보고 또 내 주위를 쳐다보는 걸까?' 하고 나는 생각했다. 그러자 낸이 말하기 시작했다.

"네 머리 위엔 보라색과 노란색 빛이 있다."

나는 낸이 무슨 말을 하는 건지 보려고 머리 위를 올려다보았다. '무슨 빛?' 나는 아무것도 볼 수 없었다. 낸은 계속해서 내가 여러 의문의 답을 듣고 싶어하는 것을 알고 있다고 말하면서 그중 중요한 몇 개에 대해 빠르게 대답해주었다. 아니었다, 내가 사귀고 있던 사람은 '바로 그'가 아니었다. 맞았다, 직업은 바꾸게 될 것이었다.

세속적인 관심사에 대한 이야기가 끝나자 이젠 내가 듣고 싶어하지 '않는' 것들에 대해 말해줄 차례였다. 하지만 말을 꺼내기 전에 그녀는 부드럽게 경고했다. 이것은 나에게 꼭 전해져야만 할 메시지이니 주의 깊게 귀 기울여 들어야만 한다고.

그녀가 첫 번째로 말한 것은, 내가 유명해지리라는 것이었다. 어릴 때는 잡지와 영화에서 받는 화려하고 호화로운 인상 때문에 다들 자신이 유명해질 거라는 말을 들으면 좋아한다. 나는 그저 노래가 하고 싶었기에 유명해진다는 그녀의 말이 곧 음반 계약을 맺게 된다는 뜻이기를 속으로 바랐다. 하지만 그 바람은 진실로부터 얼마나 동떨어져 있었던가! 낸은 내가 일을 통해서 이름이 널리 알려질 것이라고 했고, 내가 '그녀가' 하는 일과 같은 일을 하게 될 것이라고 했다. 나는 낸이 하는 일을 물려받아할 것이지만, 낸과는 달리 무대에 서서 전 세계에서 모여든 수천 명의 사람들 앞에서 영매로서 일하게 될 것이라고 했다.

그 당시 나는 이것이 나의 미래라는 말을 듣고 너무나 놀랐기 때문에 아마 깃털로 쳤어도 뒤로 넘어갔을 것이었다. 하지만 지금의 나는 다른 일을 한다는 것을 상상조차 할 수 없다. 나의 경박한 관심사는 이 첫 번째 상담 후에 내가 경험하게 될, 내 삶 전체를 바꿔놓은 일련의 사건들 — 이를테면 암과 투병하고 싱글맘이 되는 등 — 을 통해서 고맙게도 씻은 듯이 사라져버렸다. (나는 첫 번째 책 《죽은 사람들과 함께 살기》에서 이 일을 비롯하여 나로 하여금 현재의 일을 할 수 있도록 내 길을 형성시키고 이끌어주었던 다른 수많은 경험들을 이야기했다.)

오늘날 나는 '영화계'에서 일하고 — 할리우드에서 일하는 것을 일컫는 말이다 — 있지만, 아직도 화려함이나 호화로움은 나의 주 관심사가 아니다. 내가 하는 일은 — 나에게 예언된 대로 — 다른 사람들이 삶 '그리고' 죽음의 여정을 받아들이면서 치유를 받도록 돕는 일이다.

일을 시작하다

외할머니가 돌아가신 후에야 나는 전문적인 영매로서 일을 하기 시작했다. 하지만 낸은 한 번도 내 재능을 계발해주기 위해 나를 훈련시키거나 한 적이 없었으므로 사람들을 위해 상담을 시작했을 때 나는 모든 문제를 혼자서 해결해야 했다. 운 좋게도 나보다 더 사업에 감각이 있는 친구가 나에게 상담을 해달라고 하면서 20파운드를 받으라고 제안했다. 20파운드면 대략 35달러이다.

외할머니가 해준 말씀 중에서 세월이 흘러도 늘 내 마음속에 남아 있는 것은, "항상 네 느낌을 믿어라. 절대로 틀리는 일이 없을 거야"라는 말이었다. 여학생 시절 만났던 블랙풀의 영능력자도 똑같은 메시지를 나에게 전해주었고, 이 메시지는 영능력을 계발하기 위해 공부하는 내 학생들에게 내가 강력한 주문처럼 항상 얘기해주는 말이기도 하다.

어른이 되어가면서 나는 마침내 심령가, 그리고 영매라는 정체성을 나라는 인격의 일부로 받아들였다. 그 정체성을 바꾸거나 피할 수는 도저히 없었다. 서서히 자신의 정체성을 받아들이기 시작하기는 했지만, 그 길이 쉬웠던 것은 아니다. 나는 친구들로부터 지지를 받았고(가족들로부터는 좀 미적지근한 지지를 받았다) 그들은 나로 하여금 마침내 세상으로 나와 전업 영매가 되도록, 그리고 세상 앞에서 이것이 나임을, 또한 이것이 내가 하는 일임을 선언하도록 힘을 북돋아주었다.

직업 영매로 일하기 시작하자 곧, 나는 점점 더 많은 사람들이 내가 하는 일에 대해 수용적인 태도를 보여준다는 사실을 발견했다. 더 이상 영매라는 직업에 오명이 붙어 있지 않았다. 두꺼운 커튼을 쳐서 가리고 문을 닫아 숨겨둘 필요가 없었다. 그리고 이 재능을 사용하기 위해 별난 사람이 되어야 하거나 특별한 옷을 차려입을 필요도 없었고, 또 이 재능에 대해 부끄러워할 필요도 없었다.

돌이켜보건대 이 새로운 자각은 참으로 나를 자유롭게 해주었다. 즉, 사람들이 상담을 받기 위해 내 사무실 문 안으로 걸어 들어오면서 나에 대해 기대했을지도 모르는 그런 모습의 사람이 될 필요가 없다는 것을 깨달은 것이었다. 나는 나이가 어린 편이었고 약간 특이하고 재미있어 보이지만 동시에 너무나 정상적인 모습을 하고 있었다. 더군다나 나는 영능력자로서의 나를 일상생활의 나와 분리시키지 않았다. 예를 들면 나는 한 아이의 어머니였고, 사람들은 내가 어머니로서 가질 수 있는 모든 걱정거리를 다 지니고 있는 그런 사람임을 알고 있었다. 내 삶과 내 일은 정상적인 것과 '마녀스러운 것'으로 구분지어져 있지 않았다. 과거의 영매들은 그런 '가리개'가 필요해서 그렇게 생활을 구분짓곤 했었다. 내가 누구인지를 숨기는 일이 전혀 불필요해졌기에, 나는 새로운 종류의 진솔함을 즐길 수 있었다.

내가 상담을 점점 더 많이 하게 되면서 발견한 것 또 한 가지는, 나의 재능은 활용할수록 점점 더 강력해진다는 것이었다. 마치 가수가 노래를 하면 할수록 음역이 넓어지듯이, 나도 상담을 하면 할수록 정보가 더 명확하게 전달되었고 더 자연스럽게 흘러나왔다. 처음에는 영능력으로 상담을 했지만 그것은 점차 영매로서의 상담으로 발전해갔다. 두 가지를 다 한다는 것이 행복했고, 지금도 그러하다.

나는 상담이 심령상담인지, 혹은 사후세계로부터의 메시지를 전달하는 영매술 상담인지에 따라서 내가 동원할 수 있는 많은 종류의 에너지들이 있다는 사실을 배웠다. 이 두 가지 방식을 두 가지 다른 계단을 올라가는 것에 빗대어 설명해보자. 나는 영능력의 계단을 올라가서 한 사람의 운명과 인생길에 대한 정보를 받아들일 수 있도록 나 자신을 연다. 혹은 영매의 계단을 올라가서 영계를 향해 나 자신을 연다. 영매의 계단을 올라가는 데에는 항상 더 많은 에너지가 들어가지만 사람들이 저세상으로 떠나간 사랑하는 사람들과 소통하는 데 정말 많은 도움이 되므로 충분한 가치가 있었다. 심령상담이 사람들을 도와줄 수 없다고 말하는 것은 아니다. 왜냐하면 심령상담도 많은 경우 실로 명확한 메시지와 희망을 전해줄 수 있기 때문이다. 하지만 영매의 길이 나에게는 더욱 보람 있었다.

어떨 때는 한 방식으로 얻은 정보를 다른 방식을 통해 확인하기 위해 중간에 계단을 바꿔 올라가야 하기도 했다. 어떤 경우에는 영으로부터 정보를 얻으면서 영매의 계단을 올라가다가 정확성을 확증하기 위해서 계단을 바꿔야 했던 적도 있었다. 일종의, 영계에서의 상호 대조를 통해 상담내용을 뒷받침하는 과정이라고 할 수 있다. 이것은 항상 도전적인 일이지만 흥미로운 과정이기도 하다. 특히 확증이 발견될 때면 더욱 그렇다.

클레어라는 이름의 내담자가 나를 찾아왔을 때 바로 이런 일이 일어났다. 클레어는 휴가기간 동안 돌아가신 할머니와 통신하여 못다 한 작별인사를 고하고 싶어했다. 내가 클레어를 위해 상담을 시작하자마자 곧 그녀의 할머니가 나타나 클레어만이 알 수 있는 개인적인 정보들을 줌으로써 자신의 존재를 확증해주었다. 무척 아름답고 강력한 통신이었다.

또한 할머니는 클레어에게 그녀의 개인적인 삶에 관해 이야기해주기 시작했다. 할머니는 손녀에게 그녀가 지금 만나고 있는 남자는 그녀에게 맞는 사람이 아니며 언젠가는 아침에 깨어나 그를 보고 "난 널 더 이상 사랑하지 않아. 우리 헤어지자"라고 담담하게 말하게 될 것이라고 했다. 둘 사이에 몇 가지 해결해야 할 문제들이 있기는 하지만 결국 둘은 헤어지게 될 것이며 그로 인해 클레어가 훨씬 더 행복해질 것이라고 했다.

할머니가 상담을 마무리 짓고 연결을 끊으려고 할 즈음 클레어는 할머니가 예언한 대로 애인과의 관계를 마무리 짓는 것은 자신의 성격상 불가능한 일이라고 하면서 상담 메시지로 인해 마음이 부담스러워졌다고 내게 토로했다. 그래서 나는 영능력을 사용하여 그녀의 삶에 대한 할머니로부터의 메시지를 좀더 깊이 검토해보기로 했다. 나는 정보를 더 얻기 위해 클레어의 인도령과 나를 연결시켜달라고 나의 인도령에게 부탁했다. 심령상담을 할 때면 항상 그렇듯이, 나를 둘러싼 에너지가 바뀌면서 더욱 가벼워지는 느낌이 들었다. 그리고 정보가 흘러들어오기 시작했다.

내 인도령은 클레어가 여행가방을 꾸리고 짐상자를 싸는 모습을 보여주었다. 그 여행가방과 짐상자들은 클레어의 것이 아니었다. 알고 보니 그 장면은 클레어가 남자친구에게 나가달라고 말한 후 남자친구가 이사 나가는 장면이었다. 그녀는 남자친구가 짐 싸는 것을 도와주고 있었다. 나는 이 모든 일이 일어날 대강의 시간도 알 수 있었다. 영능력을 통해서 본 이 장면은 클레어의 할머니가 묘사한 것과 정확하게 일치했다.

그로부터 열여덟 달의 시간이 지난 후에, 나는 근방의 가게에서 쇼핑을 하다가 클레어와 마주쳤다. 그녀는 나에게 상담을 받은 후 그녀의 삶 속에서 일어난 일들에 대해 얘기해주었다. 모든 일이 그녀의 할머니와 내 인도령이 예언한 대로 일어났다. 즉 그녀가 남자친구에게 나가라고 했고, 현재 그녀는 할머니가 예언한 대로 훨씬 더 행복했다.

나의 재능과 오늘날 나의 삶

현재 나는 여러 해를 영매로서 일해왔고 사후세계와 거의 매일 통신을 하고 있다. 하지만 어렸을 때와는 달리 이제는 나의 선택을 통해서 영들에게 나 자신을 열고 아직 지상에 있는 사랑하는 이들에게 메시지를 전하도록 허락한다. 직설적으로 말하기를 좋아하는 사람들 식으로 말하자면 '나는 죽은 사람들과 대화한다!'고 말할 수 있다.

내가 하는 일은 예컨대 〈고스트 위스퍼러〉, 〈미디엄〉(이상 미국 드라마), 〈식스 센스〉, 〈사랑과 영혼〉(이상 미국 영화) 등과 같은, 영능력자나 영매가 나오는 수많은 영화나 텔레비전 프로그램을 통해서 당신이 본 것과 크게 다르지 않다. 다만 나는 현실 속에서 일하고 있다는 것이 다를 뿐이다. 나는 사후세계로 건너간 사랑하는 이들로부터의 사랑, 위안, 희망, 그리고 치유의 메시지를 전달하고 소통시켜준다.

내 삶의 길은 쉬운 것은 아니었다. 아직도 나 자신조차 의문스럽게 생각되는 것들이 있지만, 나는 내 길을 사랑하고 아낀다. 나는 이 길을 가면서 인생수업을 많이 해야 했고 아직도 배우는 중이다. 이 책을 읽고 나면 당신도 내가 겪고 있는 이 과정에 대해 더 깊이 이해할 수 있을 것이다. 내가 계속 성장해가는 과정 속에서 영들은 항상 나를 놀라게 하고 예상치 못한 것들을 던져줌으로써 이 길을 더욱 재미나게 만들어준다. 무엇이 튀어나올지, 나로서는 전혀 알 수가 없다. 그래서 어떤 상담을 하든지 시작하기 전에 나는 항상 이렇게 내담자에게 물어본다. "정말로 모든 사실을 알고 싶으세요?"라고.

나에게는 영능력자와 영매 노릇을 하는 것이 가장 신나는 일이다. 사람들이 사랑하는 이를 잃은 후 감정을 잘 정리할 수 있도록 돕거나 작별인사를 할 수 있게, 수수께끼나 살인사건을 해결할 수 있게, 혹은 그저 두 영혼을 연결시켜주고 그들이 대화를 나눌 수 있게 도울 수 있다는 것, 그런 기회를 얻을 수 있다는 사실이 무척 좋다. 사람들은 자주 나에게 이렇게 물어본다. "이 재능이 당신에게는 축복인가요, 저주인가요?"라고. 그럴 때면 나는 웃을 수밖에 없다. 왜냐하면 나는 이 재능 없이 사는 것은 상상조차 할 수 없고 또한 이 재능이 항상 축복처럼 느껴지기 때문이다.

제2장

회의주의자와 냉소주의자들

어쩌면 당신은 영매나 영능력자에게 상담을 받아본 일이 있을 수도 있고, 또 한 번도 그런 적이 없었을 수도 있다. 어찌되었든 당신도 많은 사람들처럼 영계와 통신하는 것이 과연 실제로 가능한 일인지 의문스러워하거나 혹은 이 책이 과연 읽을 가치가 있는 건지 궁금해하고 있을지 모른다. 이에 대해 나는 이렇게 대답하겠다. 당신의 신념이나 견해가, 성장하고 치유받을 수 있는 기회의 탐사를 훼방하도록 버려두지 말라. 열린 마음은 당신에게 상상을 초월한 수확을 가져다줄 수 있다.

다양한 반응들

사람들은 다들 사후세계와 통신하고 싶어하는 저마다의 이유를 갖고 있다. 그리고 받는 메시지에 따라서 제각기 다양한 반응을 보인다. 대부분의 사람들은 통신한 내용 중에서 자신이 원하는 것만을 택하고 현재의 자신에게 도움이 되는 내용만을 흡수한다. 그리고 나중이 되어서야 메시지를 전체적으로 이해하거나 기억해내어 자신의 치유와 성장에 이용하기도 한다. 어떤 사람들은 메시지를 처음 받을 때부터 모든 것이 더 높은 목적을 위해 주어지는 것임을 받아들이고 메시지를 전부 포용하기도 한다.

그런가 하면 상담을 받으러 와서는 받은 메시지를 어떻게 이해해야 할지 몰라 하는 사람들도 있다. 이들은 보통 회의주의자들이거나 냉소주의자들로서 마음속에서 붙들고 있는 신념 때문에 내가 하는 일을 받아들이기 힘들어하는 수가 많다. 2장에서는 이들의 반응에 대해 이야기하겠다. 왜냐하면 실제 상황 속에서 사람들이 보이는 반응을 솔직하게 다루고, 이 반응들에 대한 나의 견해를 독자들과 나누는 것이 중요하다고 생각하기 때문이다.

회의주의자나 냉소주의자들의 특징은 "그걸 어떻게 알아요?"라는 취지의 질문을 다양한 형태로 던진다는 것이다. 어떨 때는 내가 하는 일이 진짜인지를 직접 확인해보고자 하는 목적만으로 나한테 와서 상담을 받는 사람들도 있다.

언젠가 "당신의 할아버지인 아서 씨가 여기 계세요"라는 나의 말을 듣고는 유별나 보일 정도로 곤혹스러워했던 한 남성 내담자가 있다. 그러고 나서 그는 나에게 내놓고 도전적인 말투로 "어떻게 내 할아버지의 성함이 아서라는 것을 알고 있죠?"라고 물었다. 실제로 그의 할아버지가 그에게 메시지를 전달하기 위해 그곳에 왔다는 사실을 수용하는 대신 그는 내가 받은 정보의 근원을 수상쩍게 여기고 내가 그의 할아버지가 아닌 다른 사람으로부터 미리 정보를 받았겠거니 하고 의심했다. 그는 상담을 통해 도움을 받기보다 나를 심문하는 데에 더 관심이 있었다.

회의주의자들은 비록 의심을 하긴 하지만 마음을 완전히 굳혀버린 것은 아니기에 아직 열려 있는 구석이 있다. 하지만 냉소주의자들의 의심은 더 견고하게 굳어져 있는 편이다. 냉소주의자들에게 내가 하는 일의 진실성을 증명해 보이기로 선택한다고 하더라도 내가 그들의 마음을 바꿔놓을 수는 없다. 내가 만난 냉소주의자들은 내가 그런 정보들을 대기만 하면 내가 전하는 메시지들이 '사실'로 변하기라도 하는 양, 정확한 성명, 주소, 전화번호 등을 요구하면서 절대적인 확증을 원한다. 그들이 원하는 정보를 제공해주면 그들은 그것이 내가 상담을 시작하기 전에 인터넷을 통해 미리 뒷조사를 해서 얻은 것임을 증명하려고 애를 쓴다!

다행히도 나에게 상담을 받으러 오는 대다수의 사람들은 열린 마음을 지니고 있다. 다양한 종교적인 관점들을 갖고 있는 사람들을 포함해서 말이다. (이 주제에 대해서는 다음 장에서 다루겠다.) 사람들이 처음에는 좀 불신하는 모습을 보이더라도 나는 상관하지 않는다. 그들이 받은 메시지가 그들의 인생 여정을 조금이라도 도와줄 수 있다면 말이다. 내 상담의 주된 목적은 다름 아니라 사람들이 성장하고 다음 단계로 나아가도록 돕는 것이다. 내가 사후세계와 통신한다는 것은 현실이며, 이는 나와 통신하는 영혼들로부터 받은 지식을 나누는 것으로써 나 자신의 견해와 숨은 의도를 심어주려는 마음은 전혀 없다.

나는 당신이 이 책을 더 읽어나가기 전에 의심과 믿음의 문제를 다루고 넘어가는 것이 중요하다고 느낀다. 왜냐하면 저 밖에는 이 책과 내 재능을 헐뜯으려고 대드는 회의주의자, 냉소주의자, 그리고 불신자들이 무수히 기다리고 있기 때문이다. 나는 평생토록 그들을 대해왔고 사실 그런 사람들과 함께 살기도 했었다.

하지만 먼저, 우리가 사후세계나 영적인 것에 대한 견해를 어떻게 형성시키게 되는지부터 살펴보자.

어린 시절과 신념

우리는 모두가 아주 어릴 적부터 주변 사람들의 견해를 통해 영향을 받아왔다. 엄마로서 나는 내 아들이 스스로 자신의 견해를 형성하면서 자라기를 원하지만 내 행동과 나의 호불호가 현재의 그에게 영향을 미치고 있다는 사실을 안다. 이를 막는 것은 불가능하다.

우리가 아주 어린아이였을 때 우리는 부모님, 보호자, 그리고 우리의 세계에 속해 있던 다른 많은 사람들을 통해 빚어졌다. 그들은 강력한 신념들을 갖고 있으면서 그것을 말했고, 그와 함께 강한 감정도 표현하곤 했다. 그 결과 우리는 무엇이 '옳고' 무엇이 '그른지'를 학습하게 되었다. 어른들은 우리를 돌보아주었으므로 우리는 어른들이 하는 말을 그대로 받아들였고, 그들을 믿지 말아야 할 근거를 찾지 못했다.

나는 매주 일요일 오후 아버지와 할아버지가 정치에 대해 논쟁하는 것을 옆에서 듣곤 했다. 그리고 어느 정당이 나라를 이끌어야 할지에 대한 그들의 열띤 논쟁에 내가 일부러 귀를 기울이지는 않았어도, 내가 나도 모르게 그들의 견해를 차용하고 있다는 사실을 깨닫게 되었다. 또한 다른 사람들이 정치에 대해 이야기할 때면 내가 지난주에 오간 가족 간의 정치 논란에서 비롯된 견해를 지키고 있다는 사실을 발견했다.

어른들은 대개 사후세계라는 주제에 대해 무척 완강한 견해를 갖고 있고, 바로 이 때문에 아이들은 혼란을 겪을 수 있다. 어린아이들은 다른 사람들의 가치관에 물들지 않은 가장 순수한 진동수를 갖고 있어서 자연히 영계와 사후세계에 대해 열려 있다. 그들에게는 자기만의 견해가 형성되어 있지 않기 때문에 아직도 순수하고 무구한 상태이며, 어른들은 더 이상 갖고 있지 않은, 경이감이 담긴 커다란 눈망울을 굴리며 세상 속에서 자신의 길을 모색하는 중에 있다.

　어린아이들은 아직 사물에 대한 인식이 참으로 때 묻지 않았기 때문에 전생을 잊지 않고 있거나 다시 환생하기 전에 경험한 사후세계에서의 일들을 기억하고 있는 경우가 많다. 심지어 그들은 신과 나눈 대화나 태어나기 전에 있었던 다른 논의들을 기억하기도 한다. 어린아이들은 때로 무척 심오한 지식과 지혜를 보여줘서 우리로 하여금 도대체 그것이 어디서 나온 것인지 의아해하게 만들곤 한다. 이는 어린아이들은 자신의 영혼과 깊은 조화를 이루고 있는데, 바로 그 영혼 속에 우리가 알아야 할 모든 지식이 있기 때문에 일어나는 일이다.

　어린아이들은 또한 상황을 이것 아니면 저것으로 명쾌하게 바라본다. 그들에게는 애매모호한 구석이 없다. 분별하지 않기 때문이다. 분별하는 마음으로 이리저리 판단할 때 우리는 자신의 견해를 상대방에게 덧입히게 된다. 예를 들어 최근에 나의 아들 찰리가 내 친구들 중 하나가 속상해하는 이유를 알고 싶어해서 내가 사실을 말해줬다. 그 친구와 결혼한 사람이 그녀를 매우 슬프게 만들었고 그녀는 지금 어찌해야 좋을지 몰라 하고 있다고.

　"응, 그럼 간단하잖아요"라고 찰리가 대꾸했다. "그와 헤어져서 다시 그녀를 행복하게 해주는 사람을 찾으면 되잖아요." 나는 내 친구와 배우자 사이에 아이들이 있기 때문에 그게 그렇게 간단한 문제가 아니라고 말했지만 아들의 입장에서는 그것이 문제가 되지 않았다.

　"엄마, 우리 둘이 같이 사는 것처럼 아이들은 엄마 친구랑 같이 살면 되잖아요." 그는 복잡한 경제적 문제나 내 친구의 가정이 겪을 어려운 변화에 대해서는 아무런 고려도, 판단도 하지 않고 대답했다. 내 아들에게 있어서 해결책에 애매모호한 구석이란 존재하지 않았다. 그저 이것 아니면 저것이라는 명확한 선택이 있을 뿐이었다. 어떤 이들은 어른이 이런 생각을 가지는 것은 무책임한 일이라고 할 수도 있겠지만, 내 경우에도 남편과 결별한 후 아들과 함께 바로 그가 처방한 이 길을 가는 것이 해결책이었다는 것은 분명한 사실이다. 결국 현재의 삶 속에서 행복을 누리는 것보다 더 중요하게 고려해야 할 사항은 없었다.

모든 아이는 사후세계에 존재하는 근원으로부터 곧바로 우리에게 온다. 이 근원은 우리 모두가 나온 곳이다. 아이의 몸은 새것일지 모르지만 그 몸을 통해 환생한 영혼은 보통 매우 나이가 많다. 어린아이들은 이미 지구별에서 산 적이 있으며, 분노에 찬 공격이나 감정적 격앙, 심지어는 육체적인 학대나 싸움까지 치유할 수 있는 지식들을 영계로부터 지니고 온다.

모든 사람은 나름의 목적을 갖고 지상계로 왔으며 저마다 배워야 할 교훈이 있다. (이에 대해서는 뒤의 장들에서 설명할 것이다.) 그중에는 영성과 치유라는 아름다운 능력을 갖고 태어나는 아이들도 있다. 최근에 그들에 대해 많은 책들이 쓰였는데, 이 행성의 인간들이 더욱 진화해갈 수 있도록 돕는 특별한 재능을 갖고 있다는 뜻에서 그들을 '인디고' 혹은 '크리스탈' 아이들이라고 부른다. 이런 영혼들의 의식 속에는 사후세계에 있던 동안에 얻은 지식이 보존되어 있으며, 이들은 이곳에서 배워야 할 교훈이 무엇인지를 알고 있다. 하지만 이런 아이들도 너무 어려서 자신이 알고 있는 것을 제대로 표현할 말을 찾지 못해서 그 지식을 전달하지 못하는 경우가 있다.

모든 아이는 근원과 더 가깝기 때문에 어른들보다 진동수가 높다. 당신은 아마도 어린아이들의 정수리에 두개골이 아직 완전히 닫히지 않아서 말랑말랑한 부분이 있는 것을 발견한 적이 있을 것이다. 이 열린 부분을 통해 정수리에 위치한 일곱 번째 차크라가 노출된다. 일곱 번째 차크라는 직관과 영적 지식의 차크라로서 영계와 직접적으로 연결되는 지점이기도 하다. 이것이 바로 많은 갓난아기들, 갓 걸음마를 배운 아이들, 그리고 어린아이들이 영을 보고 느낄 수 있는 이유다. 그들은 또 상상 속의 친구들을 갖고 있을 수도 있다. 이런 친구들은 주로 그들이 사후세계에서 만나서 현재까지 통교하고 있는 영혼들이다.

엄마들은 어떨 때 아기들이 마치 엄마는 볼 수 없는 누군가와 소통이라도 하는 듯이 방의 한구석을 뚫어지라 보고 있는 모습을 본 일이 있을 것이다. 그때 아기가 바라보고 있는 지점에 가보면 차가운 기운이 느껴져서 몸이 잠시 부르르 떨릴 수도 있다. 이것은 아기가 영을 쳐다보고 있었다는 증거이며 마치 냉장고의 문을 연 것처럼 기온이 갑자기 낮아지는 것이 영의 존재를 증명해준다.

어린아이들이 사후세계와 연결되어 있다는 사실을 보여주는 또 하나의 증거는 아이들이 부모가 준 이름 외에 다른 이름이 있다고 주장하는 경우이다. 우리는 영혼의 이름을 갖고 있으며 사후세계에서는 영혼의 이름을 통해 알려져 있다. 따라서 어린아이가 영혼의 본래 이름으로 불러달라고 요구하는 것도 무리가 아니다. 예를 들어 내 아들 찰리는 세 살에서 다섯 살 정도 되었을 때 자기를 샘이라고 불러달라고 요구하곤 했다. 나는 그가 왜 그런 부탁을 하는지를 알지 못했지만 그를 이해할 수는 있었다. 왜냐하면 나 역시 어렸을 때 항상 빅토리아로 불리길 원했기 때문이다.

하루는 찰리가 특유의 '뭐든 얘기해줄 수 있는' 기분에 젖어 있을 때 나는 그가 왜 샘이라고 불리고 싶어하는지를 물어보았다. 그러자 그는 "엄마, 천국에선 그게 내 이름이었어요"라고 대답했다. 나는 까무러칠 정도로 놀랐다. "찰리라는 이름은 낯선 느낌이 들어요"라고 그는 이어서 말했다. "나는 샘으로 불리고 싶어요."

같은 대화 중에 내가 그에게 천국에서 있었던 일 중에 기억나는 일이 더 있느냐고 물었더니 그는, "네, 엄마. 하나님이 나한테 가서 엄마를 돌봐야 한다고 말했어요. 왜냐하면 아빠가 엄마를 사랑하지 않았고 엄마에겐 사랑이 더 필요하기 때문이래요." 아이의 말을 통해 내가 싱글맘이 되도록, 또 남자들과의 관계에서 어려움을 겪도록 예정되어 있었다는 사실을 깨달으면서 나는 다시 한 번 까무러칠 정도로 놀랐다. 하지만 이 얘기를 하려면 책 한 권을 더 써야 한다!

나는 아들이 택한 이름에 반대할 수가 없어서 2년 동안 아이가 다른 이름을 쓰는 대로 맞춰 살았다. 아들은 어머니날 카드와 생일 카드에 "사랑을 담아, 샘"이라고 적곤 했다. 그러다가 결국은 그도 이번 생에서 주어진 이름인 찰리를 사용하기 시작했지만. 아마도 나이가 들면서 그 이름에 익숙해졌기 때문이었을 것이다.

어린아이들은 주변의 어른들이 긍정적인 반응을 보이지 않을 경우 영성에 대해 무척 심한 혼란을 겪기도 한다. 소년 소녀들은 많은 경우 그들이 알고 있고 믿고 있는 사실들에 대해 혼란스러워한다. 특히나 그들이 알고 있는 것이 부모, 보호자, 혹은 다른 권위자들이 하는 말과 상충할 때 더욱 그렇다. 아이들이 내면의 영적인 지식으로부터 어떤 말을 하면 아무도 그것을 귀담아 들어주지 않는 경우가 대부분이다. 나도 어렸을 때 이런 일을 겪었기 때문에 나는 아이들이 남몰래 겪는 괴로움을 이해할 수 있다.

이 주제에 대한 당신의 견해가 어떠하든 간에, 아이들이 자신의 믿음을 표현할 때는 그것을 존중해주는 것이 매우 중요하다. 아이들은 우리 어른들보다 훨씬 더 근원과 가까우므로 그들의 생각과 경험은 깊이 귀 기울여 들을 가치가 있다는 사실을 기억하기 바란다. 그리고 아이들이 어른들의 부정적인 반응을 두려워한 나머지, 그리고 주변의 어른들을 언짢게 만들지 않기 위해서 스스로 영계와의 소통을 끊고자 자신의 감각을 막아 버릴 수도 있다는 사실을 마음에 새겨두기 바란다. 그들이 다시 자신의 경험에 대해 이야기를 시작하기까지는 시간이 꽤 걸릴 수도 있으므로 그들과 소통의 창구를 유지하고 그들을 의심하거나 낙인찍지 않고 그들이 하는 얘기에 귀 기울여주는 것이 매우 중요하다.

사람이란 나이가 들어가는 동안 사회의 영향을 받으면서 여러 사항들에 대한 견해가 바뀌어가게 마련이다. 반면에 어떤 아이들은 사회의 영향력에도 불구하고 영을 향해 열린 상태를 계속 유지한다. 만일 그것이 여덟 살이 지날 때까지 열려 있다면 그 아이는 영적으로 재능이 매우 출중한 사람으로 자랄 가능성이 크다.

예를 들어 나의 동생 크리스찬은 어릴 적에 항상 영들의 소리를 듣고 그들과 대화를 나누곤 했다. 그는 영적으로 매우 열려 있어서 스스로 허락하기만 했다면 선물받은 그 재능을 더욱 발달시킬 수 있었을 것이다. 하지만 결국 그는 내가 알고 있는 회의주의자들 중에서도 가장 못 말리는 회의주의자가 되어버렸다.

할아버지가 돌아가시던 날 아침, 나는 동생이 할아버지의 집 밖에서 넋을 놓은 채 무척 괴로워하고 있는 것을 발견했다. 나는 그를 다독거려주면서 무슨 일이 있었냐고 물어보았다. 물론 사랑하는 할아버지를 잃은 슬픔은 빼고 말이다. 그는 "나 방금 할아버지 목소리를 들었어"라고 겁에 질리고 혼란스러워하는 목소리로 대답했다. "나 방금 할아버지 목소리를 들었다고." 그는 되풀이해서 말했다. "할아버지가 나한테 말을 했어, 그래서 무서워 죽을 지경이야."

나는 크리스찬이 무슨 애기를 하고 있는지 알 수 있었다. 할아버지가 마지막 작별인사를 하러 온 것이다. 그것은 참으로 할아버지다운 행동이었다. 나는 할아버지가 저세상으로 건너가면서 소통을 시도한 것에 대해 동생이 이토록 겁에 질린 반응을 보인다는 사실이 놀라울 따름이었다. 과연 동생이 이런 일이 실제로 일어났었다는 사실을 시인할 날이 올지는 모르겠다. 하지만 이 일은 분명히 일어났다.

우리 가운데의 냉소주의자

어린 시절에는 모두가 열린 마음을 갖고 있지만, 어른이 되고 난 후에는 많은 사람들이 사후세계와 소통이 가능하다는 사실을 받아들이지 못한다. 안타깝게도 그들은 기다렸다는 듯이 화제를 물리치고 핏대를 세우며 반대의견을 내세운다. 이런 남녀들은 우주가 제공하는 무한한 가능성을 보려 들지 않고 냉소주의자를 자처한다.

냉소주의자는 뭐든 간에 믿으려 들지 않는 경우가 많다. 나는 심령가이자 영매로서 일해 오는 중에 냉소주의자들을 많이 만났고 심지어는 그들을 위해 상담을 하기도 했다. 어떤 경우에는 내가 도대체 왜 그런 노력을 한 건가 싶기도 했다. 이 사람들은 상담을 통해 도움을 받고자 하는 마음이 전혀 없었고 오로지 그들이 이미 내려놓은 결론, 즉 내가 진짜일 리가 없다는 판단에 대한 확증만을 얻고 싶어했을 뿐이다.

한번은 이런 일이 전국에 방영되는 텔레비전 방송 중에 일어났다. 나는 영성에 대해 토론하고 사람이 과연 '저세상'과 통신할 수 있는지를 밝

히기 위해서 존 에드워드와 앨리슨 두보이스라는 다른 두 명의 영매들과 함께 오프라 윈프리 쇼에 출연하도록 초대받은 적이 있었다. 우리는 각각 세 사람에게 상담을 해주도록 되어 있었다. 마지막 상담 중에 나는 틀림없는 불신자인 한 여성을 상대해야 했다.

이 상담을 녹음하기 직전에 나는 내 홍보 담당자와 메이크업 아티스트를 돌아보면서 "다음에 상담받을 사람은 아버지와 같은 어떤 인물과 소통하기를 원하네요"라고 말했다. 이 두 여성은 나의 절친한 친구들로서 내가 일하는 것을 전부터 보아왔기 때문에 단 한 번도 내 능력을 의심한 일이 없었다. 그들은 그저 "당연히 그렇겠죠!"라고 대답했다. 그리고 그들의 말대로 내 느낌은 정확했다. 하지만 나는 그다음에 일어날 일에 대해서는 대비되어 있지 않았다.

녹음을 하기 위해 스튜디오 안으로 들어갔을 때 나는 과학자인 동시에 냉소주의자인 로라와 대면하게 되었다. 그녀를 위해 상담을 시작하자 명확한 정보가 흘러들어오기 시작했고, 이 정보는 내가 느끼기에 정확했다.

아버지 같은 어떤 인물이 그녀를 만나러 나타났다고 내가 말하자 그녀는 "글쎄요, 모든 사람에게 아버지가 있으니까 아마 내게도 아버지 같은 인물을 엮을 수야 있겠죠"라고 말했다. 나는 그녀에게 아버지가 돌아가셨는지를 직접 물어보기 위해 거기서 상담을 잠시 멈추었다. 나는 '나의' 아버지가 아직 돌아가시지 않은 것처럼, 모든 사람의 아버지가 영의 형태로 존재하는 것은 아니라고 설명했다. 그녀는 아버지가 돌아가셨다는 사실을 시인했다.

나는 상담을 다시 시작하면서 로라에게 아버지가 "우리 꼬맹이"라고 말하고 있다고 전해주었다. 그러자 그녀는 "내가 넷 중에 막내이긴 했지만 아버지는 한 번도 나를 '우리 꼬맹이'라고 부른 적이 없어요"라고 말하며 콧방귀를 뀌었다. "하지만 물론, 어떤 부녀지간에도 그런 말을 쓸 수는 있겠죠. 잘 짐작하셨네요."

　수백만 명이 그 쇼를 시청하고 있었지만, 나는 거칠다는 소리를 들을 것을 무릅쓰고 만약 내가 전달하는 정보를 하나도 받아들이지 않을 작정이면 왜 상담받기를 원하느냐고 단도직입적으로 물어보았다. 그러자 그녀는 무대 바깥쪽에 앉아 있는 쇼의 프로듀서들을 향해서 "제가 너무 회의적이란 말인가요?"라고 물으며 분노를 표했다. 물론 그들은 아무런 대답도 하지 않았다. 하지만 로라는 명백하게 자신의 입장을 고수하고 있었다.

　상담은 계속되었다. 내가 그녀의 아버지가 나에게 "존"이라는 이름을 주고 있다고 말하자 그녀는 재빨리 아버지의 이름은 존이 아니라고 대답했다. 그는 언제나 줄이지 않은 온전한 이름으로 불렸고 그 이름은 존으로 시작되지만 존 로저나 존 마이클처럼 뒤에 덧붙은 이름이 있었다고 그녀는 대답했다. 그녀는 마치 지푸라기라도 붙잡으려고 애쓰는 것 같았다!

　나는 계속해서 그녀의 아버지가 춤추는 모습을 보여주고 있는데 그녀와 함께 춤추고 있는 것 같다고 말했다. 그녀는 나를 노려보면서 손을 저으며 내 말을 가로막았다. "저는 한 번도 아버지와 춤춘 적이 없어요. 아버지는 전문 사교 댄서였지만 '나랑은' 한 번도 춤춘 적이 없어요."

　그쯤 되자 과학자 로라가 내가 전달해주는 정보를 하나라도 받아들일 리가 없다는 사실이 명백해졌다. 그녀는 내가 그녀 아버지의 영과 소통하고 있지 않다고 이미 결론짓고 있었다.

　슬프게도 로라 같은 사람들은 그들이 깊이 사랑했던 가족과 소통할 수 있는 엄청난 기회를 놓치곤 한다. 만약 그들이 과학적이고 객관적인 시각 말고 다른 관점에 스스로 마음을 열기만 한다면 상담을 통해서 아주 값진 것을 얻을 수 있을 텐데 말이다. 그러나 그들은 반대로 그 과정에 맞서 싸우기를 택하고 자신이 옳고 내가 그르다는 것을 증명하기 위해 너무나도 열심히 애쓴다.

해를 거듭하는 동안 나는 사람들의 태도가 냉소적일 경우 내 힘으로는 결코 그들의 마음을 바꿔놓을 수가 없다는 것을 깨달았다. 그들은 아주 실제적이고 물질적인 증거를 통해 확증을 얻기 전까지는 설득당하지 않으려고 고집을 부린다. 하지만 영들이 사후세계로부터 소통을 해올 경우 대부분 생각과 심상을 통해서 소통하지, 사실적인 근거를 대는 방법을 사용하지는 않는다. 그들은 말을 할 수 있는 입조차 없으므로 그들이 하는 말은 얼버무려져서 들리고, 알아듣기가 매우 어렵다. 나 역시 그들이 말하는 문장에 있는 단어들을 모두 알아듣지는 못하므로 내가 받아낸 정보만 전달할 수 있을 뿐이다. 이것은 불명확하거나 부정확한 정보가 나오기만을 기다리고 있는 냉소주의자에게 의심의 불쏘시개가 되어준다.

어떤 경우에는 들어온 정보가 처음에는 전혀 말이 되지 않다가 내담자와 내가 계속해서 그 정보를 붙들고 있다 보면 의미가 명확해지는 때도 있다. 예를 들어 영들이 어떤 정보를 전달하기 위해서 나만이 알 수 있는 이름들을 제시하는 경우를 경험한 적이 있다. 한번은 잃어버린 아들과 대화하고 싶어서 나를 찾아온 한 여성을 위해서 상담을 해줬다. 나는 그녀 아들의 영을 받아들였지만 눈앞에 보이는 심상은 내 전 남자친구인 콜린의 얼굴이었다. 나는 하고 많은 사람들 중에 왜 그가 내 머릿속에 뛰어들어왔는지 전혀 이해할 수가 없었다.

상담 중에 나는 이 여성의 아들이 교통사고로 숨졌다는 사실을 밝혀내고, 오직 그녀의 아들만이 알 수 있는 몇몇 확증적인 사실들을 제시했다. 하지만 그녀는 여전히 그것이 정말로 그녀의 아들임을 입증할 수 있는 증거를 원했다.

"왜 그런지는 알 수 없지만 저에게는 지금 제 전 남자친구가 보이고 있답니다. 그가 어떤 사람인지를 설명해드릴 테니까 혹시 아드님이 연상되는지 한 번 들어보세요"라고 나는 그녀에게 말했다. 그리고 콜린이 어떻게 생겼는지, 무슨 차를 모는지, 그리고 어떤 장소들을 좋아하는지 등에 대해 모두 설명했다. 하지만 그녀는 아무런 공통점도 찾지 못했다.

그때 갑자기 그녀 아들의 영이 나를 툭툭 치면서 '이름'이라고 말했다. "참, 그리고요, 제 전 남자친구의 이름은 콜린이에요"라고 나는 불쑥 말했다.

그러자 그녀의 얼굴이 마치 크리스마스트리처럼 환해졌다. 그녀는 "그 애의 이름이 바로 콜린이에요!"라고 소리치면서 이제야 신이 나서 행복해했다. 그녀의 아들은 내 전 남자친구를 보여줌으로써 어머니가 아들이 정말로 거기에 있음을 믿게 하는 데 필요한 중요한 정보를 나에게 전해준 것이다. 요는, 영은 처음부터 항상 논리적이거나 직접적인 방식으로 다가오는 것이 아니라는 것이다. 따라서 영과의 소통을 통해서 뭔가를 얻으려면 '모든 것이 딱 맞아떨어져야만 한다'는 일반적인 요구를 기꺼이 미뤄놓을 수 있는 마음이 있어야 한다.

회의주의, 건강하고도 도전적인 시각

냉소주의는 사람들로 하여금 한 가지 입장을 고수하게 하여 그 너머의 것을 보지 못하게 만들기 때문에 큰 골칫덩어리가 될 수 있지만, 회의주의는 건강하고 긍정적인 것일 수 있다. 사실, 나 역시 (그리고 때때로는 아직도) 회의주의자였던 때가 있었다. 나는 영과의 교류가 실재한다는 것에 대해 회의적이지는 않다. 왜냐하면 그것이 실재한다는 사실을 이미 알고 있기 때문이다. 만약 그렇지 않다면 나는 스스로에게, 그리고 이 책에게 진실하지 못한 사람이 될 것이다. 하지만 나는 사람들이 스스로 능력이 있다고 말하면 항상 일단은 회의적인 태도를 취한다. 사후세계와 통신할 수 있다고 주장하면서 사람들이 힘들게 번 돈을 빼앗아 가기 위해 만반의 준비를 하고 있는 사람들을 나는 몇몇 알고 있다. 나 스스로도 이런 소위 영매들을 찾아간 적이 있다. 상담받느라고 앉아 있으면서, '이 사람에겐 영능력이 없는 게 분명한데 내가 대체 왜 여기 앉아 있는 거지?'라고 속으로 생각했었다.

'회의주의자' 하면 맨 먼저 우리 아버지가 떠오른다. 아버지는 나와 20년 가까이 함께 살았고 또 그전에는 유명한 영능력자의 딸과 결혼생활을 했음에도 불구하고 여전히 우리가 하는 일을 믿지 않았는데, 나는 이 사실을 받아들이기가 힘들었다. 내가 상담을 시작했을 때 아버지는 그저 고개를 젓고 돌아서 버리곤 했다. 아버지는 내가 영국에서 개최한 쇼나 영매로서 특별출연한 영성 교회의 야간집회 같은 것에 한 번도 구경 오신 적이 없었다.

내가 전문적으로 상담을 시작하고 또 전업 심령가이자 영매로 일하기 시작한 지 수년이 지난 후에도 아버지는 여전히 "언제 진짜 직업을 가질 거냐?"고 묻곤 했다. 그에 대한 내 대답은 "진짜 직업이란 어떤 거죠?"였다. 그리고 나는 더 이상 아무 말도 하지 않았다. 왜냐하면 아버지와 말다툼해서 얻을 것은 아무것도 없었기 때문이다.

아버지가 처음으로 내가 하는 공개상담에 참석하신 것은 2008년 4월이었다. 그것도 피할 도리가 없었기 때문에 참석하신 것이었다. 우리는 바다 한가운데 떠 있는 배에 타고 있었다. 이는 헤이하우스에서 개최한, 영성을 주제로 한 크루즈 여행이었다. 따라서 아버지는 물을 향해 헤엄이라도 치지 않는 한 내가 하는 쇼를 보러올 수밖에 없었다.

나는 무대에 오르기 전에 긴장하는 법이 없었는데 이번만은 아버지가 청중석에 앉아 있어서 그런지 긴장이 되었다. 나는 이곳에 회의주의자가 있느냐고 물으면서 강연을 시작했다. 많은 사람들이 주위를 둘러보았지만 아무도 손을 들지는 않았다. 나는 잠깐 기다렸다가 아버지를 가리키면서 말했다. "이곳에 적어도 한 명의 회의주의자가 있다는 걸 저는 알고 있지요. 바로 우리 아버지입니다!" 사람들은 모두 깜짝 놀랐고 아버지는 그저 품위 있게 손을 흔들어주었다. 우리 아버지에게 축복을!

아버지를 지적한 이유는 아버지를 곤란하게 만들기 위해서가 아니라 사람들에게 회의주의자가 되어도 괜찮다는 것, 즉 해답을 찾고 또 얻은 해답에 대해 의문을 품어도 괜찮다는 것을 보여주기 위해서였다. 나는 청중들에게 아버지의 회의주의가 나의 성장과정에 많은 도움이 되었다고 말했다. 아버지는 내가 내 재능을 막 갈고 닦기 시작했을 때 나에게 도전이 되어주었고, 그로 인해 나는 다른 많은 회의주의자들에게 확신을 줄 수 있는 방법을 강구해야 한다는 사실을 깨달았다. 또 이는 나로 하여금 그저 아무나 얻을 수 있는 일반적인 정보가 아닌 더욱 정확한 정보를 얻도록 노력하게 만들었다. 나는 사람들을 이해하기 위해, 또 사람들과 공감하기 위해 열심히 노력했고, 이는 다 아버지의 완고한 태도 덕분이었다.

이제 나는 내 쇼에 찾아오거나 상담을 받으러 오는 회의주의자들을 고맙게 여길 수 있게 됐다. 왜냐하면 이 사람들이야말로 나로 하여금 최선을 다하도록 도전거리를 제공해줄 것임을 알기 때문이다. 내 쇼에 회의주의자로서 와서 신자가 되어 돌아갔다는 사람들을 만날 때면 나는 항상 언제 마음을 바꿨냐고 물어보곤 한다. 그들은 주로 상담내용에 공감이 갔을 때, 혹은 나한테 상담을 받은 사람들이 후에 상담의 정확성에 대해 얘기하는 것을 우연히 듣게 되었을 때라고 대답한다. 많은 경우 사람들은 상담이 끝난 '이후에' 메시지의 진실성을 더욱 확실히 시인하고 상담 중에 얻은 대답들이 얼마나 감명 깊었는지를 털어놓는다.

아버지는 내 텔레비전 프로그램들을 시청하고 내 라이브 쇼를 여러 번 참관하고 나서야 내가 하는 일이 진짜라는 확신을 얻었다. 헤이하우스 크루즈 여행 중에 아버지는 나의 강연이란 강연은 전부 듣고 몇몇 그룹활동에도 참여했지만 여전히 확신을 얻지 못했다. 그는 다른 사람들이 하는 여러 가지 영성 관련 강연에도 참석했다. 숙제는 다한 셈이었지만, 아버지는 여전히 울타리 밖으로 나오지 못하고 있었다.

그러던 중 나의 할머니, 즉 아버지의 어머니가 2009년 4월에 돌아가셨다. 장례식을 치르고 나서 그날 오후 우리는 조용한 시간을 좀 보내기 위해서 부모님 댁으로 돌아왔다. 나의 동생 크리스찬과 그의 아내 클레어는 방 안에서 자고 있었고 어머니는 거실에서 쉬고 있었으며 아버지는 안방에 있었다. 갑자기 아버지가 일어나서 소리를 질렀다. "어머니, 잠깐만요!"라고.

어머니가 아버지에게 무슨 일이냐고 물었다. 아버지는 고개를 흔들면서, 잠이 들락말락하던 참에 할머니가 부르는 소리를 들은 줄 알았다고, 그 소리에 잠이 깼다고 대답했다. 아버지는 그래놓고서야 자신이 무슨 말을 한 건지를 깨닫고 그 말을 도로 주워담으려고 했다. "아니야, 라디오에서 난 소리를 들은 게 틀림없어." 우리 부모님은 라디오를 갖고 있지도 않았고 텔레비전은 꺼져 있었으며 집안은 쥐죽은 듯이 조용했다. 그러니 아무래도 아버지가 꿈을 꾸는 동안 할머니가 아버지를 보러 찾아와서 아버지와 통신을 시도한 것 같았다. 이것은 매우 흔히 있는 일이다.

솔직히 말하자면, 아버지의 회의주의는 단 한 번도 나를 불편하게 만든 적이 없었다. 2009년 9월이 되어서야 아버지는 뉴질랜드의 웰링턴에서 쇼를 마친 나에게 찾아와서 마침내, "나는 너를 믿는다"고 말했다. 그때 나는 깃털로만 건드려도 뒤로 넘어갔을 것이다!

아버지는 아홉 개의 쇼를 참관했다. 그리고 청중들의 반응을 살피면서 이렇게 말하곤 했다. "방금 네가 한 그 상담 말이다… 그 여자가 너한테 정보를 준 건 아니지, 그렇지? 근데도 네가 해냈구나. 네가 그 여자 어머니를 불러줘서 마지막에 그 여자가 얼마나 행복해하던지." 이런 말을 들을 때면 아버지 마음이 점점 바뀌고 있다는 것을 알 수 있었다. 그리고 아버지는 마침내 내가 하는 일에 대해 생각을 바꾸었고, 생각을 정리한 후에는 내 일을 온전히 수용해주었다.

나중에 아버지는 논리적으로 설명될 수 없는 내 능력이 사실은 무섭게 여겨졌다고 말했다. "너는 내 딸이라서 네가 거짓말을 하지 않는다는 것을 알고 있다." 아버지가 말했다. "하지만 도대체 이해가 안 갔단다. 나는 그저 네가 사람들에게 희망과 위안을 준다는 걸 알 뿐이다. 그리고 그건 매우 값진 선물이지. 너는 네가 해야 할 일을 해낸 거다."

회의주의자들을 대하는 법 — 나도 포함해서!

어린 시절을 회의주의자와 함께 살았던 것은 나에겐 힘든 일이었다. 특히나 나는 스스로조차 도저히 이해할 수 없는 재능과 능력을 갖고 있었기 때문이다. 말이 나와서 하는 얘기지만, 나는 우리 모두가 무엇이 진실이고 무엇이 진실이 아닌지에 대해서는 의문을 품는 것이 건강하다고 생각하고, 무엇을 믿을지 말지에 대해 각자가 스스로 결정을 내려야 한다고 느낀다. 이는 나에게도 적용된다. 비록 나는 직업 영매이긴 하지만 같은 분야에 있는 다른 사람들로부터 상담을 받을 때면 항상 어느 정도 회의주의적인 입장을 취한다.

이 일을 막 시작했을 무렵, 나는 어떤 여자에게서 상담을 받았었다. 그녀는 실제적으로 유용한 정보를 밝혀내기보다는 그녀가 생각하기에 내가 듣고 싶어할 걸로 판단되는 얘기들만 잔뜩 해줬다. 사기를 당한 느낌이었다. 돈을 낭비했다는 생각이 들었다. 이 경험 이후로 나는 무척 조심하기 시작했다. 그러다가 결국은 그것을 잊어버리고 또 한 명의 영매를 찾아갔었다. 그녀는 훨씬 도움되는 얘기들을 해줬다. 그녀는 내 현재의 삶과 과거에 일어난 일들을 읽어냈고 모두 정확한 정보였기에 그녀가 하는 말에 믿음이 갔다. 그리고 나서 그녀는 미래에 대해 얘기해줬고 나는 열린 마음으로 그녀가 전하는 메시지를 받았다.

가끔씩, 마치 사건들이 이미 예정되어 있어서 길이 훤히 보이는 것처럼 삶 속에서 무슨 일이 일어날지를 미리 알 수 있는 때가 있다. 이 두 번째 영매를 만났을 때 나는 자신의 미래에 대한 이런 심상을 보고 있었고, 그녀가 내가 이미 알고 있는 것들을 언급했을 때 무척 놀랐다.

내가 본 심상은 내가 무대 위에서 많은 청중과 대화하는 장면이었다. 나는 음악을 사랑했고 전문적인 가수로도 활동했지만 그쪽으로 더 나아가 경력을 쌓은 일은 없었다. 내가 본 심상 속에서 나는 노래를 부르고 있지는 않았지만 역시 무대 위에 서 있었고 청중을 향해 강연을 하고 사람들을 웃기거나 심지어는 눈물을 흘리게 만들기도 했다. 하지만 나는 여전히 내가 직업적인 영매가 되리라는 확신은 갖지 못하고 있었다.

그때 나는 내 미래에 대한 심상을 하나 더 보았다. 그 심상 속에서 나는 내 이름이 적혀 있는 책이 책꽂이에 꽂혀 있는 것을 보았다. 학창시절에 나는 글 쓰는 일에 관심을 가진 일이 한 번도 없었기 때문에 이것은 무척 기이한 일이었다. 하지만 언젠가는 쓸모가 있을 것이라는 생각에 고급반 영어수업을 억지로 듣기는 했었다.

내가 그 두 번째 영매를 찾아갔을 때, 그녀는 내가 무대 위에 서게 될 것이지만 현재 내가 예상할 수 있는 방식과는 전혀 다른 방식으로 서게 될 것이라고 말했다. 당시에는 모든 사람이 내가 노래를 부르게 되리라고 예상했지만, 그녀는 내가 무대에 서서 전혀 다른 일을 하게 될 것이며 그 일을 통해서 책도 쓰게 될 것이라고 말한 것이다. 참으로 믿기지 않게도, 그녀는 바로 지금 내가 하고 있는 일을 예언한 셈이다.

이 영매가 전해준 다른 정보들도 나중에 시간이 지나자 정확성이 입증되면서 영능력자들에 대한 나의 신뢰감을 완전히 회복시켜주었다. 이 경험 때문에 나는 덜 회의적인 사람이 되었다. 그러고 나서 내가 첫 상담을 했을 때 — 이에 대한 이야기는 내 첫 번째 책에 자세히 실려 있다 — 나는 훨씬 더 큰 확신을 얻었다.

내 첫 번째 상담은 친구랑 일상적인 전화통화를 하다가 자연스럽게 시작되었다. 내 친구는 나에게 자기 남자친구에 대해서 뭔가를 물어보았고 나는 진실을 말해줬다. 그가 바람을 피우고 있다고. 나는 그녀에게 상대 여자의 이름과 일터를 포함해서 많은 정보를 주었다. 그 후로 몇 주 동안 내가 예언한 대로 일이 펼쳐지자 나 자신도 혼비백산할 정도로 놀랐다. 이 일이 있은 후 나는 회의심을 전보다 덜 품게 되었고 점점 더 믿음이 강해졌으며 마침내 더 이상 나의 재능을 의심할 수 없는 상태에 이르렀다.

결국 나의 회의심은 완전히 사라지고 어린 시절에 갖고 있었던 믿음을 되찾을 수 있게 되었다.

회의주의자들은 각자가 자기만의 길과 자기만의 믿음을 찾아야 한다. 예전에 나도 사람들의 생각을 바꾸는 것이 나의 사명이라고 생각했던 적이 있었다. 하지만 아주 오랜 고투 끝에, 그것은 가치 없는 일이라는 판단이 섰다. 나에게 더 중요한 일은, 일을 마무리 짓거나 치유를 받기 위해 도움이 필요하고 또한 도움을 받을 준비가 되어 있는 사람들에게 내 노력을 집중하는 것이었다. 내가 더 중요한 일에 집중하기로 결정하자 갑자기 생각지도 못한 곳에서 점점 더 많은 회의주의자들이 나타나서 내가 나의 생각을 그들에게 강요하지 않았기 때문에 더욱 믿음을 갖기가 쉬웠다고 말해주기 시작하는 것 같았다.

이제 나는 내가 다른 사람들의 생각을 바꾸기 위해서 이곳에 존재하는 것이 아님을 안다. 회의주의자들의 생각을 바꿔놓는 것은 정말 환상적인 경험이다. 하지만 궁극적으로는 그들이나 그들 주변의 사람들이 내 상담을 통해 도움을 얻었다면 내가 이 땅에 와서 해야 할 일은 다 이루어진 것이다.

전 세계 방방곡곡에서 라이브 쇼를 하면서, 회의적인 태도를 갖고 있는 사람들을 자주 만나곤 한다. 이들에게 상담을 해주겠다고 하면 그들은 솔직담백하게 그리고 단도직입적으로 자신은 회의주의자라고 대답한다. 그러면 나는 항상 같은 대답으로 응수한다. "열린 마음을 갖고 있기만 하다면 당신은 지금 내가 전해주려고 하는 정보를 받을 준비가 되어 있는 것입니다. 제겐 그것만으로 충분합니다."

회의주의적이었던 사람이 마음을 돌이켜 마침내 믿음을 얻는 것이 얼마나 강력한 일인지를 보여주기 위해서 내 텔레비전 쇼 〈리사 윌리엄스, 죽은 사람들과 함께 살기〉에서 방송되었던 한 상담사례를 이야기해주겠다. 한 남자가 그의 어머니와 함께 쇼에 참석해 있었고 그 어머니는 내게 아들이 무척 회의적이라고 말했다. 하지만 상담을 받은 후 그의 생각은 극적으로 변해버렸다. 그가 받은 정보는 정확했고, 그 정확성 때문에 온 가족이 끔찍한 비극으로부터 깊이 치유받는 도움을 얻었다.

다음은 그날의 대화내용을 받아적은 것이다.

리사_ 여기 당신의 남자형제로 보이는 영이 와있어요. 그는 '난 형이에요. 난 형이에요'라고 말하고 있어요. 당신은 오랫동안 형과 함께 지냈군요.

남자_ 네, 맞아요. 어릴 때 우리는 늘 함께 지냈지요.

리사_ 그가 어머니에게 인사를 드리고 싶어해요.

남자_ 어머니는 바로 저기 앉아 있어요.(통로 건너편을 가리킨다.)

리사_ 그는 당신을 매우 사랑하고 있습니다. 그는 순식간에 숨을 거뒀어요. '아버지가 나와 함께 있어요'라고 그가 말하고 있습니다. 그는 자신이 경고를 받았었다고 인정하네요. 그리고 스스로 자신을 위험한 상황에 처하게 했다고, 자신이 어리석었다고 느끼고 있대요.

어머니_ 네, 그랬어요, 그랬어요.

리사_ '말을 들었어야 했어요. 말을 들었어야 했어요…' 그가 머리에 총을 맞았나요? 왜냐하면 자꾸만 여기에 느낌이…?(자신의 머리를 가리킨다.)

남자_ 그 애는 누군가 차를 타고 가면서 쏘는 총에 맞아 살해당했어요. 그리고 맞습니다, 머리에 총을 맞았어요. 머리의 반이 날아가 버렸었죠.

리사_ 아, 너무 안타깝네요.(한숨을 쉬고 잠시 말이 없다.) 짐이 누구인지 아세요?

어머니_ 오 하느님!(고개를 흔든다.)

남자_ 짐은 사건이 터진 후 바로 떠났어요. 이사를 가버렸죠.

어머니_ 물어보고 싶은 게 있어요. 제 아들과 딸이 함께 있나요? 딸도 최근에 세상을 떠났어요.

리사_ 따님은 금발 머리를 갖고 있었군요. 그리고 지금 여기 오네요. 아, 안녕하세요?

관중과 어머니_ (웃음을 터뜨린다.)

리사_ 아, 그녀는 자그마하군요. 백조처럼 날아 내려와서는 눈부시게 웃음 짓고 있어요. 저는 계단 위에 서 있는 그녀를 올려다보고 있어요. 그녀는 두… 전에 떠났나요? 두 주인지 두 달인지 확실하지 않네요.

남자_ 두 달 정도 되었어요.

리사_ (팔짝 팔짝 뛰면서) 그녀는 웃고 있고 행복해 보여요. 그들은 함께 있어요.

어머니_ (행복해하지만 아직도 생각에 잠겨 있다.) 짐 말이에요… 이런 생각이 들어요. 우리가 도착하기 전에 그가 병원에 있었거든요. 하지만 곧 가버리더니 다른 곳으로 이사를 갔어요. 그는 누가 한 짓인지를 알고 있었는지도 몰라요. 말하기가 겁이 났는지도 모르죠….

남자_ 솔직히 말해서 저는 당신을 믿지 않았어요. 그저 어머니를 위해서 뭔가가 밝혀졌으면 좋겠다고 생각했을 뿐이에요. 당신이 한 말은 전부, 백 퍼센트 정확했습니다. 이건 정말 삶이 바뀌는 경험이에요. 당신은 우리 삶의 모든 것을 바꿔놓았습니다.

이 가정은 아들의 살인사건이 해결되지 않았어도 과거사를 정리할 수 있었고, 또 받은 정보가 너무나 정확했기 때문에 믿음을 가질 수 있었다. 이제 그들은 사랑하는 이들이 무사히 사후세계로 건너갔으며 행복하게 지내고 있다는 사실을 알고 위안을 얻을 수 있었다. 이것이 바로 가능한 최선의 상담결과이고, 또한 내가 하는 일의 진정한 가치이다.

제3장

종교와 영성

회의주의와 냉소주의 외에도 사람들로 하여금 영능력자와 영매들을 의심하게 만드는 또 하나의 요인이 있다. 바로 종교적 신념 때문에 많은 남녀들이 심령가나 영매가 하는 말 중에 진실이 있을 수도 있다는 것을 감히 받아들이지 못한다. 신에 대한 믿음, 혹은 불신이 그 사람의 영계에 대한 시각을 좌지우지한다는 사실을 나는 경험을 통해 알게 되었다. 그런데 또 한편으로는 내가 만난 사람들 중에서 가장 종교적인 사람들의 관점이 내가 하는 일의 관점과 기실 상당부분 일치한다는 사실을 발견하고 놀라기도 했다.

아버지가 무신론자이긴 했지만 나는 영국 성공회 학교를 다녔다. 매일 있는 집회 중에 학생들은 매번 다른 선생님들이 성경의 교훈에 대해 강의하는 것을 들었고, 강의 후에는 일어나서 찬송가를 불렀다. 뿐만 아니라 성 베드로 교회에서 온, 우리 지역 담당의 교구목사가 한 달에 한 번씩 학생들을 상대로 설교를 했다. 가끔씩 성경을 국제적으로 나눠주는 단체인 국제 기드온 협회에서 회원이 나와 학교를 방문하는 일도 있었다. 그들은 모든 학생에게 성경을 한 권씩 나눠주었다.

나는 이 시기에 기독교라는 종교에 관심을 갖기 시작했다. 학교에서 강요해서가 아니라 진심으로 관심을 갖고 싶었기 때문이었다. 하지만 열세 살이 되자, 종교에 관심을 갖는 것은 또래 친구들 눈에 그다지 멋있는 일로 비치지 않았으므로 나는 아무에게도 내 속을 털어놓지 않았다. 이미 말했듯이 나는 한 번도 인기 있는 여자아이였던 적이 없었던데다 내가 하는 말들이 왕왕 진짜로 일어난다는 사실 때문에 나는 이미 충분히 이상한 아이로 낙인찍혀 있었다. 그 와중에 하나님이나 예수 그리스도에 대한 말까지 해서 더 이상한 아이가 될 필요는 없었다.

어찌 되었든 간에 나는 성경을 첫 장부터 끝 장까지 읽는 것을 내 삶의 소명으로 받아들였고 수녀가 되는 것을 꿈꿨다. 밤이면 기드온 협회에서 준 작은 붉은색 성경을 들고 침대에 누워서 그 고풍스러운 언어에 푹 빠져들었다. 선생님들이 강의할 때면 성경에 있는 이야기들이 늘 무척 재미있게 들렸다. 하지만 선생님들은 우리 또래 아이들의 흥미를 유발하기 위해서 그 이야기들을 조금씩 바꾼다는 것을, 그리고 원본의 이야기들은 전혀 재미가 없다는 사실을 알게 되었다.

나는 한 번도 가족들에게 성경에 대한 나의 관심이나 수녀가 되고자 하는 꿈에 대해 털어놓은 적이 없었다. 우선 아버지가 이에 대해 알게 되면 크게 문제 삼으실 것이 틀림없었다. 외가 식구들로 말할 것 같으면, 바로 어머니의 어머니가 죽은 사람들과 대화를 나눴었고 외할아버지는 회의주의자였기에 이미 많은 갈등이 존재하고 있었다. 게다가 성경을 읽어보니 하나님은 영매를 전혀 좋게 생각하지 않았기에 상황이 더더욱 복잡해졌다. 성경에 의하면 외할머니가 영매로서 일을 했다는 것은 명확히 잘못된 일이었기 때문이다.

말하자면 나는 심상을 보고 꿈을 꾸고 죽은 사람들의 영들로부터 방문을 받는 동시에 수녀가 되는 것을 꿈꾸고 있었던 것이었다. 어쩐지 뭔가가 맞아떨어지지 않는 느낌이었다. '내가' 이 상황에 맞아들어가지 않는 느낌이었다. 나는 더 이상 삶을 계속하지 않고 그저 '집으로 돌아가고 싶다'는 생각을 여러 번 했다. 나는 사후세계가 있다는 사실을 분명히 알고 있었고 또 분명히 기억하고 있었으며, 그곳이 안전하다고 느꼈다. 그곳에서 나는 가족이나 또래들과는 하지 못하는 자유로운 소통을 영들과 나눌 수 있었다.

두 세계에서 신을 찾기

어른이 되면서 나는 종교가 사람들 사이에서 무척 민감한 화제라는 것을 알게 되었다. 특히나 성경과 성경이 상징하는 모든 것을 절대적으로 신봉하는 사람들에게는 말이다. 내가 하는 일로 인해 나는 심령능력이나 사후세계와의 교신에 대한 성경의 관점을 점점 더 의문시하게 되었다.

수많은 종교들이 공통적으로 가르치는 것 중의 하나가 사후세계가 '존재한다는' 것이다. 모든 종교는 그들이 설하는 당위적인 법대로 살아가면 영생을 얻는다고 공통적으로 가르치는 것으로 보인다. 그렇다면, 만약 '영생'이 있다면, 그 말은 곧 사후세계라는 것이 있어서 사람들이 그곳에서 존재하게 된다는 사실을 말하는 것이 아닌가. 그리고 만약 그들이 진실로 거기 존재한다면, 그들이 살아 있는 사람들과 교신하고 싶어한다는 것이 왜 그리도 믿기 어려운 일인가?

어찌 되었든 간에 성경은 영능력자, 영매 그리고 신비주의자들이 하는 짓이 우리로 하여금 길을 잃게 만드는 사탄의 짓거리라고 말한다. 즉 우리는 하나님으로부터 오는 진실을 추구해야 하고, 영매나 심령가로부터 해답을 찾는 것은 예수에 대한 진정한 믿음으로부터 돌아서는 것이며 성경의 말씀에 순종하지 않는 것이라는 얘기다. 하지만 나는 심령의 세계와 종교의 세계가 사실 많은 공통점을 갖고 있다는 것을 발견했다.

어느 교회의 성가대 지휘자였던 한 남자에게 해줬던 상담은 나로 하여금 영성과 기독교 신앙이 항상 대치되는 것이 아님을 깨닫게 해줬다. 성가대 지휘자가 상담을 예약하기 위해 전화를 걸었을 때 그는 매우 예의가 발랐다. 그는 자신의 믿음에 대해 분명히 말하고 나서 종교적인 믿음 때문에 상담을 받는 것이 옳은 일인지 확신이 서지 않는다고 솔직하게 털어놓았다. 나는 그를 온전히 이해할 수 있었고, 또한 그의 정직함을 존경했으며 그에게 상담을 강요할 생각이 없었다. 오히려 나는 그에게 상담 날에 결정을 내려도 좋다고 하고 만약 상담을 취소하려면 예의상 전화만 한 통화 넣어달라고 말했다. 그는 자신이 오지 않더라도 내가 그 시간에 대한 대가를 못 받는 일이 일어나지 않도록 선불을 하겠다고 고집을 부렸다. 상담을 받으려면 250마일을 운전해서 와야 했으므로 나는 이것이 그가 가볍게 내리는 결정이 아님을 알고 있었다.

이 남자가 상담을 받기 위해 도착했을 때, 나는 그가 긴장하고 있는 것을 발견하고 편하게 해주기 위해 차를 마시겠냐고 물었다. 영국인인 나는 차 한 잔이 세상의 모든 문제를 해결할 수 있다고 믿는다. 그는 웃으며 내 제안을 받아들였다.

상담이 시작되었고, 그 결과는 무척 놀라운 것이었다. 그의 어머니와 통신이 시작되자 성가대 지휘자는 곧 벽을 허물고 마음을 열었다. 그는 자신이 어머니를 너무나 여러모로 실망시켰다고 믿고 있었고 어머니에게 엄청나게 큰 죄책감을 느끼고 있었다. 상담 중에 그는 원하던 대로 어머니와 마지막 대화를 나눴다. 상담을 통해 그는 감정을 정리하고 약간의 평안과 위로를 얻었다. 마침내 그의 치유 여정이 시작된 것이다.

상담이 끝나갈 무렵 그는 우리의 첫 대화에서 종교상 자신이 영매를 통해 사후세계와 교신하는 것이 금지되어 있다고 말했던 것을 기억하느냐고 물었다. 내가 기억한다고 대답했을 때 그의 입 밖으로 나온 말은 나를 깜짝 놀라게 했다. 그는 그날 아침기도를 드리기 위해 일찍 일어나서 하나님께 나를 만나러가야 할지 말아야 할지에 대해 표적을 달라고 간구했다고 말했다. 그리고 과연 하나님은 그에게 표적을 주어서 (무슨 표적인지에 대해서는 묻지 않았다) 나에게 상담을 받는 것이 그가 수년 동안 원했던 대로 어머니와의 감정적인 문제를 정리하는 유일한 방법이므로 이 상담을 경험하는 것은 예정된 일임을 알게 해주었다는 것이다.

성가대 지휘자는 떠나기 전에 나를 꼭 안아주며 말했다. "당신의 재능을 결코 가벼이 여기지 마세요. 하나님이 당신에게 이 능력을 준 데는 다 뜻이 있습니다. 그가 자랑스러워하게 만드세요."

내 일을 통해서 그리고 이 책을 쓰기 위해서 수없이 많은 명상과 수행을 하면서 나는 신이 분명히 존재한다는 사실을 알게 되었고, 이에 대해서는 뒷장에서 더 깊이 있게 다룰 것이다. 나는 나의 재능이 하나님으로부터 온 것임을 믿으며 모든 사람이 각자의 고유한 재능을 지니고 태어나듯이, 나도 이 재능을 지니고 태어난 데에는 이유가 있음을 믿는다. 어떤 사람들은 치유자이거나 예술가이거나 혹은 가수로 태어난다. 이 목록은 끝도 없이 길게 이어진다. 그리고 우리는 다른 사람들을 돕기 위해서 이 재능들을 지니고 태어난다. 그러니 이 재능을 사용하지 않는다면 어떻게 축복을 얻을 수 있겠는가? 하지만 가장 중요한 것은 '어떻게' 그 재능을 사용하느냐이다. 좋은 의도를 가지고 재능을 사용한다면 우리는 옳은 일을 하도록 인도받을 것이다.

영성과 종교의 조화

전반적으로 볼 때 인류는 독립하여 자신만의 신념체계를 형성해가고 있고, 해답과 인도를 얻기 위해 점점 더 자신의 내면을 들여다보기 시작했다. 많은 사람들이 개인적 능력을 계발하기 시작하고 있는 것도 이 때문이다. 회의론자의 숫자는 점점 줄어들고 믿는 사람들의 숫자는 점점 늘어나고 있다. 종교적인 사람들조차 전통 종교들에서도 영성과 영능력이 공존할 수 있다는 사실을 이해하기 시작했다.

영성은 오랫동안 종교와 관련지어져 왔지만 이제 우리는 그 연관성에 대한 우리의 시각을 더욱 넓혀가고 있다. 우리는 종교와 영성 모두를 개인의 성장이나 명상, 기도 그리고 관조를 통한 자각 등과 연관짓기 시작했다. 그리고 틀에 박힌 종교적 수행이나 도그마로부터는 점점 멀어지고 있다.

나는 '거듭난' 기독교인인 내 미용사와 처음으로 솔직담백하게 이야기를 나눴던 일을 기억한다. 나는 영매였고 그녀는 기독교인이었기에 그녀와 마음을 터놓고 이야기한다는 것이 매우 불안하게 느껴졌었다. 나는 의견 충돌이 일어날까봐 걱정했지만 놀랍게도 그런 일은 없었다. 우리는 영성에 대하여 장시간의 대화를 무수히 나눴고 그녀가 왜 교회로부터 멀어지게 되었는지에 대해서도 이야기를 나누었다. (그녀는 교회의 체제가 사람들에게 지나친 구속을 가한다고 느꼈다고 한다.) 그녀는 신이 가슴속에 있는 한, 그리고 신에 대한 믿음이 있는 한 다른 모든 것에 대해서는 스스로 판단하고 해결할 수 있다고 생각한다고 말했다. 그녀는 또한 신은 영이라고 말했다. 즉 그녀는 영계가 존재한다고 믿으며 내가 하는 일을 의심하지 않는다고 말했다. 본질적으로 우리의 신념은 일치하는 구석이 많았다.

가장 최근에 나눈 우리의 대화 도중에, 나는 그녀에게 내가 하는 것과 같은 종류의 일들에 대해 어떻게 생각하느냐고 물었다. 그녀는 영매와 달리 자신은 선지자들처럼 다른 사람을 통하지 않고 신과 직접 통교한다고 말했다. 그녀는 내가 영능력이 있고, 또 내가 자기와 같은 방식으로 일하는 것 같다고 했다. 비록 나는 '영'과 통교한다고 하지 '하나님'과 통교한다고 말하지는 않지만 말이다. 나는 나의 영능력이 정말 신으로부터 온 것이라는 증표를 얻은 듯한 기분으로 이 대화를 마쳤다.

나의 능력의 진위에 대해서는 여러 번 의문이 제기되었었다. 특히 종교단체에서 나온 시위자들이 내가 사이비 종교를 만든다고 오해하고 공개상담이 열리는 큰 극장 밖에 모여들 때면 더욱 그러했다. 이럴 때면 나는 속으로 웃곤 했음을 인정하지 않을 수 없지만, 사실 이로 인해 나는 그들의 입장을 더욱 이해할 수 있었다. 이 사람들은 자신들 앞을 지나쳐 극장으로 들어가는 사람들의 영혼들을 위해 거리에 나와서 축복하고 기도해줄 만큼 뜨거운 열정을 지니고 있었다. 나는 여기에 감동을 받았고 무대 위에 설 때면 우리 모두의 영혼을 위해 기도를 올려준 그들에게 감사를 표하곤 했다. 나는 자신이 강력히 믿고 있는 일에 대해 의사표현을 하기 위해 나서는 일이 얼마나 큰 용기를 필요로 하는 일인지 잘 알고 있었기에 그들에게 감사를 전하고 싶었다.

나는 내 일에 반대하는 종교적 입장을 가진 사람들과 여러 번 맞닥뜨렸다. 처음 맞닥뜨렸던 것은 두 명의 여호와의 증인이 내 집 앞에 와서 자신들의 믿음에 대해 설교할 때였다. 내가 정중한 태도로 우리는 다른 견해를 갖고 있다고 말하자 둘 중 한 여자는 좀 무례하게 반응했다. 그녀가 자신의 입장을 나에게 강요하기 시작하자 나는 내가 영매라고 말했다. 이는 마치 황소 앞에서 붉은 깃발을 흔드는 것과 같았다.

하지만 그 여자의 동료는 매우 상냥하고 침착해서 사실 그날 나에게 한 가지 가르침을 주었다. 그녀는 "만약 제가 어릴 때부터 제 종교를 믿어오지 않았다면 어쩌면 당신이 하는 일에 대해 믿음을 가질 수도 있을 것 같아요"라고 말했다. "하지만 제가 보기엔 사람이 한 가지 믿음을 가지면 오로지 그것만이 가장 중요한 일이 되는 것 같아요." 그녀는 시종일관 웃으면서 이렇게 말하고 나서 성경에 있는 구절을 읽어도 되겠냐고 물었다. 나는 허락했고 모든 것이 아름답게 끝났다.

이 경험은 나에게 우리는 모두 자신만의 믿음을 가질 권리가 있음을 가르쳐주었다. 그래서 나는 내가 쇼를 하는 극장 밖에서 사람들이 종교시위를 벌여도 그같이 관용하는 태도를 지닐 수 있었다. 나는 내 힘으로 사람들의 마음을 바꿀 방법이 없다는 사실에 순복한다. 또한 바꾸고 싶지도 않다. 사람들이 무엇인가에 대해 믿음을 갖고 있는 한, 그 여호와 증인이 말했던 것처럼, 그것은 또한 자신과 타인에 대해서도 믿음을 갖도록 도와줄 것이다.

회의주의, 냉소주의, 그리고 근본주의 종교의 신념들 — 이 모두가 영의 대화를 어렵게 만들 수 있다. 하지만 우리가 스스로 자신이 무엇을 믿을지를 결정해야 한다는 것, 그리고 결정한 후에는 그 신념에 맞게 행동해야 한다는 것만은 모든 것을 막론하고 진실로서 남는다. 우리는 자신을 사회나 부모나 우리가 태어날 때부터 속해온 기관 등과 같은 외부세계의 영향력으로부터 지배를 받도록 놔둬서는 안 된다. 그렇게 하면 우리는 스스로에게 정직하지 못하게 되고, 자신의 삶의 여정을 제대로 거쳐내지 못했다는 느낌으로 살게 될 것이기 때문이다.

따라서 이 책을 읽어나가는 당신에게 주어질 과제는, 사후세계의 영들과 대화를 나누는 것이 과연 가능한 일일지 아닐지에 대해 스스로 마음을 정할 수 있도록 자신의 견해와 성향, 그리고 그 견해와 성향이 어디서 비롯된 것인지를 자세히 살펴보는 것이다. 이것은 오로지 '당신만이' 할 수 있는 일이니, 나는 당신이 지금 그렇게 하기를 청하는 바이다.

제4장

우리는 왜 죽음을 두려워하는가
— 그리고 왜 두려워할 필요가 없는가

누가 나에게 이런 말을 했었다. 즉 어떤 사람이 삶에 대해 무엇이든 중요한 질문을 하러 온다면 그것은 그 사람이 그 답을 들을 준비가 되었기 때문이라고 말이다. 이것은 우리가 사실은 중요한 의문에 대한 답을 이미 알고 있다고 생각하는 나의 믿음과 일치한다. 다만 자신의 직관이 정확한지, 그리고 자신이 삶의 여정을 올바로 가고 있는지에 대해 확증을 얻고 싶어서 질문을 던지는 것일 뿐이다.

사람들이 세상을 떠난 사랑하는 이들에 관해 물어보기 위해 나를 찾아올 때면, 나는 그들이 스스로의 직관을 통해서 답을 얻을 수 있음에도 불구하고 나를 통해 들어오는 정보를 통해 확신과 위안을 얻고 싶어하는 것임을 안다. 뒤에 남겨진 사람들은 세상을 떠난 사랑하는 이들이 자신의 죽음을 인식하고 있었는지, 그리고 죽음이 고통스러웠는지에 대해서 알고 싶어한다. 혹은 "내가 방 안에 그와 함께 있다는 걸 그가 알고 있었나요?"라든지, "내가 단 5분 늦는 바람에 그녀의 임종을 놓쳤다는 사실을 그녀가 알고 있나요?" 등과 같이 개인적인 성격의 질문을 할 때도 있다. 사람들은 주로 자신의 행동에 대해 확신을 갖지 못하고 "내가 옳은 일을 한 건가요? 내가 추모식이나 장례식에 참석하지 못한 것을 두고두고 미안하게 생각해야만 하나요?"와 같은 질문을 하기도 한다.

지금까지 너무나 많은 상담을 해오다 보니 이제는 차이점보다는 공통점이 더 많이 보인다. 내가 받은 수많은 질문들 속에 뚜렷이 드러나는 하나의 공통적인 의문은 "내가 사랑하는 이가 잘 지내고 있나요?"이다. 하지만 이 질문에 대한 대답을 얻고 나면 내담자들은 이내 사람이 사후에 겪게 되는 일에 대해 더 자세히 알고 싶어하곤 한다. 그들은 '나의 삶은 계속되나요, 아니면 이것으로 끝나나요? 나는 더 이상 존재하지 않게 되나요? 아무것도 남아 있지 않게 되나요?' 하고 걱정한다. 하지만 이것은 살아 있는 사람이라면 누구나 갖고 있는, '죽음은 정말 무서운 건가요?'라는 더 큰 의문으로 귀착될 뿐이다.

자연스럽고도 인간적인 두려움

죽음을 두려워하는 것은 자연스러운 일이다. 특히나 사랑하는 사람을 잃었거나 다가오는 죽음을 맞이해야 하는 상황이라면 더욱 그렇다. 삶 속에서 확실한 것은 죽음과 세금, 두 가지밖에 없다는 얘기를 들은 적이 있을 것이다. 사실이다. 그리고 사람들은 대부분 이 두 가지에 대해서만은 생각하고 싶어하지 않는다. 하지만 사람은 모두가 어느 날 이 세상에 왔던 것처럼 언젠가는 세상을 떠나야만 한다. 흡혈귀에게 물려서 소울메이트와 영원토록 함께 살게 된다는 환상은 무척 낭만적이긴 하지만, 영생만이 사랑하는 사람을 붙들어둘 수 있는 유일한 방법은 아니다. 당신은 사후세계에서 친구와 가족들을 '반드시' 보게 될 것이며 그들을 다시 한 번 사랑할 수 있는 기회를 갖게 될 것이다.

영매와 심령가들조차도 죽음에 대한 두려움으로부터 완전히 자유롭지 못하다. 우리 외할머니 낸 프랜시스는 임종이 가까워오자 병원으로 실려가 수일간을 혼수상태로 보냈다. 이 기간 동안 나는 그녀의 침대맡에 앉아 있다가 어찌어찌하여 그녀의 영혼과 연결되었다. 외할머니가 생각하고 있는 것을 읽어내고 또 그녀가 죽음을 두려워하고 있다는 것을 깨닫는 것은 좀 이상한 느낌이었다. 특히나 당시의 나는 스스로의 능력을 아직도 얼마간 벽장 속에 감춰두고 있는 상태였기에 더욱 그러했다. 나는 그녀와 소통하는 것이 내가 가진 능력의 일부분임을 알고 있었지만 내 능력이 갖고 있는 다른 가능성들은 아직 탐구해보지 않은 상태였고 그에 대해서는 대체로 침묵을 지키는 편이었다. 나는 내가 낸으로부터 받고 있는 정보들을 어머니에게 말하면 어머니가 흥분할 것임을 알았다. 특히나 병원에서의 상황 때문에 가족 간에 이미 많은 갈등이 일어나고 있었기 때문에 더욱 그러했다.

나는 한 사람이 숨을 거둘 즈음이면 왜 온갖 갈등이 일어나게 되는지 궁금하다. 물론 (내 삶에서 일어난 일들과 상담을 통해 겪은 일들을 모두 포함한) 개인적인 경험을 통해서 사람들이 이 시기에 갈등에 휘말리게 되는 이유를 몇 가지 이해할 수 있다. 우선 스트레스가 첫 번째 원인이다. 사랑하는 이가 고통을 당하고 저세상으로 떠나가는 것을 지켜보는 것만으로도 이미 힘든데 동시에 매우 소중한 사람을 잃게 된다는 사실과도 대면해야만 한다. 이 상황 속에서 긴장감이 심해지면 유감이지만 사람들은 성질을 부리게 되고, 그래서 말다툼이 일어나기도 한다. 이것은 모두 정상적인 현상이다. 사람들은 자연스럽게 앞으로 삶이 어떻게 변하게 될지를 미리 생각해보게 되며, 각각 자신의 방법으로 이에 대처한다.

가족구성원들은 법적 절차, 의료적 절차, 금전적인 일 등에 대해서도 저마다 다른 견해들을 갖고 있어서, 자신이 스스로의 의견을 다른 사람에게 강요하고 있다는 사실을 의식하지 못한 채 자신은 다른 사람들을 위해 가장 좋은 일을 하고 있다고 굳게 믿곤 한다. 이것은 물론 많은 다툼을 야기할 수 있고, 점점 더 많은 친척들이 거기에 연루되기 시작한다. 이는 매우 보편적인 시나리오로서 제3자의 입장에서 상황을 바라보면 모든 것이 아주 다르게 보일 수 있다.

또한 어떤 경우에는 다른 사람들을 돕고자 하는 의도 없이 순전히 자신의 개인적 이익을 위해 행동하고 결정을 내리는 사람들도 있다. 몇몇 부도덕한 사람들은 오로지 그동안 눈여겨 보아두었던 가보나 보석이나 그 밖의 유산에 대해서만 관심을 쏟는다. 슬프게도 이런 일은 자주 일어나서 사람들 간에 불화를 일으키는 원인이 되기도 한다.

이 모든 일을 피하려면 오로지 사랑만을 끝까지 간직하고 있어야 한다. 세상을 떠나는 사람을 위하는 사랑의 마음으로써 행동한다면 그것이 옳은 행동이든 어떻든 간에 모든 사람에게 이로운 일이 된다.

우리 외할머니 낸이 혼수상태에 빠져서 내가 그녀의 영혼과 통신하던 기간 동안 나는 어린 시절에 느꼈던 고립감과 동일한 고독감과 소외감을 느꼈다. 나는 또다시, 주변 사람들의 심기를 건드릴까봐 아무에게도 말을 할 수 없게 된 것을 깨달았다. 우리 외할머니가 마침내 이승을 떠날 때까지 경험한 것들을 내가 이해하기까지는 아주 오랜 세월이 걸릴 것임을 나는 알지 못하고 있었다.

낸이 세상을 떠난 지 6년의 세월이 흐른 후, 나는 질이라는 이름의 여성을 상담해줬다. 그녀는 상담시간 내내 초조하게 핸드폰을 거머쥔 채 아주 급한 전화를 기다리고 있다고 하면서 만약 상담 중에라도 전화가 온다면 바로 떠나야 한다고 했다. 내담자가 핸드폰을 거머쥔 채로 상담을 받으러 온 적이 전에도 있었기에 나는 그녀를 충분히 이해할 수 있었고, 그녀가 가야 할 때 언제든지 가도 된다고 안심시켰다.

질을 위한 메시지를 받는 데 집중하는 동안 나는 왼쪽으로부터 에너지가 들어오는 것을 느끼기 시작했다. 나는 주로 오른쪽으로 메시지를 받기 때문에 이것은 좀 특이한 상황이었다. 나는 질에게 그녀의 시아버지가 나와 함께 있으며 또한 그가 자신이 잘 있다고, 그리고 잠시 몸 밖으로 나와서 먼발치에서 모두를 바라보고 있다고 그녀에게 전해주기를 원한다고 말해줬다. 그는 자신이 불편한 데 없이 잘 있으며 자신이 숨을 거두는 것은 그저 시간문제일 뿐임을 모두에게 전해주기를 그녀에게 부탁했다.

질은 울면서 몇 분마다 한 번씩 핸드폰을 확인하고 있었다. 하지만 내가 이 정보를 전달해주자 그녀는 그 행동을 멈추고 주위를 두리번거리면서 물었다. "정말로 여기 계시나요?" 그녀의 시아버지는 "그렇다. 하지만 이 잠옷이 마음에 들지 않는구나"라고 대답했다. 질은 깊은 한숨을 쉬면서 몸을 떨었다. 그리고 자신이 현재 혼수상태에 빠져 있는 시아버지가 숨을 거두었다는 소식을 알리는 전화를 기다리고 있던 참이라고 말했다. 그녀는 시아버지가 병원에서 입고 있는 잠옷을 싫어한다는 사실을 알고 있었으나 그 잠옷은 병원에 가기 위해 급하게 집을 떠나면서 그의 아내가 찾을 수 있었던 유일한 잠옷이었다. 전화는 상담 중에 오지 않았지만 며칠 후에 질은 나에게 전화를 걸어서 시아버지가 결국 돌아가셨다고 전해줬다.

질과의 상담을 통해서 나는 사람이 혼수상태에 있을 때면 영혼이 몸으로부터 자유로워져서 어디든지 원하는 대로 갈 수 있다는 사실을 배웠다.

이렇게 영혼이 자유로워지는 데에는 두 가지 다른 목적이 있다. 하나는 몸이 치유를 받고 회복되게 하기 위해서이고 (이런 경우에는 몸이 다 나으면 영혼이 몸으로 돌아가게 된다) 또 하나는 영혼이 곧 사후세계로의 여행을 시작할 참이기 때문이다. 이 경우에, 몸과 영혼을 이어주는 은빛 코드가 이미 끊어져 있더라도 몸이 마지막 숨을 쉬고 심장이 멈추기까지 영혼은 몸을 완전히 떠나지 않는다.

낸 할머니가 죽어가면서 혼수상태로 침상에 누워 있을 때, 나는 그녀의 영혼이 이미 여정을 시작했으며 그녀가 그 전환의 과정에서 일어날 일들에 대한 두려움과 대면하기 시작했음을 알지 못했다. 나는 몇 년 전에 그녀가 나에게 상담을 해주면서 했던 "나는 내 죽음을 만나면 그만둬버릴 거야"라는 말을 통해서 그녀가 피할 수 없는 일인 죽음에 대해 두려움을 갖고 있다는 것을 알고 있었다. 그 당시 나는 이것에 대해서 두 번 다시 생각해보지 않았다. 하지만 후에 그녀의 임종을 지키면서 나는 그녀가 죽고 싶지 않다고 애원하고 있으며 또한 예전부터 간직하고 있었던, 사후세계로 건너가는 일에 대한 두려움을 다시 느끼고 있다는 것을 알 수 있었다.

죽음에 대한 낸의 반응은 나에게 의아하게 느껴졌다. 왜냐하면 낸은 수년간 상담을 통해서 매일같이 사후세계로 건너간 영혼들과 소통해왔기 때문이었다. 그녀는 많은 영성 교회의 무대 위에 서서 수많은 관중을 대상으로 삶이 죽음 이후에도 계속됨을 뒷받침해주는 증거와 사실들을 제공하곤 했던 사람이었다. 근데 이제 와서 그녀는 죽음을 두려워하고 있었다!

당시의 나는 그녀의 그런 면을 받아들일 수가 없었지만 이제 와서 돌아보면 그것은 나의 미성숙함 때문임을 깨닫게 된다. 더 나이가 들고 나 스스로 임사체험을 하게 되면서 나는 영매들이 삶이 죽음 이후에도 계속

된다는 것을 분명히 알고 있으면서도 죽음이라는 전환의 과정을 실제로 마주하면 걱정될 수 있다는 것을 이해하게 되었다. 미지의 것을 두려워하는 것은 자연스럽고도 인간적인 일이다.

누구든 언젠가는 죽음을 맞이하게 된다는 현실을 우리는 직면해야 한다. 삶 속의 누군가가 숨을 거두는 것을 통해서든, 아니면 자신이 죽음이라는 전환을 경험함으로써든 말이다. 어떤 방식으로 대면하든 간에, 그것이 내가 이 책을 쓰기로 결정한 이유들 중의 하나이다. 내 목표는 거의 모든 사람이 마음속에 품고 있는 미지에 대한 공포를 풀어주는 것이다. 나는 여러분 모두에게 사후세계가 분명히 '존재한다는' 것뿐만 아니라 죽음을 두려워할 이유가 전혀 없다는 것에 대해서도 확신을 심어주고 싶다. 당신이 죽음을 맞이할 시간은 당신의 영혼과, 당신이 배우기로 했던 교훈들과, 또한 당신의 죽음을 통해서 당신 주변의 사람들이 배워야 할 교훈들에 따라서 결정된다는 사실을 이해하길 바란다.

낸은 한동안 혼수상태를 붙들고 머물러 있었다. 유감스럽게도 그녀는 다년간 죽은 사람들의 영혼들과 매일같이 통신했음에도 불구하고 필사적으로 죽음을 두려워하고 있었다. 침상에 누워 있는 그녀를 방문하는 일은 나로 하여금 죽음과 사후의 삶의 가능성에 대해 깊이 생각하게 만들었다. 그녀를 보고 나서 장시간 운전을 하면서 돌아올 때면 더욱 그러했다. 나의 의문은 모든 사람이 정상적으로 하는 질문들과 같았다. '사후세계에서 나는 내 가족을 만나게 될까? 밝은 빛이 정말 있을까? 고통이 따르지는 않을까? 사후세계에서는 하루종일 무엇을 할까? 사후의 삶이란 게 정말 있을까, 아니면 이걸로 끝일까?'

결국 나는 이 의문들에 대한 답을 얻을 수 있었다… 그래서 나는 이 책을 통해서 내가 배운 것을 당신과 나눌 생각이다.

낸이 드디어 손을 놓다

낸 프랜시스는 사람들이 두려워하는 것은 죽음 자체가 아니라 지상의 존재로부터 사후세계의 존재로 옮겨가기 위해 미지의 세계로 뛰어드는 일임을 나에게 보여주었다. 낸은 그녀가 죽음이라는 전환의 과정을 겪을 당시 내가 그녀와 함께 있으면서 처음으로 경험한 것들을 더 넓은 시야로 바라볼 수 있도록 이후로도 쭉 나를 도와주었다. 이 시야를 통해 보게 된 광경은 매혹적이면서도 전혀 꾸밈이 없었다. 나는 임사체험 중에 (임사체험에 대해서는 뒷장에서 설명하겠다) 그녀를 만나면서, 그리고 그녀가 나에게 직접 말을 걸어왔던 몇몇 상담 중에서도 이 광경을 보게 되었다.

나의 외할머니가 겪었던 두려움을 이해하기 위해서는 그녀에 대해 좀 더 깊이 이해해야 한다. 낸은 몹시 쾌활하고 외향적인 성격을 갖고 있었고 삶에 대한 정열이야말로 그녀의 특징으로서 그녀만큼 삶에 대해 열정적인 사람을 나는 본 일이 없었다. 그녀는 말년에 세계여행을 했는데, 멕시코에서 크루즈 여행을 하다가 심장발작을 일으키면서도 여행을 멈추지 않았다! 그녀의 기쁨과 웃음은 전염성이 강했다. 그녀는 온몸으로 사랑과 따스함과 강인함과 열정을 뿜어냈다. 이 긍정적인 성격은 그녀가 세상을 떠나는 순간까지 계속되었다.

외할머니는 또한 계속 술을 마셨다. 많이 마시지는 않았지만 나는 그녀의 가방 속에서 작은 술병을 자주 발견하곤 했다. 그녀는 어머니와 빙고 게임을 하러 가서는 숨겨둔 술병을 꺼내어 즉석에서 진 토닉을 만들어 마시곤 했었다. 또한 그녀는 토요일 밤에 춤추러 가서 맘 놓고 놀기를 무척 좋아했다. 그녀가 병원으로 실려간 마지막 운명의 날까지도 그러했다. 나는 그날 그녀가 혼수상태에 빠졌다는 소식을 알리는 전화를 받았다.

낸은 분명 믿기지 않을 정도로 멋진 여자였지만 나는 성장하면서 그녀와 그다지 가깝게 지내지는 않았다. 이것은 오로지 우리 어머니가 운전을 못했던 데다가 우리 집과 외할머니 집이 꽤나 멀리 떨어져 있었기 때문이었다. 하지만 내가 독립하고 스스로 운전을 할 수 있게 된 후부터는 그녀를 만나기 위해 자주 들르기 시작했다. 나는 낸이 무척이나 멋쟁이인데다가 부러워할 만한 사교생활을 하고 있다는 것을 알게 되었다. 그녀는 끝이 없어 보이는 목록의 친구들로부터 흥미로운 모임들에 나오라는 초대를 쉴 틈 없이 받곤 했다. 그녀는 삶을 사랑했고 삶 또한 그녀를 사랑했다고 말할 수 있겠다.

외할머니는 여러 해 동안 영매로 일하고 있었기 때문에 내담자들은 영국 전역으로부터 그녀를 만나기 위해 먼 여행을 했다. 또한 그녀도 내담자들을 만나기 위해 전 세계로 날아다녔다. 그녀는 자신의 일에 대해 강한 자신을 가지고 있었기 때문에 많은 경우에 일이 그녀 삶의 전부를 차지해버렸다. 그녀는 지역사회에서 너무나도 잘 알려져 있었고 지금까지도 사람들은 그녀와 그녀의 상담에 대해서 이야기하곤 한다.

낸 프랜시스는 영매로서의 재능뿐만 아니라 매우 민감한 심령능력을 갖고 있어서 자주 미래를 예언하곤 했다. 그녀는 치유령들로부터 자주 방문을 받아서 그녀가 내담자들로부터 떠넘겨 받은 병들을 극복할 수 있도록 도움을 받곤 했다. 이것은 그녀가 내담자들을 대할 때 충분히 중심을 잡고 스스로를 보호하지 않았기 때문에 일어난 일들이었다.

어느 날 밤 낸이 그녀를 돕는 치유령 팀으로부터 방문을 받았을 때, 그들은 그녀의 삶이 18개월밖에 남지 않았으며 이를 바꾸기 위해 그들이 할 수 있는 일은 아무것도 없다고 말해줬다. 의사로부터 시한부 인생을 선고받는 것도 작은 일은 아니지만, 삶의 여정에 대해 속속들이 알고 있는 인도령들로부터 그런 소식을 듣는다는 것은 전혀 다른 얘기다. 의사들은 잘못 예고할 수도 있지만 인도령들이 실수하기란 불가능한 일이기 때문이다.

외할머니는 아직 죽음을 맞이할 준비가 온전히 되어 있지 않았기에 자신이 죽을 날에 대한 정보는 그녀를 공포에 질리게 만들었다. 아마도 시간이 지날수록 그녀는 이 소식으로 머릿속이 가득해지고 가슴이 무거워졌으리라고 나는 확신한다. 이 때문에 그녀는, 나에게 상담을 해주는 중에 자신이 죽음을 만나면 그만둬버릴 거라고 미리 말해주었던 것이다. 그녀는 자신의 시간이 정해져 있다는 것을 알고 있었고 스스로의 죽음에 대해서 무조건 자세하게 알고 싶어하지 않았다.

낸 프랜시스의 삶은 인생을 즐기며 온갖 사람들과 활기를 나누던 상태로부터 갑자기 미지를 대면해야만 하는 처지로 전락했고, 이것은 큰 변화였다. 그녀는 삶을 너무나도 즐기고 있었기에 삶을 떠나고 싶어하지 않았다. 몸이 마지막을 향해 스러져갈 때, 병원 환자실에서조차도 그녀는 여전히 웃음소리를 듣기를 좋아했고 주변에 모인 가족의 말소리 듣는 것을 좋아했다. 그녀는 단 한 번도 삶의 기쁨을 눈에서 놓친 일이 없었다.

내가 그녀를 마지막으로 방문했을 때 그녀는 의식이 없었다. 간호사에게 우리 낸이 생존할 수 있는 가능성이 얼마나 되느냐고 물었더니 그녀는 희박하다고 대답했다. 나는 사랑하는 외할머니를 잃게 되리라는 사실을 받아들여야만 했다.

영혼끼리의 통신 중에 나는 낸에게 왜 아직도 삶을 붙들고 있느냐고 물어보았다. 나는 그녀가 "난 무섭다"라고 대답하는 것을 들었다. 나는 내 손을 그녀의 손 위에 얹고 살며시 쓰다듬기 시작했다. 그녀가 내 생각을 들을 수 있는지를 알 수 없었기에 나는 주변 사람들을 불편하게 만들 수도 있다는 것을 아랑곳하지 않고 소리 내어 말하기 시작했다. 가족들 간에 갈등은 이미 일어날 만큼 일어나고 있었기에 혼수상태로 누워 있는 낸에게 소리 내어 말한다고 해서 별 차이가 생기지는 않을 것이라고 나는 판단했다.

나는 그녀의 손을 쓰다듬으면서 무서워하지 말라고 말해주었다. 삶을 손에서 놓고 나면 사후세계에 있는 친구와 가족들을 만날 수 있을 것이고 그들이 그녀를 돌봐주고 인도해줄 것이었다. 내가 맞는 말을 하고 있는 건지도 알지 못했지만, 그녀가 마치 내 말을 듣고 있는 것처럼 얼굴이 살짝 움직이면서 자그마한 웃음을 띠던 것과, 그녀의 손이 조금 꼼지락거리는 것을 느꼈던 기억이 난다. 그러고 나서 어머니가 밤샘 간호를 하기 위해 도착했고 나는 떠나는 게 좋겠다는 느낌이 들었다. 에너지가 너무나도 무거웠고 혼자 있을 필요를 느꼈다. 내가 외할머니를 살아 있는 모습으로 본 것은 이것이 마지막이었다. 그녀는 이틀 후에 세상을 떠났다.

낸은 오랫동안 영매로서의 경험을 쌓으면서 사후세계가 있다는 것과 자신이 무사할 것임을 알고 있었지만 이 세상에서 저 세상으로 건너가는 과정의 긴장감이 그녀를 더할 나위 없이 불안하게 만들었던 것이다.

앞서 말했듯이 그녀의 반응은 매우 인간적인 것이었고 우리 모두가 대부분 이런 반응을 보인다. 밑에 있는 물이 차가울지, 혹은 딱딱한 곳에 떨어지게 될지를 알지 못하는 상태에서 처음으로 높은 다이빙대에서 아래로 뛰어내리는 것을 상상해보라. 완전히 이질적인 것 속으로 뛰어든다는 것은 그 자체만으로도 누구에게든지 극도의 불안감을 일으키게 할 것이다.

미지의 것을 두려워하는 것은 우리의 본성이겠지만, 삶 속에서 잘 알지 못하는 것을 극복해내는 것은 우리에게 굉장한 성취감을 주곤 한다.

우리는 흔히 뒤돌아보면서 "글쎄, 생각했던 것만큼 나쁘진 않았어"라고 말하곤 한다. 사후세계로의 전환도 마찬가지이다. 우리는 앞으로 나아갈 것이며 또한 그것을 즐길 것이다. 나는 실제로 임사체험을 통해서 죽음을 경험해봤으므로, 사후세계로의 전환이 믿을 수 없을 정도로 멋지고 즐겁기까지도 한 여정이라는 나의 말은 믿어도 좋다. ― 그것은 엄청나게 아름답고도 안전하고, 순수한 사랑으로 가득한 여정이다.

내가 언제 죽을지를 아는 것

우리의 영혼이 몸속에 있는 상태로부터 몸 밖에 있는 상태로 전환될 때, 우리는 대개 곧 전환이 일어날 것임을 예감하게 된다. 사실 우리는 모두 자신이 죽을 시간을 이미 알고 있다. 왜냐하면 지상으로 내려오기 전에 우리는 이러저러한 상황이나 환경들을 경험하기로 동의했고, 여기에는 우리가 언제 그리고 어떻게 죽을지에 대한 것도 포함되어 있다. 하지만 일단 지상에 내려오면 우리는 잠재의식 속으로 들어가서 이생에서 언제 죽음의 전환을 하게 될지를 알아보는 짓은 하지 않기로 작정한다. 언제 그리고 어떻게 죽게 될지에 대한 정보를 스스로 받아들이고 대면하려면 여간 강인한 사람이 아니고서는 안 된다.

경고. 만약 당신이 이 정보를 접하기로 결정한다면, 나도 그런 결정을 내렸지만, 당신이 알게 된 것을 남들과 나눌 때 비난을 받을 수도 있다. 《시크릿》이라는 책이 우리가 우주를 향해 심상화하거나 투사하는 모든 것이 실제로 일어나게 된다는 믿음을 일반화시키면서, 사람들은 극단적인 발언을 하는 것을 (혹은 듣는 것조차도!) 저어하게 되었다. "무언가를 소원할 때 조심할 것, 왜냐하면 실제로 그 일이 일어날 수도 있으니까"라는 옛날 속담도 있듯이, 만약 내가 언제 어떻게 죽을 것이라고 다른 사람들에게 이야기하면 그들은 내가 그것을 투사하여 그 일이 실제로 일어나게 만들고 있다고 여길 것이다. 하지만 당신은 스스로의 죽음에 대해 이미 깊은 차원에서 알고 있기 때문에 이런 걱정은 전혀 동떨어진 것이다.

나의 주‡인도령인 벤이 말했듯이 "원하기만 한다면 우리는 영혼의 지혜와 연결함으로써 어떤 정보든 얻을 수 있다." 우리 모두가 이미 알고 있는 지식에 대해서, 그리고 그 지식을 접하는 방법에 대해서 벤이 말한 것을 여기에 그대로 옮겨보겠다.

"각자의 길에서, 우리는 자신이 구하고 있는 의문들의 답을 이미 알고 있다… 그것은 매우 간단하다. 우리는 지상계에 살러 오기 전부터 이미 이 지식을 갖고 있었다. 우리가 나아갈 길은 이미 주어져 있고 우리는 필요로 하는 답을 이미 알고 있다. 그 지식이 우리 안에 있다는 것을 알기 위해서는 그저 자신의 내면을 깊이 들여다보기만 하면 된다. 마치 암호화된 비밀 메시지를 해독하는 것처럼, 그 엄청난 양의 지식과 정보에 접속하기 위해서는 그저 암호의 의미를 밝혀내기만 하면 된다."

벤은 계속해서 그 암호의 의미를 어떻게 밝혀낼 수 있는지를 설명하였다.

"명상이야말로 삶에 대한 모든 지식과 이해로 통하는 문을 여는 열쇠이다. 물론 현재의 삶뿐만 아니라 이전에 살았던 다른 많은 삶들도 포함해서 말이다."

벤이 하고자 하는 말은, 우리의 영혼은 현재 지상의 삶으로 돌아오기 전에 사후세계에서 '인생서약서'로 약정을 맺었다는 것이다. 그러므로 당신이 삶 속에서 무엇을 성취하기를 원하든, 혹은 경험하기를 원하든, 사실 당신은 자기 안에 이미 모든 답을 갖고 있다는 것이다. 명상이 바로 그 답을 보여주는 열쇠이다.

당신이 세상을 떠날 때를 정확히 아는 것은 축복이자 동시에 저주가 될 수 있다. 나는 사람들을 직접 대면하거나 최근의 사진을 보고서 그들이 죽을 시기를 알아내는 것으로 유명했다. 그 사람도 이미 알고 있다고 하더라도 이런 정보는 전달하는 것도 받는 것도 쉬운 일이 아니다.

영능력이나 영매로서의 능력을 개발하고자 하는 내 학생들은 종종 자신이 누군가의 질병이나 죽을 시간 등과 같은 부정적인 정보만 얻는다고 하소연한다. 이왕이면 긍정적인 메시지를 받고 싶긴 하겠지만, 우리는 모두가 저마다 다른 재능을 선물받았다. 단순히, 우리 중 어떤 사람들은 부정적인 정보를 다른 사람들에게 더 잘 전달할 수 있는 능력을 갖고 있기 때문에 그런 정보만 받게 된다. 이것은 그가 더 발전할 수 없음을 의미하는 것이 아니라 저마다 오직 자신에게 필요하고 도움되는 정보만을 받게 된다는 것을 의미한다.

나는 "죽기 전에 자신이 죽을 거라는 경고를 받게 되나요?"라는 질문을 자주 받는다. 이 질문에 대답하기 위해서는 실제로 죽음의 과정이 일어나는 시기를 한 번 자세히 들여다볼 필요가 있다. 어떤 사람들은 의사로부터 자신이 언제 죽을지에 대한 선고를 받고서는 마치 째깍째깍 소리나는 시한폭탄이 머리 위에 매달려 있는 것처럼 이 선고가 삶 전체에 드리워놓은 그늘을 느끼기도 한다. 어떤 사람들은 전혀 그런 경고를 받지 못하고 갑자기 죽음을 맞이하기도 한다. 스스로에게 이 질문을 던져보라.

당신은 자신이 죽을 날짜를 미리 알고 사람들에게 작별인사를 할 수 있게 되기를 바라는가, 아니면 죽음의 시간과 상황을 알 필요 없이 그냥 떠나가기를 바라는가?

우리는 모두가 자신이 언제 죽을지를 알고 있지만 대부분은 이 정보를 인식하지 않기를 선택한다. 이야기가 나왔으니 하는 말이지만, 어떤 경우에 우리는 무슨 일이 일어날 것을 미리 감지할 수 있게 되기도 한다. 이것은 주로 감정의 변화라든지 어렴풋하게 무엇인가를 알 수 있을 것 같은 느낌 등을 통해 예고된다. 이를 뒷받침하는 예는 많이 있다. '좀 독특한' 뱃놀이 사고로 아들을 잃은 한 부부를 위한 상담 중에 일어났던 일도 그 중의 하나이다.

조단은 그날 가족들과 함께 배를 타고 싶어하지 않았지만 그의 부모들이 억지로 타게 했다. 그는 명백하게 공포에 질려 있었고, '무슨 일인가가' 일어날 것이라고 느끼고 있었다. 내가 그의 부모와 상담을 했을 때, 그들은 아들을 억지로 배에 함께 태운 것에 대해 깊은 죄책감을 표했다. 하지만 더 넓은 시각으로 보자면 조단의 삶은 그때 그 장소에서 끝나도록 그가 태어나기 전에 맺은 약정을 통해서 이미 예정되어 있었다. 그 뱃놀이 중에 죽지 않았더라도 그는 다른 방식으로 죽음을 맞이했을 것이었다.

다음에 옮긴 상담내용을 보면 조단이 자신이 이 사고를 통해 죽게 될 것임을 미리 알고 있었다는 것을 알 수 있다.

리사_ 그는 그 일을 그저 '좀 독특한' 사고였다고 말하면서 아버지에게 "부디 죄책감을 느끼지 말아주세요, 왜냐하면 전 그 일이 일어나리라는 것을 이미 알고 있었거든요"라고 말하고 싶어해요. 그는 그 일이 일어나기 몇 주일 전부터 자신이 두 분을 준비시키고 있었던 것을 저에게 보여주고 있어요.

어머니_ 안 그래도 그 애가 세상을 떠난 후에, 그 애가 인터넷에 적어둔 글을 보고는 의아하게 생각했었어요.

리사_ 그는 자신이 죽으리라는 것을 알고 있었어요.

어머니_ 그가 알고 있었다고요? 머릿속 한구석에 그런 생각이 들어 있었단 말인가요?

리사_ 그는 알고 있었어요.

아버지_ 인터넷 게시판에 그 애가 자신의 영웅이 누구인지를 적어놓았더라구요. 내 이름이었어야 했는데(웃으면서 미소짓는다), 대신 예수님이라고 써놓았더군요.

어머니_ 그리고 그 뒤에 "곧 당신을 보게 될 거예요"라고 적어놓았더라구요. "언젠가 당신을 보게 될 거예요"가 아니라요. 만약 인생을 길게 다 살 계획이었다면 그렇게 적었을 텐데 말이죠. 그리고 "그때까지… 많이 사랑해요"라고 적으면서 끝맺음을 했더라구요. 우리는 이걸 보고 좀 이상하다고 생각했죠.

실로 조단은 자신의 죽음이 가까웠다는 사실을 한동안 알고 있었다. 의식적으로 안 것은 아니었지만 잠재의식과의 소통을 통해 이 정보가 표면으로 올라왔고, 그것이 그로 하여금 인터넷에다 암호와도 같은 글을 남기게끔 만들었던 것이었다.

직관과 같은, 피할 수 없는 죽음에 대한 정보를 얻을 수 있는 다른 방법들도 있다. 당신의 인도령들이나 세상을 떠난 사랑하는 이들이 꿈을 통해서 그것을 당신에게 직접 말해줄 수도 있다. 이런 꿈은 유별나게 생생해서 마치 사랑하는 이들이 실제로 살아서 찾아온 것 같은 느낌이 들 것이다. (이런 현실감 나는 방문이 꼭 당신이 곧 죽을 것을 의미하지는 않는다. 따라서 그런 방문을 받았다고 해서 걱정할 필요는 없다.) 아니면 당신은 깨어 있는 채로 당신과 아주 가까운 사람의 영을 볼 수도 있다. 이 영은 마치 진짜 사람처럼 보일 것이다. 다시 말하지만 많은 사람들이 이런 방식으로 영을 보므로, 단지 영을 보았다는 이유만으로 당신이 곧 세상을 떠나게 될 것이라고는 생각하지 않아도 된다. 내가 아만다를 위해 했던 상담이 그 차이점을 보여준다.

아만다는 나에게 상담을 받으러 오기 1년 전에 할머니를 잃었다. 그녀의 할머니는 병원에 있는 동안에 갑자기 숨을 거두어버렸기 때문에 아만다는 이에 대해 감정을 정리하고 싶은 필요를 느꼈다. 그녀는 할머니와 또 다른 몇몇 가족들과 통신해보기를 진심으로 원했지만 어떤 일이 일어날지를 예상할 수 없어서 불안해했다.

아만다는 할머니가 돌아가시기 전에 건강한 모습으로 병원 침대에 앉아 있었다고 설명했다. 그녀는 할머니를 퇴원시키러 갔었고 둘은 의사가 퇴원서류에 서명해줄 때까지 기다려야 했다. 두 여인이 한참 수다를 떨고 있던 중에 갑자기 할머니가 소리쳤다. "어머나, 저것 좀 보렴! 네 할아버지가 와 있네. 사람들이 말하는, 누가 죽을 때면 나타난다는 흰 빛이 네 할아버지 뒤에서 나오고 있어."

아만다의 할아버지는 15년 전에 돌아가셨기에 그녀는 할머니에게 대체 무엇을 보고 있는 거냐고 물었다. "어머, 애야 너한테는 보이지 않니?"라고 할머니는 말했다. "글쎄, 나한테는 확실하게 보이는구나. 할아버지가 뭘 원하는 건지 궁금하네."

죽은 남편이 보였기 때문에 아만다의 할머니는 방의 한구석을 뚫어지라 쳐다보고 있었다. 아만다는 방이 좀 추워졌다고 느꼈지만 당시에는 거기에 아무런 의미도 부여하지 않았다. 그녀의 눈에는 아무것도 보이지 않았으므로 그녀는 그저 할머니가 돌아가신 할아버지를 너무 보고 싶어한 나머지 헛것을 보는 거라고 생각했다.

갑자기 할머니가 선언했다. "어머, 할아버지가 같이 가자고 하네! 내가 곧 너를 떠나게 될 것 같다."

아만다에게는 이 선언이 반갑지 않았다. 그녀는 경미한 수술을 마친 할머니를 집으로 모셔가려고 그곳에 온 참이었기 때문이었다. "할머닌 아직 아무 데도 못 가세요"라고 그녀는 할머니에게 말했다. "할머니가 곧 돌아가신다고 해도 의사 선생님들이 못 가게 할 거예요!"

두 사람은 웃으면서 제일 좋아하는 드라마 속의 스캔들에 대해 얘기를 나누었고 한 시간쯤 후에 아만다는 할머니의 퇴원서류에 서명을 하기 위해 간호사에게 불려나갔다. 아만다가 나갔을 때 할머니는 평상복을 입은 채로 뜨개질 거리를 들고 의자에 앉아 있었다. 5분 후 아만다가 돌아왔을 때 할머니는 여전히 의자에 앉아 있었지만 눈을 감고 있었고, 뜨개질 바늘은 바닥에 떨어져 있었으며 얼굴에는 웃음이 떠올라 있었다. 아만다가 자리를 비운 단 몇 분 동안에 할머니는 숨을 거둔 것이었다!

아만다를 위한 상담 중에 나는 그녀의 할머니가 자신의 남편과 함께 가도록 인도를 받고 있었으며 행복하게 세상을 떠났다는 확답을 전해주었다. 그녀의 할머니는 나를 통해서 이렇게 말했다. "그이가 같이 가자고 손짓을 하면서 두 팔을 나를 향해 펴고 있었단다. 너무나도 따뜻한 느낌이 들었어. 그이는 아주 좋아 보였어. 마지막으로 봤을 때 같지 않고, 한 서른다섯 살쯤 되어 보였는데 아주 잘 생기고 매력적이었단다."

할머니는 병실에 앉아 있는 동안 남편을 더 가까이 끌어당기고픈 마음으로 눈을 감았는데, 이내 남편의 품에 안겨 있는 자신을 발견하고는 웃음지었다고 나에게 말했다. 할머니의 사망진단서에는 자연사로 기록되어 있지만, 사실 그녀는 단순히 때가 되어서 세상을 떠난 것이었다. 그녀는 의식적으로, 자발적으로 세상을 떠나기를 택한 것이고, 남편과 재결합할 수 있어서 행복해했다.

우리 할아버지의 임종

아만다의 할머니처럼 나의 친할아버지도 무엇이 일어날지를 알고서 죽음을 맞이했다. 나 역시 할아버지가 떠나가는 것을 감지했다. 지금 와서 그때를 돌아보면, 당시에는 이해할 수 없었던 행동과 대화들을 이제는 온전히 이해할 수 있다.

할아버지가 세상을 떠나기 얼마 전, 나는 할아버지에게 식당 한구석에 아무렇게나 쌓아놓은 것 같은 오래된 신문지 더미를 좀 정리하시라고 벌써 몇 주째 잔소리를 하고 있었다. 할아버지는 경마를 매우 좋아했다. 하지만 한두 마리에 돈을 걸기는 했어도 대담한 도박꾼은 못되어서 보통 한 말이 3위 안으로 들어오는 것에 단돈 50펜스(미화로 75센트 정도)만 걸곤 했다. 하지만 그는 경마신문을 몇 시간씩 들여다보며 공부했고 연구를 위해서 신문을 모두 수집하여 모아두었다.

드디어 어느 날 할아버지는 나를 불러서 이렇게 말했다. "어이, 리즈야, 내가 뭘 했는지 알아맞춰보련? 너하고 네 할머니가 잔소리를 그만해도 되도록 식당을 다 치웠다." 그리고 할아버지는 껄껄 웃었다. 그 주말에 할아버지 집에 가보니 정말로 너저분하던 것들이 다 정리되어 있었다.

너무나도 말끔했다! 식당 공간을 더 확보할 수 있어서 신이 난 할머니는 이 갑작스러운 변화로 인해 달 너머까지 둥둥 떠오를 듯이 좋아했다.

1주일 후, 할아버지는 가벼운 흉부 염증으로 인해 병원에 입원했다. 이 염증은 예전부터 있었지만 심각했던 일은 한 번도 없었다. 금요일 오후 나는 핸드폰으로 전화를 한 통 받았다. 번호를 확인해보지도 않고 나는 동료에게 이렇게 말했다. "아, 우리 할머니가 할아버지가 흉부염증 때문에 병원에 갔다는 소식을 전하려고 전화를 하고 있네." 그리고 내 말은 정확하게 들어맞았다. 전화를 받자 할머니는 걱정하지 말라고, 그리고 할아버지는 무사할 거라고 말했다. 할아버지는 그저 항생제 투여를 위해 링거주사를 필요로 하는 것일 뿐, 월요일이면 퇴원할 거라고 말이다.

토요일 오후, 나는 할아버지를 찾아갔다. 차에서 내려서 병원 입구까지 걸어가는 동안 나는 심상치 않은 무거운 에너지가 나를 둘러싸는 것을 느꼈고 무엇인가가 일어날 것임을 느낄 수 있었다. 내가 병실로 걸어 들어갔을 때 할아버지는 친구들과 가족들에게 둘러싸인 채 침대에 앉아서 끝없는 농담으로 사람들을 웃겨주고 있었다. 심지어 간호사들에게 윙크하며 추파를 던지기도 했다. 이 모든 것은 나에게 할아버지가 평상시와 다르지 않음을 보여줬다.

하지만 아직도 무엇인가가 석연치 않은 느낌이 들었다. 그리고 할아버지가 나를 쳐다볼 때마다 이 느낌은 더 강해졌다. 할아버지의 눈빛은 마치 꿰뚫어보는 듯해서 꼭 할아버지가 내 몸속의 영혼까지 들여다보고 있는 것 같은 느낌이 들었다. 엄청난 느낌이었다. 나는 내가 할아버지에게 다가가 작별인사를 하고 마지막으로 그의 눈을 들여다보았던 순간을 아직도 기억한다. 마치 인간으로서의 할아버지의 의식은 멈추고, 그의 영혼, 즉 할아버지의 진정한 본질이 나타난 듯한 느낌이었다. 아주 짧은 찰나 동안이었지만 무슨 일이 일어나고 있는지를 알아차리기에 충분한 시간이었다.

그 순간 나는 나 자신을 할아버지의 영혼과 연결시켰다. 그의 눈은 밝은 푸른빛이었고 수정처럼 맑았다. "눈은 영혼의 창이다"라는 속담은 참으로 진실이다. 서로를 바라보는 동안, 우리는 서로가 완전히 연결된 느낌이 들었다. 할아버지는 이것이 마지막으로 나를 보는 것임을 알고 있었고 그래서 보통 때보다 좀더 오랫동안 나와 눈을 마주치면서 눈앞의 광경을 깊이 음미하고 있었다. 나 역시 할아버지로부터 눈을 떼지 않았다. 할아버지와 말이 필요 없는 깊은 차원에서 소통하고 있는 듯한 느낌이 들었다.

한순간, "사랑해요"라고 말하고 싶은 충동을 느꼈지만 우리 집안사람들은 감정표현에 익숙지 않았기 때문에 만약 내가 그 말을 하면 주변의 모든 사람을 놀라게 만들 터였다. 그때는 이미 모든 사람이 내가 영능력자라는 것을 알고 있었기 때문에 대체 무슨 일이 일어나고 있는지 의아해할 것이 틀림없었다. 그래서 말로 전하는 대신 나는 '생각'으로 마음을 전했고, 할아버지의 말 없는 응답을 통해 메시지가 전달되었음을 알았다.

나는 이전에 한 번도 그토록 강렬하게 한 영혼과 연결되는 경험을 해본 적이 없었고, 그 이후로도 해본 적이 없으며, 앞으로 그런 일이 또 일어날 것이라고도 생각지 않는다. 그것은 그야말로 말로는 결코 표현할 수 없는 경험이었다. 할아버지를 둘러싸고 있는 에너지는 너무나도 맑고 환하고 빛이 났다. 그때 나는 깊은 차원에서 상황을 알아차렸다. — 이것이 할아버지의 살아 있는 모습을 볼 수 있는 마지막 순간이라는 것을.

할머니는 병동 밖으로 나를 배웅해주면서 할아버지가 내일 퇴원할 것이라고, 그리고 할아버지 상태가 많이 좋아졌다고 말했다. 나는 어디서 그런 말이 나왔는지 알 수 없었지만 나도 모르게 "아니요, 더 많은 일들이 일어날 거예요"라고 불쑥 말해버렸다.

할머니는 내 말에 의아해하면서 "아니다, 애야. 할아버지가 많이 좋아진 게 눈에 보이지 않니?"라고 반문했다. 나중에 나는 할아버지가 구급차에 실려가면서 할머니에게 집과 재산에 관련된 중요한 문서들이 어디에 있는지를 알려주려고 했지만 할머니는 들으려고도 하지 않고 "오, 잭, 바보 같은 말 좀 하지 말아요! 며칠이면 나올 텐데요!"라고 고집을 부렸다는 이야기를 들었다.

내가 병문안을 간 다음 날 할아버지는 병원에서 약을 바꾸는 바람에 위에 발생한 색전증으로 숨을 거두셨다. 후에 법적인 서류들을 살펴보다가 나는 할아버지가 어떤 서류들을 한데 묶어서 날짜를 적어둔 것을 발견했다. 그 날짜는 바로 할아버지가 식당을 정리했다고 나한테 전화로 말했던 그날이었다. 그중 한 서류에다가 할아버지는 "내가 죽을 경우 …에게 전화를 거시오"라고 적은 부분을 강조해서 표시해두었다. 할아버지는 자신의 때가 가까웠음을 분명히 알고 있었던 것이었다.

사람들은 세상을 떠날 때가 가까워져 오면 집안을 정리하기 시작하곤 한다. 그들은 생명보험의 조항들을 살펴보고 재정관련 서류들을 정리하고 유서를 남기는 일에 신경을 쓴다. 이는 그들이, 마치 우리 할아버지가 그랬던 것처럼, 잠재의식 속에서 무슨 일이 일어날지를 미리 알고 있기 때문이다.

영이 우리를 준비시키는 방법

나는 우리가 임종의 순간이 가까웠다는 사실을 어떻게 알게 되는지, 그 과정에 대한 정보를 얻기 위해 명상에 들어서 벤으로부터 다음 메시지를 받았다. 나는 되도록 많은 정보를 붙잡기 위해 최대한 빨리 손가락을 놀려서 타자를 쳤다. 벤과 내 인도령 팀에게 심심한 감사를 표하면서, 그때 받은 정보를 여기서 나눈다.

"그대들이 세상을 떠나기 전부터 우리는 앞으로의 여정을 위해 그대들을 준비시킨다. 자는 동안 그대들은 아스트랄계를 여행하면서 이 과정에 익숙해지기 위해 다른 이들을 방문한다. 그대는 여러 상황들과 그대가 사랑하는 사람들을 만나는 시간을 가지고, 또 항상 가고 싶었던 장소들을 방문한다. 우리는 이 과정으로 그대들을 인도하는데, 바로 이 때문에 많은 사람들이 죽기 전에 신기하고 생생한 꿈들을 꿨다고 이야기하는 것이다.

세상을 떠나기 한 달쯤 전부터 우리는 그대들을 살살 준비시켜서 도움이 될 만한 상황들로 인도한다. 그대가 자연적인 이유로 죽음을 맞이하든 혹은 자동차 사고나 살인을 통해서 죽음을 맞이하든 간에, 그대는 지상에 온 목적을 모두 수행하여 서약을 완료했을 것이다. 그래도 여전히 우리는 그대를 서서히 준비시켜야만 한다. 또한 우리는 저세상에 있는, 그대의 사랑하는 사람들이 그대를 맞이할 수 있도록 준비시켜야 한다. 우리 쪽으로 한 영혼을 맞아들이는 일은 많은 준비를 필요로 한다. 왜냐하면 이쪽에서 모두들 자기 역할을 해낼 준비가 되도록 확실히 대비해야 하기 때문이다. 하지만 우리가 그대들이 세상을 떠날 시간을 알고 있으며 또한 그대들을 따라다니면서 인도하고 있음을 알고 마음을 놓기를 바란다.

나가는 문이 열렸을 때 그대들은 떠나지 않기를 선택할 수도 있고 또한 자기 시간이 되기 이전에 떠나기를 선택할 수도 있다. 만약 그대가 시간이 되기 전에 떠나기를 택하면 우리는 그대를 되돌려보낸다. 이것이 바로 '임사체험'인데, 이는 그대가 아직 지구에 온 목적을 완수하지 않았기 때문이다. 자신의 죽음에 대해 우리의 관할 밖에 있는 선택을 하는 영혼들도 있다. 이는 지금 논할 필요는 없는 사항이므로 나중에 설명하겠다.

보통 우리는 그대의 임종 2주 전부터 더욱 적극적으로 긴밀하게 그대를 돕기 시작한다. 이때부터 우리는 그대의 친구들과 가족들도 돕기 시작한다. 그대를 돕는 방법 중의 하나로, 우리는 그대에게 영향을 미쳐서 사랑하는 이들에게 전화를 걸게 하거나 편지를 쓰게끔 하고, 또 그대가 잔뜩 흐트러진 물건들을 남겨두고 떠나는 것을 걱정하지 않아도 되도록 주변에 널려 있는 물건들 — 삶에 딸려다니기 마련인 물질적인 것들 — 을 정리하게 한다.

우리는 그대가 준비되도록 영향을 미치고 도움을 줄 수는 있지만 강제로 그대를 움직일 수는 없다. 어떤 사람들은 우리의 인도를 받고 싶어하지 않으며 우리는 그들의 그런 뜻을 수용한다. 하지만 그런 경우 이쪽으로 건너왔을 때 더 큰 어려움을 겪을 것이다. 왜냐하면 전환을 위한 준비가 모자라거나 전혀 되어 있지 않기 때문이다. 따라서 그들은 자신들이 어디에 있는지를 깨닫는 순간 충격을 받고 쉽게 헤어나지 못할 것이다.

그대가 곧 임종이 다가올 것을 알아차리고 있다면 우리가 주변에서 그대를 준비시키고 있는 것도 인식할 수 있을 것이다. 임종이 가까워질수록 각 차원계를 분리시키고 있는 베일이 엷어지는데, 우리는 그대의 진동수가 높아지도록 돕고 어떻게 진동수를 상승시킬 수 있는지도 보여줌으로써 베일이 더욱 엷어지게끔 한다. 그대는 진동수를 높임으로써 지상의 육신을 더 쉽게 내려놓을 수 있게 된다. 다시 말하지만 이는 전환 과정의 한 부분이며 그대가 저세상으로 건너가는 것을 돕는 우리들의 방법이다.

그대가 이미 죽음을 선고받은 경우에는 우리도 그대를 좀더 쉽게 준비시킬 수 있다. 왜냐하면 피할 수 없는 것에 응할 마음가짐이 더 잘 되어 있기 때문이다. 이를테면 그대는 의사로부터 언제쯤 죽을 것이라는 말을 이미 들어서, 죽음이라는 냉정한 현실을 마주해야만 하는 상황에 처해 있는지도 모른다. 만약 언제쯤 죽게 될지에 대한 정보를 전혀 받지 못했다면 준비하기가 좀더 어려울 수도 있지만, 많이 어려워지는 건 아니다. 아마 그대는 좀더 고집을 부릴지도 모른다. 그래서 우리는 그대가 자는 동안 그대를 준비시킨다.

우리는 그대의 영혼이 곧 죽음을 겪게 될 것이라는 사실을 받아들이도록 돕는다. 우리는 그대에게 무슨 일이 일어나고 있는지를 얘기해주고 그대가 가야 할 곳을 가게, 그리고 만나야 할 사람들을 만나게 한다. 우리는 이 과정을 도와주며, 이로 인해 그대는 세상을 떠날 때 자신이 떠나가고 있음을 알아차릴 수 있게 된다. 이를 위해 그대의 인도령들이 그대를 인도해준다. 그들은 그대가 지상계에서 삶을 시작하던 때부터 그대와 관계를 맺어왔기 때문에 그대에게 필요한 것과 불필요한 것이 무엇인지를 잘 알고 있다.

세상을 떠나기 사흘 전부터 이 과정은 더욱 심화되기 시작한다. 우리는 그대 주변에서 하루 24시간, 그리고 일주일 꼬박 7일을 함께 하며 두 세계 사이의 경계, 그리고 그대와 가까이 머문다. 특히 우리는 그대의 정신상태를 지켜보며 그대가 최대한 평안해지도록 돕는다. 그대를 평안한 상태로 인도하는 것은 매우 중요하다. 왜냐하면 마음이 안정되고 평안하지 않으면 전환하는 도중에 두 세계 사이에 갇혀버리게 될 위험이 있기 때문이다. 우리가 그대를 평안한 상태로 만들기 위해 모든 노력을 기울이는 데에는 많은 이유가 있지만, 그대가 혼란스러워지지 않도록 후에 더 자세히 다루기로 한다.

우리는 그대가 전환의 시간을 맞이하기 전에 해야 할 일을 모두 할 수 있게끔 하기 위해서 그대가 안정되고 평안해지도록 도와야 한다. 이즈음 그대의 친구들과 가족은 그대로부터 예상치 못했던 전화연락을 받기 시작할 것이다. 그리고 그대는 과거에는 숨겼던 생각과 감정들을 그들과 나누기 시작할 것이다. 이런 일들이 일어나면서 그대 주변에 있는 모든 사람이, 비록 잠재의식의 차원에서만일 수도 있지만, 변화를 느끼고 전환이 가까웠음을 느낄 것이다. 이 때문에 많은 경우 사람들은 무슨 일이 일어날 것처럼 느끼면서도 그게 무엇인지 정확하게 꼬집어서 말하지는 못하곤 하는 것이다.

이 시점에서 우리는 그대의 영혼이 지고 있는 무거운 짐들을 많이 없애주기 때문에, 그대는 마치 삶의 임대계약서를 새로 쓴 것과도 같은 느낌이 들지도 모른다. — 그리고 그대가 드디어 저세상으로 건너가게 될 것임을 아는 순간에는 확실히 그런 느낌이 들 것이다. 그대는 지상에서의 인연과 의무를 끊을 때 느끼는 자유와 전율을 느낄 것이다. 그대의 영혼을 정화시키는 것은 그대가 쉽게 전환할 수 있도록 돕는 많은 방법 중의 하나에 불과하다. 우리는 죄책감, 미워함, 두려움, 그리고 분노 등과 같은 부정적인 모든 것을 없앤다. 이는 항상 쉽지만은 않은 일이므로 우리는 주로 그대의 에고가 우리가 하는 일을 가로막지 못하도록, 그대의 영혼과 쉽게 연결할 수 있는 밤중에 이 일을 한다. 에고는 우리 모두가 극복해야 할 큰 과제이다. 저세상으로 건너가면 에고를 잃어버리게 되지만 지상계에 있는 한 그것은 힘든 싸움이다. 밤에 그대가 잠을 잘 때 그대의 몸은 자신을 치유하고, 우리는 그대의 영혼을 정화시키고 치유한다.

보통 세상을 떠나기 24시간쯤 전부터 그대는 흰빛이 반짝거리는 것을 보기 시작할 것이다. 전환과정 중의 이 시점이 그대를 데려가기 위해 오기로 되어 있는 모든 영이 단체로 함께 그대를 찾아오는 때이다. 이것이 우리 영들이 베일을 건너서 그대와 소통하는 방식이다. 즉 우리는 한 무리를 이룸으로써 우리가 모을 수 있는 모든 에너지를 가지고 그대와 소통한다. 이렇게 큰 에너지는 많은 근원을 통해서 와야 한다. 그대는 우리가 가까이 있는 것을 느끼거나 실제로 볼 것이며 우리가 방 안에 있다고 말할 것이다. 어떤 경우에는 죽음을 맞은 사람이 우리의 에너지를 이용해서 생전에 자기가 알던 사람의 이미지를 투사하기도 한다. 그러면 우리는 모두 힘을 모아서 이 이미지가 죽어가는 이에게 보이도록 돕는다. 이는 많은 에너지를 필요로 한다. 그래도 우리는 전환해가는 과정에서 이런 도움을 필요로 하는 사람들을 위해 오랜 시간을 들여 준비를 해왔다.

건너갈 시간이 다가오면 병들어서 죽음을 대면하고 있는, 그리고 자신이 죽어가고 있음을 알고 있는 사람들은 죽을 시간을 결정한다. 리사의 할머니 낸 프랜시스가 이런 경우로, 그녀는 처음에는 치열하게 죽음에 저항했었다. 그녀는 우리가 전생에 함께했었다는 것을 마침내 기억해낼 때까지 나 벤에게도 저항했다. 그녀는 그것을 기억해내고 나서조차 자신이 몸을 떠났다는 사실을 인정하고 싶어하지 않았다.

나를 보고 내가 누구인지를 알아차리자 그녀는 마침내 '당신이라는 걸 믿어요'라고 말했다. 우리는 둘 다 웃음을 터뜨리고 서로를 포옹했다. 그녀가 드디어 내려놓기로 선택한 그 순간은 참으로 아름다웠다. 만약 어떤 사람이 저항하면서 죽음을 거부하면 몸이 완전히 쇠진할 때까지 기다려야만 하며 — 리사의 할머니 낸 프랜시스가 바로 이런 경우였다 — 그 이후에야 영혼을 몸 밖으로 들어내서 우리 쪽으로 데려올 수가 있다.

대부분의 영혼들은 쉽게 달랠 수 있고 매우 직접적으로 교신할 수 있지만 몇몇은 다른 영혼들보다 다루기 어려울 때가 있다. 쉬운 영혼들은 자신의 시간을 선택하고 기꺼이 건너온다. 그들은 우리가 가까이 다가가면 우리를 보기로 결정하며, 우리는 그들이 의식과 무의식을 왔다 갔다 하는 동안 그들과 대화를 한다. 그들은 우리에게 준비가 되었는지 어떤지를 얘기해주며 그들이 준비가 되었을 때 우리는 영혼을 몸 밖으로 들어내는 일을 돕고 몸과 영혼을 연결하는 코드를 자른다. 떠날 시간을 결정할 때 보통 그대는 자식 등 다른 사람들로부터 허락을 받았거나 그대가 사랑하는 사람들이 모두 그대를 방문했기 때문에 그 시간을 고른다. 아니면 그대는 아직도 자아가 강해서 아무도 속상하게 만들지 않으려고 친구나 가족들이 없는 시간을 고를 수도 있다. 이 모든 선택은 그 사람의 성격에 의해 좌우된다.

베일을 지나오는 순간까지 그대는 여전히 선택권을 갖고 있는 한 사람이어서, 언제 떠나고 싶은지 그리고 누구를 기다려서 보고 가고 싶은지를 결정할 수 있다. 가끔 몸이 먼저 쇠진해버려서 보고 싶은 사람을 다 보지 못하고 갈 수도 있다. 이것은 불행한 일이긴 하지만 그래도 영혼은 그대로 남아서 마지막으로 보고 싶은 사람을 다 보고 갈 수도 있다.

폭력적인 상황에서 갑자기 죽음을 맞이할 경우, 영의 차원에서 우리는 이 일이 언제 일어날지를 알고 있다. 하지만 그 정확한 순간은 알지 못하기 때문에 미리 준비를 해야 한다. 이것은 마치 언제 내 쪽으로 날아올지 모르는 공을 잡기 위해 경계태세를 갖추고 있는 것과도 같다. 그러면 우리는 몸이 외상이나 충격을 입기 전에 몸 밖으로 튕겨나오는 영혼을 잡을 수 있다. 이쪽으로 건너온 많은 영혼들이 치명적인 사고의 순간에 아무것도 느끼지 못했다고 말하는 것은 이 때문이다. 특히 죽음이 충격이나 매우 폭력적인 사고를 통해서 일어났을 경우 어떻게 아프지 않을 수 있는지 이해하기 어려울 수도 있다. 하지만 전환의 순간에 몸이 외상이나 충격을 겪고 있으면 영혼은 항상 자신을 온전히 보존하기 위해 그 상황을 떠난다. 영혼이 손상을 입을 수 있다는 것이 아니라, 고통으로부터 자신을 보호하기 위해 상황을 떠나기를 선택한다는 것이다.

자살의 경우 상황은 좀더 복잡해진다. 우리는 일이 일어나기 전에 영혼을 위안하고 이해하기 위해 최선을 다한다. 오랜 기간에 걸쳐 계획된 자살인 경우 우리는 영혼이 전환을 위해 충분히 준비되도록 도와줄 수 있다. 하지만 순간적인 충동에 의한 자살인 경우엔 우리도 놀랄 수 있으며 영혼이 저세상으로 건너가는 것을 돕기 위해 재빨리 영들을 불러모아야 한다. 이는 간단한 일이 아니지만 우리는 이 일을 빠른 시간 안에 해낸다. 어떤 자살들은 운명적으로 예정되어 있다. 이런 경우 자살자는 보통 전생에 일어난 일을 바탕으로 오래전에 결정을 내린다. 그대는 그대의 영혼이 어떤 경험을 필요로 하기 때문에, 혹은 뒤에 남게 될 사람들에게 가르쳐 줄 교훈이 있기 때문에 이런 결정을 내린다. 믿기 힘들다는 것을 이해한다. 하지만 이것은 나중에 더 자세히 다룰 것이니 그때가 되면 좀더 이해가 될 것이다."

어떤 흥미로운 상담

아들이 오토바이 사고로 비극적인 죽음을 맞이했던 한 여성을 위해 행한 상담의 내용을 바탕으로 한 다음 이야기 속에서도 벤의 가르침은 극명히 드러난다.

케이는 아들 크리스가 세상을 떠난 지 얼마 안 되어서 나를 찾아온 것 같았다. 크리스는 명랑 쾌활하고 매력적인 성격 그대로 상담 중에 나를 통해 왔는데, 당신도 상상할 수 있듯이 이것은 어머니를 무척 기쁘게 했다. 그는 우선 그의 삶과 그가 성취한 것들에 대해서 이야기하기 시작했고 이를 통해 자신이 정말로 그임을 어머니에게 증명할 수 있었다.

크리스는 갑작스런 사고로 세상을 떠나서 그간 케이는 그의 죽음에 대해 소상히 들을 만한 준비가 되어 있지 않았지만 이제는 그것을 알고 싶어했다. 당시 그녀는 사건이 일어난 정황에 대한 경찰의 보고를 듣고 싶어하지 않았다. 아무런 정보도 없는 상태에서 그녀는 무언가가 마무리 지어지지 않은 듯한 느낌이 들어서 아들을 놓아 보낼 수가 없었다.

상담 중 크리스는 사고 중에 일어난 일을 자세히 묘사했는데 이는 후에 사고 현장에 있었던 경찰들을 통해 확인되었다. 알고 보니 젊은 크리스가 오토바이를 타다가 커브를 너무 빠르게 돌면서 다른 자동차가 길 위에 흘려놓은 기름 위로 미끄러지면서 제어능력을 잃었던 것으로 드러났다. 다행히도 사고에 연루된 사람은 아무도 없었다.

크리스는 기름이 묻은 길 위로 오토바이가 미끄러지던 순간의 느낌을 묘사했다.

크리스_ (리사를 통해 이야기한다). 엄마, 거기 기름이 있는 줄 알았어요. 알고 있었어요. 제어할 수가 없게 되어 있었어요. 중심을 잡을 수가 없었어요. 애썼지만 안 되더라구요. 엄마는 늘 내가 오토바이를 타지 말기를 바랐죠. 미안해요. 하지만 늘 조심했어요.

케이_ (고개를 끄덕이며 조용히 눈물을 흘린다.)

크리스_ 그런데 그땐 이상했어요. 제어능력을 잃고 말았어요. 모든 게 마치 슬로우 모션처럼 진짜 천천히 일어났어요. 나는 넘어지기 시작했고 다리가 오토바이 밑에 깔렸어요. 나는 커브에 있는 돌벽을 향해 날아가고 있었고 "맙소사, 아프겠다!"라고 생각하면서 머리를 가리려고 했는데 곧 다음 순간 내가 몸 밖으로 끌어당겨지는 것을 느꼈어요. 그리고 나는 날고 있었어요. 밑에서 내 몸에 일어나고 있는 일들을 다 지켜보면서 말이죠.

케이_ (숨을 몰아쉬면서) 정말 놀랍구나. 뭐라고 말해야 좋을지 모르겠어. 충격적이다!

크리스_ 엄마, 충돌이 일어나기 전에 몸 바깥으로 나왔기 때문에 난 아무것도 느끼지 않았어. 진짜예요. 항상 그래요. 인도령들은 우리가 아무런 고통도 느끼지 않도록 언제 와서 도움을 줘야 할지를 알고 있어요. 나는 축복을 받았어요. 울지 마세요 엄마. 사랑해요, 그리고 내가 잘 지내고 있다는 걸 꼭 알아주세요.

사후세계로 건너가는 과정이 고통스럽지 않다는 것과 영으로부터 많은 도움을 받는 가운데 진행된다는 사실을 알면 크게 위안을 받을 수 있고 또 죽음에 대한 두려움도 줄일 수 있다. 하지만 그 전환이 정확히 어떻게 이루어지는지 — 즉 사후세계에 도착했을 때 누가 마중을 나오며 천국과 지옥이 있는지, 그리고 지상에 있는 사랑하는 이들을 어떻게 방문할 수 있는지 등 — 에 대해서는 아직도 할 얘기가 많다.

2부에서는 지상의 삶을 떠나 사후세계로의 여정을 가면서 어떤 일을 겪게 되는지에 대해 알게 될 것이다. 이 과정은 안전하고 고통스럽지 않을 뿐 아니라 '삶 이후의 삶'이 펼쳐지는 아름다운 시작이다.

2부
저세상으로 건너가기

제5장

베일 통과하기

베일을 통과하여 이 세상에서 다음 세상으로 건너가는 것은 아름다운 과정이 될 수 있다. 이 과정은 모든 사람이 언젠가는 겪게 되는 과정이므로 받아들이고 포용하는 것이 좋다. 이미 말했듯이 이 세상에서 다음 세상으로 건너가는 것은 두려워할 일이 전혀 아니다. 사실 이 전환과정은 무척 스릴 넘치는 일이 될 수 있다. 나의 인도령 아리엘은 이렇게 말했다.

"죽음은 우주여행과도 같다. 무엇을 대면하게 될지는 전혀 알 수 없다. 그대는 이것을 수용하고 끌어안아야 한다. 그대가 삶 속에서 무슨 일을 하고 있든지 죽음은 늘 다가오고 있음을 알라."

나는 임사체험 덕분에 문지방을 넘어 사후세계로 들어가는 것이 어떤 일인지를 경험해볼 수 있었다. 이 체험을 바탕으로 나는 죽음 이후에 어떤 일이 일어나는지에 대해 개인적인 증언을 할 수 있다. 이 장을 빌어서 나의 체험을 나누고자 한다.

건너갔다가 돌아오다

 2004년 4월, 난관에 심한 염증이 생겨서 치료를 받던 중 나는 전환의 과정에 든 영혼으로서 몸을 떠나는 경험을 했다. 나는 베일을 통과하여 흰빛 속으로 빨려 들어가 우리 모두가 언젠가는 가게 되는 저세상으로 들어갔다.
 수술대 위에서 심장박동이 멈추었을 때, 혹은 사고 후 구조나 심폐소생술을 기다리는 도중에 일어난 임사체험에 대해 사람들이 남긴 보고가 많이 있다. 놀랍게도, 몇몇 경우를 제외하면 사람들은 임사체험을 경험한 다른 사람들이 묘사한 것과 거의 일치하는 경험들을 보고한다.
 내 경우엔, 사건 당시 심장 감시장치를 착용하고 있지 않았기 때문에 내가 '죽었음'을 증명할 의학적인 근거는 없다. 하지만 나는 영혼이 사후세계로 들어가는 여정을 세세히 경험한 후 몸으로 돌아왔던 것을, 그리고 당시 내 남자친구였던 케빈이 미친 듯이 의사를 부르는 소리가 들려왔던 것을 의심의 여지 없이 생생하게 기억한다.
 병원으로 가기 하루 전에 나는 실제로 무척 이상한 기분이 들었고 평상시와는 다른 행동을 했으며, 인도령 벤이 주변에서 무척 세심하게 보호해주고 있는 것을 느꼈다. 그날 오후 한 친구가 전화를 걸어서 외출하고 싶냐고 물었다. 보통 때 같으면 곧장 외투를 집어들면서 "좋아, 우리 어디 가는 건데?"라고 말했을 것이다. 하지만 그날은 "좋아"라고 말하려고 하자마자 다른 말이 튀어나왔다. 실제로 "좋아"라고 말하려고 입술 모양을 만들었는데 대신 "아니"라는 말이 나왔던 것을 기억한다. 마치 입을 조절하는 능력을 잃어버린 것과 같은 느낌이었다. 나는 내가 뱉어낸 말에 대해 잠시 생각해보다가, 실제로 외출하기에는 너무 큰 육체적 고통을 느끼고 있다는 것을 깨달았다. 나는 대신 침대에 누워 있기로 결정했다.

그날 밤 나는 할아버지와 낸 프랜시스를 위시하여 내가 사랑하는 사람들이 총출연하는 꿈을 꾸었다. 그들과 함께 있는 것은 정말 형언할 수 없는 느낌을 불러일으켰다. 우리는 결혼식, 그것도 다름 아닌 '나의' 결혼식에 참석하기 위해 모여 있었다. 내가 낯선 남자와 춤을 추고 있긴 했지만, 나는 내가 잘 알고 또한 내가 깊이 사랑하는 사람들에게 둘러싸여 있었다. 내 가족, 내 인도령들, 내 도우미들… 영의 상태로 있는 모든 이들.

축제 분위기가 넘쳐나는 속에서 갑자기 누군가가 내 등을 칼로 찔렀다. 고통이 굉장히 생생하게 느껴졌지만 나는 누가 날 공격한 것인지를 알 수 없었다. 나는 충격을 받아 멍한 상태가 되었다. 다름 아닌 나의 결혼식에서 누군가가 나를 공격한 것이다! 상처로부터 극심한 고통이 퍼져 나가는 와중에도 빨리 손을 쓰지 않으면 드레스에 피얼룩이 지게 될 것을 걱정했던 일이 지금도 기억난다.

나는 왼쪽 허리에서 찌르는 듯 극심한 고통을 느끼면서 깨어났다. 꿈 속에서의 상처처럼 이 고통은 몸을 따라 퍼져 나갔고 타는 듯한 느낌이 내 몸통 전체를 삼켜버렸다. 고통이 너무 심해서 도저히 참을 수가 없었다. 나는 가장 가까이에 있는 병원으로 실려갔다. 우연히도 그곳은 UCLA의 캠퍼스에 위치해 있었다.

고통으로 인해 거의 시력을 잃은 상태였지만 나는 병원으로 가는 차 안에 벤, 낸 할머니, 그리고 외할아버지가 함께 타고 있는 것을 알아차렸다. 그냥 에너지를 느낀 것이 아니었다. ─ 나는 그들이 차 뒷좌석에 타고 있는 모습을 확연하게 볼 수 있었다. 그들의 모습, 표정, 머리 색깔, 눈, 그리고 움직임까지도 하나하나 구분할 수 있었다. 그들이 영의 상태로 존재한다는 것을 알고 있었음에도 불구하고 고개를 돌려 뒤돌아볼 때마다 마치 실제인물을 보고 있는 듯한 느낌이 들었다.

또한 머릿속에서는 부드럽게 윙윙거리는 소리가 들려왔다. 고통을 무릅쓰고 그 소리에 집중하여 귀를 기울일 수 있게 되면 웅얼웅얼 떠드는 소리들을 구분해낼 수 있었다. 어찌나 웅얼거리는지, 마치 수도 없는 사람들이 무리지어 모여서 남에게 들리지 않도록 가만히 속닥이고 있는 것처럼 들렸다. 이상한 느낌도 들었지만 어떤 면에서는 위안이 되기도 했다. 어쩐 일인지 나는 별 탈 없이 모든 것이 괜찮을 것임을 알고 있었다.

응급실로 실려 들어가는 동안 나를 찾아온 세 영들이 내 휠체어 옆에서 함께 걷고 있는 것을 볼 수 있었다. 어찌 된 일인지 조금 어리둥절하기도 했지만 그들이 나를 돌보기 위해 와 있는 거라고 생각했다. 아플 때 영들이 보이는 것은 나에게는 흔한 일이었다. 사실 지난 수년간 나는 몸이 아플 때 영매로서의 능력과 심령능력이 더 좋아지는 것을 발견하곤 했다.

나는 이 방문자들이 더 구체적인 목적을 가지고 온 것임을 전혀 알고 있지 못했다. 이들의 임무는 바로 나의 영혼을 몸으로부터 해방시켜줌으로써 나에게 곧 닥칠 트라우마를 견뎌낼 수 있도록 도와주는 일이었다.

병원 침대에 누워서 나는 내 생애 최고로 극심한 고통을 경험했다. 그 고통은 주기적으로 찾아왔으며 갈수록 점점 더 심해졌다. 고통이 너무 심해지자 더 이상 나와 함께 있는 영들에게는 주의를 기울일 수가 없었다. 대신 고통을 견뎌낼 수 있도록 스스로에게 치유의 에너지를 보내는 데에 집중해야만 했다. 치유하기 위해 손을 움직여서 몸에 얹는 것조차 너무나 힘들었기에 정신을 최대한 집중해야 했다.

내 몸에 치유의 에너지를 부어넣던 중에 극도로 평안한 느낌이 나를 에워싸는 것을 느꼈다. 공황에 빠진 느낌이 사라지고, 나는 현재 일어나고 있는 일들을 받아들일 수 있게 됐다. 심호흡을 하면서 내가 아무 탈 없이 괜찮을 것임을 알았다. 하지만 계속 증가하는 모르핀 투여량에도 불구하고 고통은 점점 더 심해지고 있었다. 약의 진통 효과는 원래 45분 동안 유지되어야 하는데 15분밖에 지속되지 않았다. 고통이 파도처럼 나를 휩쓸고 지나갈 때마다 앞서 지나간 파도에 비해 점점 더 강도가 세졌다. 나는 거의 세 시간 동안 불로 지지는 듯한 통증이 총알처럼 아랫배 속을 지나가는 것을 느끼며 누워 있었다. 수축할 때마다 몸은 경련을 일으켰고 수축은 점점 더 빠르고 강도 높게 찾아왔다.

나는 '제발 나를 데려가주세요, 더 이상 참을 수가 없어요'라고 마음속으로 외쳤던 것을 기억한다. 그러고 나서 눈을 꼭 감은 채 반항하기를 멈추고 순복함으로써 고통이 몸을 통과하여 흘러가도록 놔뒀다. 갑자기 마치 나를 몸에다, 그리고 몸의 시련에다 붙들어 매놓고 있던 닻의 밧줄이 끊어진 것만 같은 느낌이 들었다. 독자들은 내가 위쪽으로 떠올라갔으리라고 예상하겠지만, 그보다는 점점 멀리 떠내려갔다고 하는 편이 맞다. 마치 눈에 보이지 않는 강력한 물결에 떠내려가는 것처럼, 움직이는 데에 전혀 힘이 들지 않았다. 내 영혼은 더 이상 몸속에 갇혀 있지 않았다. 나는 자유로웠다!

나는 내가 더 이상 고통을 느끼고 있지 않다는 것을 알아차렸다. 영혼으로서의 나는 평온했다. 실은 평온한 것보다 더 좋았다. 나는 뒤돌아보면 내 몸이 얼굴에는 고통스러운 표정이 가득한 채로 생기 없이 미동도 않고 침대에 누워 있는 것을 보게 되리라는 것을 알았지만, 뒤돌아보지 않기로 선택했다. 고통으로부터 해방된 그 상태가 영원히 지속될 수 있을 것처럼 보여도 사실은 짧은 시간 동안밖에 지속되지 않을 거라는 느낌이 들었다. 나는 새처럼 하늘 높이 떠 있었고 지구 위를 편안하게 미끄러지

듯이 날았다. 나의 영혼이 해방된 것이다.

나는 눈부시게 빛나는 베일을 통과하는 듯한 느낌을 받았다. 이 베일이 지상계와 사후세계를 분리하고 있음을 알 수 있었다. 나는 마치 자석에 이끌리듯이 이 베일 안으로 빨려 들어가는 것을 느꼈다. 베일을 지나면서 인간의 육안을 멀게 할 만큼 눈부신 거대한 빛의 공을 보았다. 하지만 영혼의 상태였기 때문에 육신의 눈을 갖고 있지 않았으므로 그것을 따뜻하고 밝은 빛으로 '인식'했지 전혀 눈부시게 느끼지 않았다.

나는 빛으로 가득한, 살아 있는 듯이 느껴지는 터널 안을 통과하는 것을 느꼈다. 그리고 바로 그곳, 그 터널의 끝에 흰빛이 있어서 나의 모든 세포를 가장 순수하고 무조건적인 사랑으로 채워주었다. 그 흰빛 속을 지나면서 내가 느낀 사랑은 중요한 사람이나 심지어는 자식에 대해 느낄 수 있는 사랑까지 포함해서 그 어떤 종류의 인간적 사랑보다도 훨씬 컸기에 지구의 언어로는 측량할 수가 없었다.

나는 계속 둥둥 뜬 채로 미끄러지듯이 날면서, 생전에 나의 재능을 알아봐주고 사후에도 영으로서 나의 고난 중에 함께 해주었던 낸 프랜시스를 대면하게 되었다. 그녀는 내 앞에 서서 팔을 벌린 채로 웃고 있었다. 그녀에게 가까이 다가가면서, 나는 그녀의 사랑과 주변에 있는 모든 존재의 사랑이 나를 감싸 안는 것을 느꼈다. 그녀와 함께 있는 다른 존재들의 얼굴은 식별할 수가 없었고 나는 그녀만을 보고 있었다. 사랑하는 우리 할아버지를 찾으려고 둘러보았지만 슬프게도 그는 보이지 않았다.

낸은, "너는 아직 그를 만날 준비가 되어 있지 않단다"라고 말했다. 나는 그녀가 내 생각을 읽을 수 있다는 사실에 깜짝 놀랐지만, 곧 영혼들은 생각을 통해 의사소통을 하지 소리 내어 말할 필요가 없다는 사실을 깨달았다.

우리 외할머니는 계속 웃고 있었는데 나는 그녀가 마지막으로 보았을 때보다 훨씬 더 젊고 건강해 보인다는 것을 깨달았다. 그녀는 광채가 나고 거룩해 보여서 그녀와 함께 있는 것만으로도 형언할 수 없을 정도로 황홀한 느낌이었다. 나는 그녀에게 말을 하고 싶었지만 마음속에서 말을 떠올리자마자 그녀는 "쉿, 말하려고 하지 말고 가만히 귀를 기울여봐"라고 말했다.

아주 오랜 시간 동안 우리는 서로를 바라보았다. 낸은 마치 내 마음속으로 들어와 내 생각을 전부 읽어내고 있는 듯 바로 나를 꿰뚫어보았다. 우리가 서로를 깊이 들여다보고 있는 동안 내 마음은 마구 내달리기 시작했다. '나는 어디에 있는 거지? 나는 여기서 무엇을 하고 있는 거지? 난 죽은 건가? 이 사람들은 누구지? 왜 자꾸 윙윙거리는 소리가 들리는 거지?' 이 모든 의문이 마음속에서 일어나고 있는 동안, 낸이 갑자기 끼어들었다.

"아직은 네 때가 오지 않았어"라고 그녀가 말했다. "넌 다시 돌아갈 거야."

나는 그녀의 말을 이해했지만 듣고 싶지 않았다. 나는 고통에서 벗어났는데 몸으로 되돌아가는 것은 다시 그 끔찍한 고통을 겪어야 한다는 것을 의미했다. 나는 그곳에 그냥 머무르고 싶었다. 나는 내 아들을 우리 부모님과 아이의 아버지가 지켜주고 돌보아주리라는 것을 알고 있었다. 사실 내가 없어도 모든 것이 그대로 잘 돌아갈 것이었다. 그리고 내가 이미 사후세계에 있다는 것은 내가 이곳에 머물러야 한다는 것을 의미하는 게 아닌가?

낸의 목소리가 다시 내 내면의 생각들에 대꾸했다. "너는 아직 해야 할 일이 많아. 넌 가르치는 사람이고 네 삶에서 많은 사람들을 돕게 될 거야." 그때 내 앞에 커다란 화면이 보였다. 그 화면은 낸이 내가 생전에 하게 되리라고 말해준 모든 일을 보여주고 있었다. 나는 그것을 보면서 그녀가 한 말을 다 이해할 수 있었다. 지금은 내가 사후세계에 머무를 때가 아니었고, 나는 실로 중요한 사명을 띠고 있었다.

낸 프랜시스는 계속해서 삶의 의미와 내가 받은 선물이 다른 사람들을 어떻게 도와줄지에 대해 내게 말해주면서 중간중간 내가 그녀와 대화하고 질문할 기회를 주었다. 나는 나에게 영향을 미칠 몇몇 사건과 상황들, 그리고 내가 내리게 될 많은 결정들을 보았다. 당시에는 그 모든 것을 이해할 수 있었지만, 돌아오면서 기억을 잃어버리고 말았다. 하지만 그때 받은 정보들은 나의 잠재의식 속에 저장되어 있어서, 내가 그때 보았던 순간들 중 하나에 다다르게 되면 임사체험 당시의 체험을 바탕으로 그 순간을 기억해내고 강렬한 데자뷔를 느끼게 된다. 마치 예전에 그 상황을 경험한 것 같은 느낌이 드는데, 사실 나는 그것을 경험했다!

낸 할머니와 대화를 나누는 것은 기이하고도 멋진 일이었다. 마치 시간의 손길이 멈춘 것만 같은 느낌이었다. 지구상의 시간개념으로 말하자면, 마치 여러 시간 동안 한 자리에 서 있었지만 '몸'이 하나도 피곤해지지 않은 느낌이었다. 그것은 참으로 믿기지 않는 영원의 느낌이었다. 하지만 낸과 주변의 다른 모든 존재들의 모습이 서서히 사라지기 시작하면서 이 믿을 수 없을 정도로 풍부하고 사랑이 넘치는 대화가 끝나가고 있다는 신호를 보내왔을 때는 슬픔이 밀려왔다.

외할머니는 내게 다시금, 지상계로 돌아가서 아들 찰리를 위해 좋은 엄마가 되어야 하고 또 가르치는 사람이 되어야 한다는 것을 강조했다. 그녀가 처음에 보여주었던 영상들이 기억 속에서 사라져버렸기 때문에 그녀가 말하는 '가르치는' 일이 무엇을 의미하는지 확실히 알 수가 없었다. 나는 학교 선생님이 되기 위한 교육을 받기는 했지만 교실에서 가르치는 일을 몇 번 해본 후에 그것을 업으로 삼지는 않기로 마음먹었기 때문에 혼란스러웠다. (나중에 내가 영적인 교훈, 심령능력, 그리고 영매가 되는 길 등을 사람들에게 가르쳐야 한다는 것, 그리고 많은 사람들이 나를 통해 배우게 되리라는 것을 깨달았을 때 나는 낸의 메시지를 확실하게 이해할 수 있었다.)

나는 외할머니와 그녀를 돕는 존재들이 떠나는 것을 느꼈다. 그리고 아래를 내려다보자 어린 시절에 몸 밖으로 여행할 때 보였던 은빛 코드가 다시 보였다. 나는 무언가가 나를 끌어당기는 것을 느꼈고, 그게 다였다. 마치 진공청소기의 호스 속으로 빨려 들어가듯이, 명치에서 나오는 힘이 눈 깜짝할 새에 나를 내 몸으로 되돌려보냈다.

나는 떨어지듯이 내 몸 안으로 다시 돌아왔다. 몸은 고통에 몸부림치고 있었다. 고문을 당하는 듯이 고통스러운 와중에도 나는 내 영혼이 다시 육체적 자아 안에 갇힌 것을 느꼈다. 나는 침대맡에 있는 디지털 시계를 보기 위해 눈을 떴다. 약 1분, 아니 1분도 채 안 되는 시간이 경과했다는 것을 알 수 있었다. 시간이 실제로 멈췄던 것이다!

영혼의 힘

이젠 독자들도 누구나 거쳐야만 할 전환의 과정을 좀더 편안하게 대할 수 있게 되었으리라 믿는다. 영혼이 이승의 삶을 떠나 흰빛을 지나 사후 세계에 다다르는 과정 말이다. 또 우리의 영혼이 얼마나 큰 힘을 지니고 있는지를 분명히 이해하는 데에도 여태까지 소개한 내용이 도움이 되었을 것이다. 이제 당신의 영혼이 진실로 '누구'인지를 말해드리겠다.

당신의 영혼 — 당신의 의식이나 에고가 아니라 — 은 당신이라는 존재의 가장 핵심적인 본질이며, 따라서 이것이 당신의 삶과 죽음의 모든 측면을 지배한다. 영혼은 당신의 인격과 두려움과 사랑과 열정을 모두 포괄한다. 그것은 당신 안의 파괴될 수 없는 부분이며 아무도 그것에 해를 가할 수 없다. 사람들이 당신의 영혼을 아무리 부숴버리려고 해도 아무런 상처도 입지 않을 정도로 영혼은 강인하다. 영혼의 힘은 육체적인 현상이 아니다. 그것은 온몸으로 맥박치며 퍼져 나가는 순수한 에너지이다.

당신의 영혼은 당신이 장차 지상에서 겪을 모든 일과, 현생과 전생에서 이미 경험한 모든 일의 열쇠를 지니고 있다. 영혼은 웅대한 힘을 지니고 있으므로 당신은 항상 그 힘과 그 힘이 의미하는 것을 존중해야 한다.

괜찮다면, 당신의 영혼 속에 당신의 인격이 들어 있다고 상상하고 또한 영혼이 그 인격을 통해서 당신의 육신이 당신의 본질을 어떻게 표현할지를 관장한다고 상상해보라. 예를 들어, 만약 당신의 영혼이 활기차고 행복하다면 당신은 역동적으로 자신을 표현할 것이다. 그것은 당신의 영혼이 행복의 에너지를 뇌에 투사하고, 뇌는 근육에 신호를 보내어 손과 얼굴이 활기차게 움직이게 하기 때문이다. 이것은 영혼이 '당신 정체성'의 핵심임을 보여준다.

마찬가지로 만약 당신이 슬퍼서 영혼이 아파하고 있다면 당신의 몸은 거기에 반응하여 고통스러운 감정을 표현한다. 영혼이 당신의 모든 것을 좌우하므로 긍정적으로 생각하고 좋은 생각과 감정을 투사하는 것은 매우 중요하다. 영혼이 당신이 하는 생각들을 믿는다면, 당신이 내보내는 생각들은 모두 현실화되고 실체화된다. 이것이 바로 당신의 영혼이 가진 힘이다.

영혼이 지상계에 있는 동안에 일어날 일들과 지상계를 떠나가는 방식은 몇 가지 요소에 의해 결정된다.

어떤 사람들은 '퇴장 시점'이 출생 전에 세워진 계획에 의해 예정되어 있기 때문에 그 시점에 세상을 떠난다. (예정이라는 주제에 대해서는 뒤의 장에서 다루겠다.) 모든 사람이 삶 속에 몇 번의 퇴장 시점을 가지고 있지만 — 마치 고양이에게 아홉 개의 목숨이 있듯이 — 그 선택이 항상 쉽지만은 않다. 어떤 사람들은 다른 사람들보다 더 많은 퇴장 시점을 갖고 있어서 선택의 기회가 더 많다. 이러한 유연성 덕에 우리는 삶의 의지를 통해 어느 정도는 죽음의 시기를 바꿀 수 있다. 예를 들어 나는 상담하면서 불치병과 대항해 싸우면서 회복될 수 있다는 강한 신념을 통해 병을 이겨내고야 마는 사람들을 많이 보았다. 영혼이 그들의 생각을 믿고 몸으로 하여금 회복되도록 신호를 보냈기 때문에 그들은 회복된 것이다.

하지만 일이 항상 그런 식으로만 전개되는 것은 아니다. 불치병에 걸린 사람이 병을 이겨내기로 결심한 것처럼 보이더라도, 진짜 중요한 것은 그가 정말로 그렇게 생각하고 있는가이다. 만약 그렇지 않다면 영혼은 거짓 메시지를 무시해버리고, 몸은 영혼의 신호를 받아들이므로 건강상태는 나빠지기 시작한다. 나는 내담자 중 한 사람에게 이런 일이 일어나는 것을 목격했다.

나는 조지에게 그가 병에 걸렸으며 즉시 병원에 가서 병세를 치료해야 한다고 말해주었고, 그는 내 말을 따랐다. (이런 경우에 나는 "당신은 모든 것을 알기 원하는가?"라는 질문을 매우 진중하게 던진다.) 결국 그는 장암에 걸렸고 몇 달밖에 더 살지 못하리라는 진단을 받았다.

나는 조지가 그 진단을 받은 후에 그를 자주 만났고, 나의 레이키 시술 능력으로 그에게 치유의 에너지를 보내주었다. 하지만 나는 그것을 할 때마다 그의 내부에서 뭔가가 어긋나 있다는 느낌을 받았다. 마치 그가 자신이 정말 회복되리라고 믿고 있지 않은 것 같은 느낌이 들었다.

주변 사람들은 모두 그가 암과의 싸움에서 패배하지 않기를 바랐으므로 조지는 긍정적인 태도를 유지했다. 그는 항상 가족들을 안심시키는 말을 했다. "난 꼭 싸울 거야! 다시 회복되기만 하면 난 이러이러한 것들을 할 테야." 하지만 그를 위해 상담을 하고 치유의 에너지를 보내주는 동안 나는 그가 품은 패배감을 감지할 수 있었고 그가 세상을 떠나리라는 것도 알 수 있었다. 그가 이미 포기했다는 것을 내가 알아챈 지 4주 후, 그는 잠자는 동안에 평화롭게 세상을 떠났다.

조지가 세상을 떠난 지 오래지 않아 그의 딸이 나를 만나러 왔다. 그녀는 아버지가 내가 하는 일에 대해 큰 신뢰를 갖고 있었다고 말하면서 자신의 감정을 정리할 수 있게 도와달라고 했다. 그녀를 위해 상담을 하던 중 조지가 무척 활기찬 모습으로 나타나서, 자신이 병중에 신념을 잃고 세상을 떠나기로 마음먹었었다는 사실을 확인해주었다. 항상 긍정적인 태도를 유지하기는 했지만, 단지 친구들과 가족들에게 그들이 원하는 모습을 보여주고 있었을 뿐, 그의 영혼은 이미 떠나기로 작정했던 것이다. 그는 자신이 세상을 떠날 시점을 스스로 선택했다고, 그리고 아주 평화롭게 사후세계로 옮겨갔다고 말하며 딸을 안심시켰다. 그녀는 아버지가 세상을 떠나고 싶지 않은데도 고통스럽게 떠나야만 했다고 믿고 있었기 때문에 이 말을 듣고 큰 위안을 얻었다.

속박을 벗어나 영의 한가운데로

영혼이 절대로 파괴될 수 없다는 것을 안다면 당신은 죽음의 순간에도 강인함을 유지할 수 있을 것이다. 영혼이 어떻게 육신의 속박을 벗어나는지, 그리고 죽은 후에 당신의 영혼이 무슨 일을 겪는지가 지금부터 이야기할 주제이다.

내가 이미 말했듯이, 영혼은 은빛 코드를 통해 에너지적으로 육체와 이어져 있다. 체외이탈(OBE)이나 임사체험(NDE), 혹은 아스트랄 여행을 해본 많은 사람들이 자신의 머리, 가슴, 등, 혹은 아랫배로부터 뻗어나오는 은빛의 코드, 곧 밧줄 같은 것을 보았다고 보고했다.

이 은빛 코드는 당신의 일곱 개의 차크라와 각각 연결되어 있다. 차크라는 신체의 에너지 중추 역할을 하는 에너지의 소용돌이이다. 은빛 코드는 어머니 뱃속의 태아에게 영양분을 공급해주는 탯줄처럼, 영혼이 당신의 몸에 에너지와 정보를 공급해주는 생명선이다.

잠들어 있는 동안 당신의 영혼은 몸이 병이나 트라우마로부터 회복될 수 있도록, 혹은 여행을 통해 중요한 교훈을 얻을 수 있도록 몸을 떠나 여행을 하곤 한다. 가르치는 사람으로서, 나는 자주 내 몸을 떠나서 다른 사람들이 영성의 세계를 이해할 수 있도록 도와주곤 한다. 꿈에서 어떤 사람을 만난 후에, 그 사람이 내가 꾼 것과 같은 꿈을 꾸었다는 얘기를 듣는 것은 나에게 비일비재한 일이다.

은빛 코드는 유연하고 내구성이 있기 때문에 아주 먼 거리까지도 늘어날 수 있고 빈번한 아스트랄 여행도 감당할 수 있다. 하지만 어느 정도 먼 거리를 여행하게 되면 은빛 코드가 곧 당신의 영혼을 잡아당겨서 물질계에 존재하는 육체에 안정적으로 묶여 있게 한다. 그러나 사후세계로 건너갈 준비가 되었을 때는 이것도 변하기 시작한다.

이 전환과정 중에는 영혼으로부터, 혹은 영혼과 연결된 차크라로부터 몸에 공급되는 에너지가 줄어들기 때문에 당신은 육체적으로 약해진다. 오라aura(외부로 표현된 에너지체)도 변하기 시작한다. 오라 역시 주요 차크라들과 깊은 관련을 맺고 있으므로 차크라들도 영향을 받게 되고, 이것은 은빛 코드를 더욱 약화시킨다. 영혼이 육신을 떠나서 위로 올라가기 시작하면 약화된 은빛 코드는 끊어져버린다. 이 일이 일어나면 당신은 더 이상 육체와 연결되어 있지 않으며 죽음을 되돌릴 수 없게 된다. 당신의 진정한 여행은 이때부터 시작된다.

비극적인 사고로 인해 트라우마와 죽음이 일어날 경우에도 은빛 코드가 끊어지지만, 코드는 주로 고통스러운 충격이 일어나기 이전에 끊어져버린다. 전에도 말했듯이, 이는 영혼으로 하여금 갑작스러운 죽음이 닥칠 때 육체가 경험하는 극심한 고통을 겪지 않게 하기 위함이다. 나는 상담 중에 세상을 떠난 이의 영이 와서 그가 실제로 충격을 받기 이전에 숨을 거두었다고 증언해주는 것을 많이 보았다. 앞장에서 언급했던, 젊은 아들을 오토바이 사고로 잃은 어머니 케이와의 상담을 통해서도 알 수 있다.

당신이 몸을 떠나고 은빛 코드가 끊어지고 나면 영혼은 자신을 오랫동안 속박했던 몸으로부터 해방되면서 짜릿한 희열을 느낀다. 어떤 경우에는 영혼이 몸 밖으로 재빨리 뛰쳐나오기도 한다. 다른 경우에는 더 천천히 나오기도 한다. 어느 경우든 간에, 은빛 코드가 끊어지고 나면 마침내 육신과의 시간은 끝난 것이다. 이제 당신의 영혼은 실로 자유롭다. 마치 개가 털에 묻은 물을 털어내듯이, 당신은 육체를 털어내어 뒤에 남겨둔 채 떠나게 된다.

흰빛을 택하기

은빛 코드가 끊어지고 나면 대부분의 영혼은 베일을 통과하여 흰빛을 향해 간다. 이것은 영혼이 내리는 선택이다. (나도 임사체험 중에 분명히 흰빛을 향해 가기를 선택했다). 이 방향을 택하지 않는 영혼들은 뒤에 남아서 '소용돌이'라고도 불리는, 지상계도 아니고 사후세계도 아닌 곳에 갇히게 된다. 다음 장에서 뒤에 남는 이 영혼들이 맞이하게 되는 운명에 대해서 자세히 설명할 것이지만, 여기서는 당신이 베일을 통과하여 흰빛을 향해 갈 경우 어떤 일들을 겪게 되는지에 대해서 이야기하고자 한다.

영계는 다른 차원과 다른 시간에 속해 있지만, 우리의 세계에서도 영계를 접하는 것이 가능하다. 선형적이고 공간적인 용어를 사용하자면 상담 중에 들어오는 영들은 대부분 물질계에 속한 우리로부터 약 90센티미터 정도 떨어져 있으나 더 높은 진동수의 다른 차원에 속해 있다. 몸을 떠나는 영혼도 20도나 30도 각도로 몸을 빠져나가서 몸으로부터 90센티미터 정도 떨어진 지점으로 이동한다. 여기서 영혼은 시종일관 인도령들의 보호를 받으면서 베일을 통과하여 흰빛 속으로 나아간다. 장로 조시야는 이렇게 말했다.

"마법의 흰빛은 인간의 눈을 멀게 할 수 있지만 우리에게는 모든 지식을 초월한 순수한 사랑을 의미하며, 앞으로 올 것의 예시이다."

흰빛에 다다르기 전, 당신은 터널처럼 생긴 구조물을 통과하게 된다. 이것은 당신이 상상하는 것처럼 어둡고 음침한 터널이 아니다. 오히려 에너지의 물결이 터널을 통과하여 흐르고 있는 것처럼 빛난다. 더운 날 엔

진이 가동되어 있는 자동차의 보닛 너머로 멀리 있는 물체가 아지랑이에 싸여 있는 것처럼 보이는 모습을 상상해보라. 당신의 여정이 시작되었음을 알려주는 터널을 지나갈 때도 당신은 그런 광경을 보게 될 것이다. 당신은 저세계의 빛을 볼 수 있게 될 것이며, 마치 자석에 이끌리듯이 그 빛나는 터널 속으로 끌려들어가 통과하면서 앞쪽에 있는 눈부신 흰빛을 향해 점점 더 가까이 다가가게 된다.

이 전환과정 동안 쭉 당신은 저편에서 당신을 기다리고 있는 사랑하는 이들을 볼 수 있다. 그들은 손을 뻗으면 닿을 것처럼 가깝게 보이지만 이는 터널을 통과한 후에야 가능한 일이다. 당신은 이승에서 만난 적이 있는, 이미 세상을 떠난 사람들도 알아볼 수 있을 것이다. 그들은 마치 당신이 예전에 방문한 적이 있는 곳으로 돌아오는 듯이 — 그리고 실제로 당신은 그곳을 방문한 적이 있다! — 편안하고 환영받는 느낌이 들게 해준다.

흰빛 속으로 들어서는 즉시 당신은 평화와 사랑의 느낌으로 충만해질 것이다. 조시야는 이에 대해서도 더 자세한 설명을 해준다.

"흰빛은 밝고 순수하다. 흰빛을 통과할 때 그대는 다른 차원으로 이동하게 된다. 빛은 그대를 치유해주고 그대가 전환의 과정에서 느끼게 되는 감정들 — 두려움, 트라우마, 고통, 혹은 가슴 아픔 등을 위시한 모든 상처 — 을 마치 옷 벗듯이 벗어버리도록 도와주기 위해 그곳에 있다. 흰빛 속에서 그대는 죽음으로 인한 모든 육체적 고통으로부터 치유받고 삶의 다음 단계들로 나아가기 위한 준비를 갖춘다."

죽음의 순간에 어떤 충격이나 고통스러운 기억이 있었다면 그것은 흰빛을 통과하면서 모두 완화된다. 사후세계에 도달하면 더욱 깊고 완전한 치유의 과정을 경험하게 되지만, 흰빛을 통과하는 것은 치유의 첫 단계로서 앞으로 일어날 일들을 위해 준비를 갖추게 해준다.

보시다시피, 이승을 떠나 사후세계로 나아가는 과정은 두려워할 필요가 전혀 없음을 알 수 있다. 우리가 지상에서의 삶을 시작하기 전의 상황을 기억하지 못하기 때문에 이 전환을 두려워하는 것뿐이다. 하지만 영혼이 몸을 떠나는 순간, 당신은 본능적으로 무엇을 해야 할지를 안다. 당신은 전에도 이 과정을 경험한 일이 있어서, 자전거 타는 법을 한 번 배우면 절대로 잊지 않듯이 이것을 결코 잊어버리지 않는다. 이 지식은 당신의 잠재의식 속에 숨겨져 있다가 세상을 떠날 때 다시 기억된다. 그래서 의식이 완전히 깨어나면 모든 두려움이 사라진다. 더군다나 영혼이 베일을 통과하여 흰빛으로 들어가는 데에는 지구의 시간으로 약 5초밖에 걸리지 않는다. 그러니 이것은 빠르고 쉬운 과정이다!

꼭 알아야 할 중요한 사실은 우리 '모두가' 사후세계로부터 왔다는 것이다. 그래서 사후세계로 다시 들어가는 일은 매우 친숙하게 느껴진다. 전환과정을 앞두고 지상에서의 삶을 떠나기를 원하는 사람들은 흔히 "집에 가고 싶다"고 말하곤 한다. 그렇다. 영혼은 자유의지를 갖고 있어서 상황에 따라 달리 반응한다. 하지만 가장 큰 혼란에 빠진 영혼을 포함해서 모든 사람은 궁극적인 치유와 성장을 향해 나아가게 된다.

모든 영혼이 사후세계에서 궁극적으로 용서와 평화의 여정을 경험하게 되지만, 개중에는 지상계와의 연으로부터 자유로워진 후에도 흰빛을 향해 바로 나아가지 않는 영혼들도 있다. 대부분의 경우 그것은 그 영혼들이 미처 끝내지 못한 일들을 아직 지상계와 가깝게 연결되어 있는 동안에 마무리 짓고 싶어서 남아 있기로 선택했기 때문이다. 이 선택은 그 영혼들로 하여금 두 세계 사이에 갇혀서 결국 구조를 받아야 하는 상황에 처하게 만들 수도 있다.

소위 귀신, 혹은 유령이라고 불리는 이 영혼들, 그리고 흰빛을 통과할 수 없는, 혼란에 빠진 '어두운' 영혼들의 운명에 대해서는 다음 장에서 설명한다.

제6장

천국과 지옥 – 두 가지 다른 길

사후세계로 들어가는 대부분의 영혼들은 죽음 이후에 바로 흰빛을 통과한다. 하지만 어떤 영혼들은 다른 길을 택한다. 이들 중 어떤 영혼들은 미처 끝마치지 못한 일들을 해결하기 위해 뒤에 남거나, 혹은 두 세계 사이의 소용돌이에 갇혀서 도움 없이는 헤어나오지 못해서 뒤에 처져 있기도 한다. 또 어떤 영혼들은 처음부터 흰빛을 향해 가지 못하고 또 다른 치유의 차원으로 그들을 데려다줄 다른 입구를 먼저 지나가야만 한다. 이들은 혼란에 빠진 영혼들로서, 그들이 사후세계에서 겪게 되는 여정은 다른 많은 영혼들의 여정과 다르다. 전통종교들은 이들의 운명을 '지옥'이라는 개념으로 설명한다. 이 '지옥'은 흰빛이 표상하는 '천국'의 반대처럼 보인다.

이 장에서 나는 영혼들의 두 가지 여정을 설명하겠다. 즉 흰빛을 통과하여 전환해가기 전에 잠시 동안 뒤에 남아 있기로 한 영혼들과, 아예 순수한 흰빛을 통과하지 않고 다른 경로를 통해 사후세계에 도달하는 영혼들이 경험할 과정을 설명하겠다.

출몰하는 유령들

앞서 말했듯이 영혼은 더 이상 은빛 코드를 통해 육신과 연결되어 있지 않은 상태에서도 여전히 개인적인 인격과 경험을 지니고 있다. 이것은 저세상으로 건너가는 과정에서 영혼이 내리는 결정과 선택에 영향을 미친다. 그리고 온갖 텔레비전 쇼들이 묘사하는 것과는 달리, 영혼은 언제나 자신의 자유의지에 따라 세상을 떠난다. 단 한 번도 강제적으로, 혹은 속임수에 넘어가서, 혹은 조종당해서 저승으로 건너가는 일은 없다. 반드시 영혼 측에서 건너가기를 원해야만 한다.

처음 몸을 떠날 때 영혼은 자유를 새로이 발견한 듯한 느낌을 느낀다. 영혼은 그가 좋아하지 않았을 수도 있는 육체적 제약으로부터 해방되고, 고통과 고난으로부터 해방되며, 삶의 여정에서 떠안아야만 했던 여러 가지 문제들로부터도 해방된다. 육신으로부터 해방되었을 때 영혼이 어떻게 느낄지를 이해하려면 전신에 깁스를 하고 오랜 시간 동안 갇혀 있다가 갑자기 해방이 되어서 아무런 제약도 받지 않고 움직일 수 있게 된다고 상상해보라. 이 느낌을 백 배로 증폭하면 몸을 빠져나왔을 때 느낄 해방감을 조금이나마 이해할 수 있을 것이다.

하지만 모든 영혼이 지상계를 떠나 흰빛 속으로 들어갈 준비가 되어 있는 것은 아니다. 어떤 영혼들은 비탄에 빠져 있는 사랑하는 이들을 돕기 위해서, 또는 남아 있는 사람들이 이 상황과 관련된 여러 가지 사실들을 이해할 수 있도록 도움을 주기 위해서 남아 있어야 한다고 믿기도 한다.

나는 자신이 죽었다는 사실을 깨닫지 못하고 아직도 이승에서 살고 있는 듯이 삶을 영위하려고 애쓰는 영혼들을 만난 적도 있다. 그리고 아주 드물게는, 저승에 무엇이 있을지, 혹은 사랑하는 이들이 어떻게 반응할지가 두려워서 사후세계로 건너가고 싶어하지 않는 영혼을 만나기도 했다.

이유야 무엇이든 간에 뒤에 남는 영혼들은 ― 선택에 의해서든 혹은 지상계와 사후세계 사이에 있는 소용돌이에 갇혀서든 ― 유령출몰 현상의 원인이 된다. 오래된 집이나 중세의 성을 방문할 때, 방이나 복도에 어떤 존재가 있는 것처럼 느껴지는 것 같은 유령출몰 현상을 경험하는 사람들이 있다. 그 느낌은 실재하는 것일 수 있다. 실제로 대부분의 경우 그것은 그곳에 살던 사람이 떠나고 싶지 않아서 육신을 떠난 이후에도 그곳에 남아 있기로 결정한 것이다. 이런 영혼들을 우리는 '유령'이라고 부른다.

알아야 할 것은, 어떤 존재가 있는 것처럼 느껴진다고 해서 반드시 유령출몰을 경험한 것은 아니라는 것이다. 대신 그 장소에서 일어났던 사건의 에너지적인 흔적을 느끼는 것일 수도 있다. 이를테면 금방 문을 연 쇼핑몰을 걸어 다녀보면 어떤 기운이 존재하는 것을 느낄 수 있다. 이것은 무수한 사람들이 날마다 그곳을 들락거리면서 같은 길을 걸어 다니기 때문이다. 그러면서 그들은 에너지의 흔적을 남긴다. 그러니까 당신이 느끼는 것은 그 공간에 남아 있는 에너지의 '잔유물'과 같은 것이다.

다시 말해서, 무언가 이상한 느낌이 든다고 해서 그것이 다 유령출몰 현상은 아니라는 것이다. 살아 있는 존재들이 남긴 에너지 흔적을 감지하는 경우도 있는 것이다. 조시야는 남아 있는 영혼들은 혼란에 빠진, 즉 떠나기 싫어하는 영혼들이라는 설명으로써 그 차이를 말해준다.

"흰빛을 기피하는 영혼들은 혼란에 빠져서 앞으로 나아가지 못하는 영혼들이다. 그들은 죽음에 대처하지 못한다. 출몰하는 '유령'은 바로 이들이다."

유령들, 곧 떠나기 싫어하는 영혼들은 저세계에 있는 스승들과 인도령들의 도움을 받아서 흰빛으로 건너갈 수 있다. 인도령 벤은 뒤에 남은 영혼들을 돕는 일에 대해 다음과 같이 이야기한다.

"우리는 그들에게 사후세계로 건너가서 그들이 누릴 수 있는 삶 — 특히 그로 인해 얻게 되는 행복과 사랑 — 이 어떠한 것인지를 보여줌으로써 그들을 돕는다. 어떤 영혼들은 그것을 받아들이고, 어떤 영혼들은 받아들이지 않는다. 어떤 영혼들은 얼른 쉽게 건너오지만 어떤 영혼들은 저항한다. 우리는 우리가 할 수 있는 일을 할 뿐이다. 어떤 이들에게는 건너오지 않고 남아 있는 편이 훨씬 더 낫게 느껴지기도 한다. 저승에 있는 자신의 적이나 악마들을 대면할까봐 겁내는 혼란에 빠진 영혼들에게는 특히 그러하다."

나는 개인적으로 유령출몰을 많이 경험했다. 다음의 예들은 이 현상을 더 잘 이해할 수 있게 해줄 것이다.

— 내가 〈죽은 사람들과 함께 살기〉라는 텔레비전 쇼를 촬영할 무렵, 우리는 캘리포니아 주 산타 폴라에 있는 글렌 태번 여관에서 일어나곤 한다는 유령출몰 현상을 조사한 적이 있었다. 여관의 관리인인 모니카가 307호실에 나를 들여보내 주었을 때 나는 거의 즉시, 떠나기를 거부하는 한 여인의 에너지를 느낄 수 있었다. 모니카는 몇 년 전에 이 여관에서 해명되지 않은 살인사건이 일어났었다고 귀띔해주었다. 알고 보니 내가 느낀 것은 죽은 후에도 뒤에 남아서 살인자를 찾고 있는, 살해당한 여성의 영혼이었다. 그 사건 이후로 그녀는 계속해서 여관에 나타나곤 했다. (그

날 밤 나는 여관에서 다른 많은 영들과 교신해야 했다. 유감스럽게도 그녀는 떠나기를 거부했기 때문에 나는 이 영혼이 앞으로 나아가도록 도와줄 수 없었다. 실은 내가 알아채기도 전부터 나를 통해 들어오기를 원했던 다른 영혼도 하나 있었다. — 바로 그 방에서 도박을 하다가 총에 맞아 죽은 한 남자의 영혼이었다.)

— 나는 아이들 방에서 이상한 일이 일어나는 영국의 한 가정으로부터 집을 조사해달라는 요청을 받았다. 전기 플러그가 뽑혀 있고 배터리가 들어있지 않음에도 불구하고 한밤중에 전자 장난감들이 갑자기 작동하기 시작하거나, 전등이나 텔레비전에 갑자기 불이 들어왔다가 나갔다가 한다는 것이었다.

첫 번째 방문은 낮에 이루어졌다. 나는 아무것도 감지할 수가 없었다. 하지만 그 집의 안주인으로부터 전해지는 불안해하는 느낌을 통해 무슨 일인가가 일어나고 있다는 것은 알 수 있었다. 나 역시 한 어머니였기 때문에 그것을 무시할 수 없었고, 그것이 무슨 일이 틀림없이 일어나고 있음을 의미한다는 것도 알고 있었다. 그래서 그날 저녁 9시쯤에 다시 그 집에 되돌아가서 그 이상한 현상들을 직접 목격했다.

몇 가지 조사를 통해 나는 1940년대 초반에 그 집에서 일어난 화재로 인해 아이들 두 명이 세상을 떠났었다는 사실을 알아냈다. 그들의 어머니는 살아남았지만 그 비극적인 사고 이후에 곧 이사를 갔다. 아마도 아이들 없는 그 집에 남아 있는 것이 견디기 힘들었기 때문이었을 것이다. 하지만 아이들의 영혼은 뒤에 남아 있었다. 지난 50년간 아이들은 어머니까지 불에 타죽는 일을 막기 위해 어머니를 찾아 헤매고 있었다. 이 길 잃은 영혼들은 지금 그 집에서 살고 있는 아이들이 가지고 있는 장난감들을 갖고 놀기를 좋아했는데 그 때문에 이상한 현상들이 일어나곤 했던 것이다. 예를 들면, '유령이 출몰하는' 텔레비전은 항상 만화영화 채널에 맞춰져 있었다. 영혼들도 보통 아이들처럼 그것을 좋아했기 때문이다.

나는 이 유령 아이들을 잘 달래서 대화를 유도했다. 이를 통해 나는 그들이 베일을 통과하도록 인도할 수 있었다. 아이들은 놀기 위해 끊임없이 뛰어다녔기 때문에 그들과 대화하는 일은 쉽지 않았다. 고맙게도 인도령 벤이 나를 도와 사고가 일어난 후 현재에 이르는 사이에 아이들의 어머니는 이미 세상을 떠나서 저 세상으로 건너갔다는 사실을 알려주었다. 그녀는 아이들이 건너올 수 있도록 도와주려고 애썼지만 아이들은 그녀의 말을 듣지 않았다. 그들은 이 집의 장난감을 갖고 노는 재미에 너무 푹 빠져 있었던 것이다!

떠나기 싫어하는 영혼으로 하여금 저 세상으로 건너가게 하려면 언제나 타협의 과정이 필요하다. 도움이 요구되는 것은 이 때문이다. 벤은 어린아이들에게 터널을 통해 흰빛으로 가는 길을 보여줌으로써 나에게 필요한 도움을 주었다. 아이들은 마침내 어머니가 저편에서 기다리고 있는 것을 볼 수 있었다. 처음에는 그들도 믿으려 들지 않았지만 약간의 설득을 통해서 베일을 건너 어머니의 품으로 갈 수 있었다. 영혼들의 놀이 때문에 혼란에 빠져 있던 가정은 마침내 정상으로 돌아오게 되었다.

― 현대 기술의 발전은 죽음 이후의 삶이 있다는 것, 영혼이 존재한다는 것, 그리고 가끔씩은 영혼들이 두 세계 사이에 갇혀 있음을 증명하는 데에도 도움을 준다. 이를 증명하기 위해서 자기장 탐지장치와 그 밖의 전자기기를 이용하여 유령을 찾으러 가는 텔레비전 쇼들이 많이 생겨났다. TAPS(대서양 초자연현상 연구회)의 태평양연안 지부 회원인 내 친구 덕택에 나는 육신으로부터 분리된 영혼들의 에너지 흔적을 감지하는 데에

이런 장치들이 실제로 어떻게 사용되는지를 잘 알 수 있게 되었다.

내 친구들은 이런 장치들을 사용해서 한 영이 누군가에게 말하는 것을 녹음하여 들려주었는데, 나는 그 영이 하는 말을 또렷이 들을 수 있었다. 영들이 이런 장치들을 통해 보내주는 정보들을 조사해보면 괴이할 정도로 정확한 결과가 나온다고 한다.

초자연현상 연구회의 그러한 조사활동 중에, 한 '질문자' — "누구 거기 있나요?"라고 물은 후 "당신은 누구인가요?"라고 묻는 사람 — 가 조사 중에 그와 대화를 나누던 영의 이름을 알아내려고 하다가 특이한 상황이 벌어졌다. 한 15분 정도 가볍고 유쾌한 대화를 주고받는 동안 질문자는 계속 영의 이름의 철자를 제대로 알아듣지 못했는데, 그러자 영은 무시하는 투로 분명하게 "이런 멍청이같으니라구!"라고 소리친 것이다.

저세상으로 건너간 영혼은 보통 그런 무례한 말을 하지 않는다. 하지만 아직 사후세계로 건너가지 못한 채 지상에서 지녔던 형체에 갇혀서 생전처럼 생각하는 영혼들의 경우엔 분명히 그럴 수 있다. 그런 영혼들은 대부분 고집이 세기 때문에 그들을 다루는 것은 쉽지 않다. 특히나 그들은 아직 흰빛을 통과하지 않았고 치유의 여정을 시작하지 않았기 때문에 더욱 그러하다.

심령적 공격으로부터 자신을 보호하기

어두운 삶을 살았던 영들이 나를 찾아올 때도 가끔 있지만 이들은 사후세계에서 이미 치유의 과정을 거쳤기 때문에(이에 대해서는 3부에서 더 자세히 설명하겠다), 나에게 올 때 그들은 자신의 가장 높은 상태에 있다. 이 치유 덕분에 그들과의 모든 교류는 매우 순수하고 솔직하다.

하지만 아직 흰빛을 통과하지 않아서 어두운 면을 가지고 있는 영들을 만나기도 한다. 이런 영들과 작업할 때는 자신을 확실히 방어하고 인도령들의 도움을 받아야 한다. 이로써 나의 안전을 확보하고 부정적인 에너지가 나에게 달라붙는 것을 막을 수 있다. 그러지 않으면 심령적인 공격을 받아서 에너지가 완전히 소진되어버리기도 한다.

물건으로 꽉 차 있거나 감당이 안 될 정도로 어지러운 방이나 집에 들어섰는데 뭔가가 심상찮다는 느낌을 느낀 적이 있는가? 그 집에서 나오면서 피곤하거나 힘이 빠지거나 슬픈 느낌이 들었던 적이 있는가? 그렇다면 당신도 이런 공격을 받은 것일 수 있다.

부정적인 에너지가 느껴진다면 반드시 그것을 영적으로 정화해야 한다. 가장 손쉬운 방법은 아메리카 원주민들이 잘 쓰는 약초인 하얀 세이지를 태워서 방이나 사람들의 오라를 정화시키는 것이다. 스머징 smudging, 곧 훈연燻煙이라 불리는 이 방법은 그 공간에 있는 부정적인 영들을 정화시키는 옛 의식이다. 나는 부정적이거나 무거운 에너지를 갖고 있는 사람과 함께 있거나 무거운 느낌이 드는 방에서 작업을 해야 할 때면 이 방법을 자주 쓰곤 한다.

나의 첫 번째 책 《죽은 사람들과 함께 살기》에서 나는 내가 경험해본 부정적 에너지들 중 가장 충격적이었던 예를 소개했다. 그 책을 읽지 않은 독자들을 위해 다시 이야기하겠다.

어느 금요일 날 저녁에 친구 한 명이 우리 집에 와 있었다. 당시 다섯 살이었던 찰리는 엄마 침대에서 자고 싶어했다. 이런 일은 매우 드물었기 때문에 나는 하룻밤 선심 쓰는 셈 치고 그렇게 하라고 했다.

새벽 2시경 내 친구가 떠날 준비를 하고 있을 때 우리는 찰리가 큰소리로 비명을 지르는 것을 들었다. 나는 2층으로 뛰어 올라가서 찰리가 침대 위에 꼿꼿이 앉아서 창문 위 벽의 한 지점을 뚫어지라 쳐다보고 있는 것을 발견했다. 그곳에는 한 남자의 그림자가 드리워져 있었는데 마치 커다란 칼을 휘두르며 내 아들을 공격할 것 같은 모습이었다.

찰리가 부들부들 떨고 있었기 때문에 나는 아이를 꼭 끌어안고서 그 그림자의 주인공을 찾으려고 방 안을 둘러보았다. 하지만 내가 다시 돌아보았을 때 그 그림자는 아무것도 없는 빈 벽만 남겨놓고 사라져버렸다. 아들을 안고 아래층으로 내려가자 내 친구는 거실 소파에 앉은 채 끔찍한 충격에 떨고 있었다. 그녀는 방금 어두운 안개 같은 것이 계단을 내려와서 바로 자기 앞을 지나서 부엌을 향해 뛰어나가는 것을 보았다고 말했다.

나는 그날 밤은 다른 곳에서 보내고 다음날 돌아와서 밝은 대낮에 무슨 일인지 알 수 없는 이 일을 처리하기로 마음먹었다. 나는 내가 이 일을 해결할 수 있다는 것을 알았고 두렵지는 않았지만 찰리가 이 집에서 자는 것은 원치 않았다. 그는 민감한 아이였고 이 어둡고 사악한 에너지로 인해 이미 충분히 충격을 받았기 때문이었다.

이튿날 나는 집에 도사리고 있는 영을 혼자 힘으로 처리하기 위해 찰리를 부모님께 맡기고 집에 돌아와서 몇 건의 상담을 마쳤다. 내 경험에 의하면 이 영혼은 나와 소통하지 않고서는 떠나지 않을 것이 분명했다.(지상에 남는 영들은 대개가 그렇다. 그들은 어떤 메시지를 전하고 싶어하기 때문에 메시지가 전달될 때까지 남아서 장난을 치곤 한다.)

생각했던 대로 그 영은 돌아왔다. 나는 상담하는 방에서 명상을 하며 앉아 있던 중에 그가 도착하는 것을 느꼈다. 나는 위층으로 올라가서 그가 나타났던 방으로 들어가 그 영과 대화를 나누기 시작했다. 그는 이름이 지미라고 말하고, 자기가 재혼한 아내가 데리고 온 세 어린 딸들을 학대했었다고 말했다. 그리고 딸들의 이름을 알려주었다.

나는 그에게 왜 내 아들을 그토록 놀라게 했느냐고 물었다. 그는 자신은 어린아이들의 주의를 끄는 방법밖에 모르는데 나의 주의를 끌기 위해서 무슨 짓이라도 해야 했다고 말했다. 그의 논리가 그럴듯하다고 생각하면서도 나는 그 말을 듣고 불쾌한 기분이 들었다. '그래, 그래서 내 아들을 이용하다니 참 잘했군!'

지미는 자신이 자살을 했으며 부모님을 만나면 어떤 꾸중을 들을지 두려워서 저세상으로 건너가고 싶지 않았다고 말했다. 알고 보니 그가 그의 수양딸들을 학대했던 것처럼 그의 부모도 그를 학대했던 것이다. 그는 저세상으로 건너가면 영계에서 그 부모님과 함께 갇혀서 끔찍한 상황에 처하게 되리라고 생각하고 있었다.

지미는 그 두려움으로부터 치유되기를 원했으나 그는 깊은 혼란에 빠진 영혼이어서 치유가 일어나려면 흰빛으로 나아가야만 했다. 그는 나의 설득과 벤과 다른 인도령들의 도움을 통해서 마침내 그렇게 했다. — 그는 흰빛을 향해 건너가서 생시에 그를 학대자들로부터 떼놓기 위해 상황에 개입했었던 보호자인 인도령의 품으로 들어갔다.

이 영혼은 자기가 수양딸들을 학대한 일과 자신이 택한 죽음의 방식에 대해서 스스로 미안해하고 있음을 가족들에게 전해달라는 부탁을 하려고 나에게 온 것이다. 그가 이제는 안전한 곳에서 영의 치유를 받고 있다는 것을 아니 안심이 됐다. 그리고 한편 이 일은, 영혼이 과거의 행실 때문에 질책당할까봐 두려워서 뒤에 남으려고 하기도 한다는 사실을 깨닫는 계기가 되었다.

끝맺지 못한 일들

지상에 남아서 미처 끝내지 못한 일들을 처리하고 싶어하는 영혼들은 두 세계 사이의 공간인 소용돌이에 거처한다. 두 장의 유리가 있다고 상상해보라. 한 장은 지상계이고 다른 한 장은 영계이다. 두 장의 유리 사이에 있는 공간이 곧 소용돌이 영역인데 영들은 이곳에 발을 붙이고 머무를 수 있다. 이렇게 해서 세상을 떠난 영혼들이 우리의 세상에 발을 걸치고 우리와 통신할 수 있게 되는 것이다.

이 영혼들이 소용돌이 속에 갇혀서 결코 흰빛을 통과하지 못하도록 붙들려 있는 것은 아니다. 그들은 머물기를 택할 수도 있고 떠나기를 택할 수도 있다. 하지만 만약 거기에 너무 오래 있으면 그곳에 갇히게 되어 끝맺지 못한 일을 다 해결하기 전에는 움직일 수가 없게 된다. 이런 식으로 영혼들을 머물게 만드는, 끝맺지 못한 일의 예로는 살인사건이 일어났을 때 살해당한 사람의 영혼이 범인이 누구인지를 알고 있는 경우가 있다. 이럴 때 영혼은 그곳에 머물면서 가족들이 증거를 수집할 수 있도록 돕곤 한다.

소용돌이 속에 있을 때 영혼들은 때로는 지상계에 살고 있는 사람의 눈앞에 단서를 놔두거나, 그들이 필요로 하는 도움을 주기 위해 물체에 영향을 미치기도 함으로써 자신을 드러낼 수 있다. 그러나 이런 일은 대개 극단적인 경우에만 일어난다. 대부분의 영혼들은 자신의 요구나 제공하기 원하는 정보를 사랑이 담긴 부드러운 방식으로 전한다.

몇 년 전에 내가 미국 동부에서 쇼를 하던 중에 나타났던 영혼이 바로 이런 경우에 속한다. 데이브는 살해를 당한 후 살인범이 잡히지 않았기 때문에 소용돌이 속에 갇혀 있었다. 그는 객석에 있는 한 사람과 대화를 나누고 싶어했는데 나는 그게 누군지를 알 수가 없었다. 그래서 그냥 "데이브"라고 그의 이름을 말했더니 놀랍게도 그의 딸이 대답을 했다. 그녀는 아버지가 자신과 통신을 시도하리라고는 생각도 못했다고 했다. 아마도 아버지가 비극적으로 죽은 지 몇 주일도 채 지나지 않았기 때문이리라.

베일을 아직 통과하지 않은 영들은 아주 강렬하게 나타날 수 있다. 지상의 인연을 아직 다 털어내지 않은 것이 큰 이유이다. 그들은 통신을 위해서 주변에 있는 에너지를 다 동원하기 때문에 무척 강력하다. 이 때문에 나는 작업할 때 주변에 있는 건전지들의 에너지가 쭉쭉 빠져나가서 적어도 다섯 시간은 쓸 수 있는 장비들이 몇 분 만에 나가버리는 일을 종종 겪곤 한다. 이것이 내가 하는 작업의 문제요소라서, 나는 이에 대비하기 위해 마이크의 비상용 건전지를 항상 준비해둔다.

데이브는 존재감이 매우 강렬했는데, 그는 자신이 두 세계 사이의 소용돌이 속에 있다는 것을 나에게 보여주었다. 엄밀히 말하자면 그는 갇혀 있는 상태가 아니었다. 그는 살인 사건의 수사를 돕기 위해서 남기로 선택한 것이었으며 일이 해결되면 곧 건너가려고 마음먹고 있었다. 나는 청중석에 있는 그의 딸과 대화를 나누면서 그가 말해준, 사건 해결의 실마리가 될 세부사항을 전해주었다. 그녀는 내가 전달해주는 이름들과 날짜들에 귀를 기울였지만 내가 하는 말들의 의미를 전혀 모르겠다는 반응을 보였다. 이것은 살인과 같은 미해결 사건의 해결을 도울 때면 비일비재하게 일어나는 일이기 때문에 이런 반응이 나올 때면 나는 항상 그들에게 그 메시지의 의미를 깨닫기 위해 자신의 숙제를 할 것을 부탁한다.

데이브의 딸은 아직 아버지의 죽음으로 인한 충격에서 헤어나지 못했기 때문에 내가 준 정보를 다 기억할 수 있는 상태가 아니었다. 그녀는 거의 아무것도 받아들이지 못했다. 다행히도 그녀 옆에 앉아 있던 한 친절한 여자가 후일 수사를 진전시키는 데 도움이 되도록 이름들과 사실들을 자세하게 메모해서 그녀에게 건네주었다.

3주쯤 후에 나는 데이브의 살인사건을 수사 중인 한 사립탐정으로부터 전화를 받았다. 그는 몇 가지 새로운 정보를 발견했지만 아직 그것이 사실인지를 검증할 수가 없어서 데이브의 가족들에게는 알리지 않았다고 말했다. 그가 단서를 모으고 있을 때 데이브의 딸이 내 상담을 통해서 전달된 정보가 적힌 메모를 그에게 전해줬다. 그는 메모의 내용이 자신이 발견한 사항들과 일치했으며 그것이 그가 데이브의 실제 살인범을 정확하게 짚었음을 확증해주었다고 했다. 메모의 내용은 그가 필요로 하는 단서들을 찾는 데 큰 도움이 되었다. 나는 정보를 데이브의 딸에게 건네면서도 그 의미를 전혀 알지 못했다. 나는 내가 받는 정보들을 해석하거나 이해하려고 노력하지 않는다. 단순히 직역하듯이 전달할 따름이다.

내가 상담 중에 제공한 정보를 바탕으로 사립탐정은 결국 필요한 증거를 다 찾을 수 있었고 이를 통해 데이브 살인범의 유죄선고를 받아낼 수 있었다. 나는 일의 진행과정과 내가 한 역할에 대한 감사의 메시지가 담긴 이메일을 받기 전까지 이 결과에 대해서 알지 못했다. 이 메시지를 읽다가 나는 낯익은 영이 주변에 있는 것을 느낄 수 있었다. 바로 데이브였다. 그는 자신이 저 세상으로 건너가서 흰빛 속에 있는 모습을 내게 보여주었다. 그는 그의 가족들과 친구들이 위험으로부터 안전하다는 것을 안 후에 사후세계에서의 여행을 계속할 수 있었다.

구조 작업

어떤 경우에는 소용돌이 속에 있는 영혼들이 스스로의 힘으로는 흰빛으로 들어갈 수가 없게 되어서 구조를 필요로 하기도 한다. 나는 주로 잠든 중에 아스트랄 여행을 통해 다른 차원으로 가서, 저세상으로 건너가는 데 도움을 필요로 하는 영혼들을 구조하는 일을 한다. 나는 이 일을 수년 동안 해왔다. 하지만 내가 이런 일을 한다는 것을 깨닫기 전에는 내가 왜 상쾌한 기분으로 깨어나지 못하고 긴 잠을 잔 후에도 완전히 녹초가 되어서 일어나곤 하는지 어리둥절하기만 했었다.

하루는 명상 중에 벤이, 내가 몇몇 길 잃은 영혼들과 지상계 사이의 연결고리라는 사실을 말해주었다. 그리고 사랑하는 사람들에게 메시지를 전달하는 데 필요한 도움을 얻기 위해 이 영혼들이 나를 찾아올 것이라고 했다. 나를 통해 이 과정에 필요한 도움을 얻고 나면 그 영혼들은 다음 단계로 나아갈 수 있다는 것이었다.

명상이 끝날 무렵 나는 벤에게 아스트랄 여행 중에 나에게 일어난 일들을 기억하도록 허락받을 수 있는지를 물어보았다. 틀림없이 벤은 내가 그가 방금 한 이야기, 즉 길 잃은 영혼들을 구조하는 작업에 대한 이야기를 믿지 못하고 있다고 생각했을 것이다. 그리고 어떻게 보면 정말 믿지 못했는지도 모르겠다. 하지만 또한 궁금증 때문에도 나는 이 '구조 작업'들 중 하나만이라도 기억하고 싶었다. 감사하게도 그렇게 할 수 있는 기회가 주어졌다.

어느 날 아침 깨어날 무렵, 나는 내가 밤에 몸을 벗어나온 후 찰리의 볼에 뽀뽀했던 사실을 기억해냈다. 벤과 만났을 때 그는, 내가 구조작업에 참여하기 위해 몸을 떠날 때면 항상 찰리가 잘 있는지를 확인하곤 한다고 농담했었다. 찰리에게 뽀뽀한 다음에는 내가 어떤 물을 건너가서 몸을 구부린 채 머리를 손에 묻고 아내와 아이들 앞에서 울고 있는 한 영혼 옆에 서 있는 것을 깨달았다.

그 영혼은 나를 보자마자 "당신도 죽었나요?"라고 물었다.

나는 대답했다. "아니요, 하지만 나는 당신의 아내에게 메시지를 전달해줄 수 있어요."

남자는 자신이 실수로 약을 정량보다 많이 복용한 것이지 자살한 것이 아니라는 사실을 아내에게 알리고 싶다고 했다. 그는 자신이 우울증과 심각한 두통에 시달리고 있었으며 이를 위해 의사가 여러 가지 약을 섞어서 처방해주었다고 설명했다. 어느 날 밤 그는 우울증 약을 먹었다. 그리고 두통도 심했기 때문에 잠자리에 들기 전에 진통제도 먹었다. 한밤중에 그는 머리가 쿡쿡 쑤시는 듯이 아파서 잠에서 깨어 약을 좀더 먹었다. 이미 약을 먹었다는 사실을 잊어버린 채 말이다. 결과적으로 그는 처방약의 정량 이상을 복용하고 말았다. 그의 가족과 친구들은 그의 우울증 경력 때문에 그가 약을 과다복용한 것이라고 짐작했지만 그것은 사실이 아니었다.

이 남자는 사랑하는 사람들에게 실제로 무슨 일이 일어났었는지를 알리고 싶어했다. 내 도움과 다른 인도령들과 도우미들의 도움을 통해서 그는 아내와의 통신에 성공하였고 아내와 함께 아스트랄 여행을 떠나 실제로 어떤 일이 일어났었는지를 그녀에게 보여줄 수 있었다. 이 여행 중 그들은 아름답고 사랑이 넘치는 시간을 함께 나누었다. 그녀를 떠난 후 그는 흰빛을 향해 인도받아 나아갔다. 그는 잠깐 멈춰서서 나를 포옹하고 고맙다고 말했다. 나는 그의 아내가 잠에서 깨어나기 시작할 때 그 자리를 떠났다.

약 1년쯤 후, 쇼를 하던 중에 어떤 여자가 나에게 다가와서 "리사, 당신이 1년쯤 전에 내 꿈에 나타나서 내 남편을 나에게로 데려왔죠?"라고 말했다. 이런 경우는 특별한 일이 아니었다. 실제로 많은 사람들이 내가 그들의 꿈속에 나타나서 그들을 돕거나 영성에 대해 가르쳐주었다고 말하곤 한다.

그런데 그녀는 곧 이렇게 덧붙였다. "당신은 내 남편이 자신이 자살한 것이 아니라 실수로 약을 과다복용해서 세상을 떠난 것임을 나에게 알려주도록 도와주었죠. 그는 고의로 세상을 떠난 것이 아니었고 그가 나를 사랑했다는 것을 내가 알기를 원했어요."

여자는 우리가 꿈속에서 만났을 당시의 상황을 묘사하기 시작했고, 나는 그 내용이 신기할 정도로 낯익다고 생각했다. 그러다가 그녀의 남편이 내가 구조작업 중에 함께 여행했던 사람이었음을 기억해냈다. 후에 벤이 팔짱을 낀 채 나타나서 "우와, 농담이 아니었군요! 정말로 그 사람이었군요! 이제 기억나요!"라고 소리치는 나에게 씩 웃으면서 고개를 끄덕임으로써 내 느낌을 확인해주었다. 마치 벤이 그를 의심했던 나를 놀리면서 "거봐, 내가 그랬잖아!"라고 말하는 것 같았다.

어두운 면

다음엔 일부 영혼들이 왜 흰빛을 통과하지 않고 사후세계로 들어가는 다른 경로를 택하는지를 이야기하겠다. 이들은 지상에서 자신이 저지른 일 때문에 어두운 영혼이 된다. 이들은 반사회적인 인격장애자, 연쇄살인범, 혹은 여러 사람을 살해한 살인범 등과 같이 끔찍한 일을 저지른 사람들이다. 나는 죽음의 과정을 전반적으로 살펴보려고 할 때 이 영혼들을 언급하는 것이 중요하다고 느낀다. 영혼이 흰빛을 통과하는 과정을 살펴 봤으니 그 동전의 뒷면도 살펴보는 것이 공평하지 않겠는가. 빛이 있는 곳엔 반드시 어둠도 있다.

운 좋게도 나는 벤과 장로 조시야와 함께 이 주제를 놓고 아주 긴 시간 동안 채널링을 했다. 그들은 영혼들이 통과하는 어둠의 통로가 어떠한 것 인지, 또 혼란에 빠진 이 영혼들이 어디로 가는지를 내가 이해할 수 있도 록 도와주었다. '몸소' 방문해보고 싶은 곳은 물론 아니지만 나는 그곳이 존재한다는 사실을 안다. 벤은 그곳에 대해 이렇게 설명했다.

"아직 저 세상으로 건너가지 않은 어두운 영혼들은 저희들끼리 모이 는 경향이 있다. 따라서 그들이 모여서 가장 극적으로 출몰하는 지역이 형성되게 마련이다. 이것은 걱정할 일은 아니지만 대책도 거의 없다. 우 리는 이쪽에서 도우미 팀을 만들어서 그들을 돕지만 그들을 움직이게 만 드는 것이 늘 가능한 일은 아니다. 우리는 다른 사람들을 보호하기 위해 서 최선을 다할 뿐이다.

전환과정 중에 어떤 영혼들은 자신이 지상의 삶에서 만들어낸 내면의 악마들, 즉 그들이 대면하거나 해결하고 싶어하지 않는 이 악마들을 피하 기 위해서 흰빛으로부터 등을 돌리기를 택하기도 한다. 이중 많은 영혼들 은 다른 사람들의 생명을 해친 일이 있다. 영혼을 실제로 파괴할 수는 없 지만, 그들의 행위를 통해서 영혼이 숨어들게 만들 수는 있다. 영혼이 숨 어버린 사람들은 그 공허한 눈빛을 보면 알 수 있다. 그들의 눈은 영혼이 아직 거기 있기는 해도 영혼을 잃어버린 것이나 마찬가지여서 영혼을 되 찾는 작업이 필요한 상태임을 잘 보여준다. 웃는 눈은 많은 것을 이야기해주지만 텅 비어 있는 눈은 모든 것을 이야기해준다."

벤이 하는 말의 요지는 이러하다. 어떤 영혼들은 베일을 통과하면서 전환과정을 시작할 때, 사후세계에 가면 그들이 자신이나 다른 이들의 영혼을 파괴하려고 했던 짓을 직면해야 하게 될 것이 두려워서 건너가지 않기로 결정한다는 것이다.

우리는 누구나 자신의 영혼을 '숨긴다'는 것이 무엇인지를 어느 정도 알고 있다. 이것은 거절당하거나 좌절을 겪는 상처를 피하기 위해서 우리 모두가 다소간에 경험하는 일이다. 우리는 이것을 사람들의 눈을 통해서, 특히 사진 속에서 찾아볼 수 있다. 어떤 사람들은 카메라를 향해 웃고는 있지만 눈이 죽어 있다. 같은 사람이 그 이전에 찍은 사진들에서는 아직 눈의 총기와 빛이 사라지지 않은 것을 볼 수 있는 경우도 있다. 이는 그들이 그때는 아직 영혼을 묻어버리지 않았다는 것을 의미한다.

영능력자가 되어야만 이런 것을 알아차릴 수 있는 것은 아니다. 이것은 육안으로 알 수 있어서 모든 사람의 눈에 분명히 보인다. 눈이 영혼의 창문이라는 속담은 진실이다. 영혼이 희미해져버리면 더 이상 모두가 볼 수 있도록 빛을 발하지 못하게 되는 것이다.

조시야는 어두운 영혼들이 죽음을 건너갈 때 어떤 일이 일어나는지에 대해 더 자세히 설명해준다.

"죽음을 맞이하여 베일을 통과하기 시작한 사람들이 모두 순수한 흰빛을 지니는 것이 아니다. 잘못을 저지른 사람들은 다른 빛을 지나 사후세계의 다른 곳으로 가게 된다. 그들이 통과하는 빛도 흰색이긴 하지만 순수하지는 않다. 그 빛이 그들을 치유의 장소로 데려가지만 그들은 더 높은 영들과 섞이려 들지 않는다. 그들은 비슷한 에너지를 가진, 지상계에 있는 동안 함께 했던 이들과만 어울린다. 그곳에서 그들은 자신의 잘못으로부터 치유될 때까지 있다가 다시 돌아와서 배워야 할 교훈들을 배우게 된다."

어두운 영혼들은 세상을 떠날 때 여타의 영혼들과 다른 경로를 택한다. 그들은 베일을 통과하여 또 다른 빛과 사후세계의 또 다른 치유의 차원으로 간다. 영계에는 여러 수준들이 있고 그 각각의 수준은 특정한 영혼의 치유여정에 꼭 맞도록 구성되어 있다. 어두운 영혼들은 이 시점에서 다른 선택권이 없다. 지상에 남아 있기로 하는 것 외에는 말이다. 그리고 앞서 말했듯이, 이로 인해 귀신출몰 사건이 일어나는 것이다.

이 다른 경로를 지상의 많은 사람들은 '지옥'이라 부르지만, 우리가 성경이나 기타의 문화전통에 근거하여 상상하는 지옥은 실제와 다르다. 사실 우리가 상상하는 것과 같은 지옥은 존재하지 않는다. 지옥은 실재하는 장소라기보다는 마음의 어떤 상태이다. 그것을 바꾸는 것은 우리에게 달려 있다. 우리는 자유의지를 사용하여 성장을 통해 새로운 마음 상태에 이를 수 있다. 우리는 그 과정에서 사후세계의 인도령과 도우미들의 도움을 받을 수 있다.

조시야는 이렇게 말한다.

"어두운 영혼들은 지상계로 돌아온다. 그들은 그럴 수밖에 없다. 그들의 마음 상태가 자신을 소위 '지옥'에 처하게 만들었다. 지옥은 존재하지 않는다. 그것은 마음의 어떤 상태일 뿐이다. 모든 영혼이 스스로를 치유하고 발전하고 성장하기 위해서 겪어야 하는 과정을 그들도 거쳐야만 한다. 그래서 그들이 지상으로 돌아오더라도 그 모든 일이 바로 일어나지는 않는다. 그들은 더욱 철저하게 치유작업을 해야만 한다. 그러지 않으면 우리는 히틀러만큼이나 어두운 영혼들이 계속해서 돌아오는 것을 보게 될 것이고, 이는 좋은 일이 아니다."

큰 잘못을 범한 영혼들은 비슷한 정도의 잘못을 범한 다른 영혼들과 함께 또 다른 빛을 향해 나아간다. 이는 흰빛을 통과하는 다른 영혼들을 오염시키지 않기 위해서이다.

조시야는 어두운 영혼이 세상을 떠날 때 일어나는 일들에 대해 이렇게 설명한다.

"그들에게는 수호령, 즉 그들을 가까이에서 따라다니는 영적 도우미가 붙게 된다. 이들이 지나는 경로와 비슷한 지상의 장소는 감옥뿐일 것이다. 하지만 사후세계에서는 그들이 '형량'을 다 산 후에 세상으로 돌아가 다시 적응할 수 있도록 모든 지원을 받는다. 그들은 누군가가 늘 자신을 지켜보면서 사려 깊게 인도해주고 있음을 깨닫게 된다.

이중 어떤 영혼들은 무모한 행동으로 위험한 상황에 처해 어린 나이에 일찍 세상을 떠난다. 그들은 어릴 때부터 자주 문제를 일으키기 때문에 그들을 키울 수 있을 정도로 강인한 부모들에게 맡겨지게 된다. 하지만 어릴 때 세상을 떠나는 아이들이 모두 이런 부류에 속하는 것은 아님을 분명히 이해하기 바란다. 영혼이 어린 나이에 세상을 떠나는 데에는 여러 가지 이유가 있다."

나는 명상을 통해서, 스스로와 다른 사람들을 심각한 문제에 빠뜨린 영혼들이 어떻게 사후세계의 또 다른 차원에서 치유의 과정을 거치는지를 볼 수 있었다. 그들은 다른 영혼들보다 빨리 지상의 삶으로 돌아온다. 하지만 다른 영혼들과는 달리 그들은 언제 돌아갈지, 그리고 어떤 부모 밑에 태어날지를 선택할 수 없다. 사후세계의 관리자들이 그들의 길을 정하여 그들이 발전적인 방향으로 나아가고 계속 치유받기에 가장 좋은 환경을 할당해주는 것이다.

조시야로부터 받은 채널링 메시지는 어두운 영혼들에게 일어나는 일들을 더 상세한 설명해준다.

"경우에 따라 어두운 영혼들은 몇 번의 생애만 거친 후에 반듯한 영혼이 되기도 한다. 우리에게 한평생이란 그대들의 하루와도 같다. 그대들은 그것이 길다고 느낄 수 있지만 되돌아보면 그렇지 않다는 것을 알 수 있다. 모든 사람에게 무수한 삶과 무수한 기회가 주어진다.

지상의 삶으로 돌아온 후, 이 돌아온 영혼들에게는 인도령이 주어진다. 이 인도령들은 그들이 깨우쳐야 할 교훈을 깨우치기 위해 만나야 할 사람들과 관계를 맺도록 도와준다. 그들은 지구상의 어디서든 자신의 삶을 바꿔주고 자신이 잘못을 저질러오고 있었음을 깨우치게 해줄 사람들을 만나게 된다. 이 과정은 그들이 종교를 통해서 신을 찾고, 그들의 여정을 도와줄 '선택받은' 사람들과 어울림으로써 평화와 안식을 찾으면서 일어나기도 한다.

아마도 그대는 비슷한 사람들끼리는 서로를 끌어당긴다는 사실을 알아차렸을 것이다. 한 사람의 에너지가 비슷한 다른 에너지들을 끌어당기는 것이다. 어두운 영혼들이 환생할 때 그들은 주로 비슷한 다른 영혼들 사이에 놓이게 되거나 아니면 나중에라도 같은 에너지를 가진 다른 영혼들끼리 자연스럽게 모여들게 된다. 하지만 그들은 자유의지를 통해서 스스로의 삶의 경로를 바꿀 경우에만 순수한 흰빛을 만날 수 있게 되고, 다음 단계의 여정으로 나아가게 된다.

예컨대 다른 사람들을 돕고 키우고 사랑해주는 임무를 띠고 지상계에 보내진 영혼은 바로 이런 어두운 영혼들과 만나게 된다. 이 사랑 넘치는 영혼들은 사람들의 인생관을 변화시켜서 지상에서 빛을 볼 수 있게 해주기 위해 선택된 존재들이다. 이런 영혼들은 대개 아주 높은 영적 사명을 띠고 일한다.

이들의 특징은 다른 사람들보다 의지가 매우 강하며 내면의 믿음과 사랑이 흔들리지 않는다는 것이다. 하지만 만약 상황이 너무나 버거워지면 그들도 스스로의 영혼의 빛이 희미해져버리기 전에 모든 것을 내려놓고 떠나버리기도 한다. 아니면 빛이 배후에서 자신을 지켜주고 있음을 깨닫기 위해 더 높은 영적인 길을 걷게 되기도 한다.

이 어두운 영혼들은 지상에 돌아와서도 여러 생을 걸쳐 품어온 분노에 계속 매달린다. 그들은 이 거대한 윤회의 쳇바퀴를 거쳐가면서 카르마의 대차대조표를 맞추게 되고, 결국에는 흰빛으로 나아가게 된다. 우리가 그들에게 베풀어주는 사랑과 인도를 통해서, 그리고 그들을 돕도록 우리가 보내주는 사람들을 통해서 그들은 자신이 누려 마땅한, 또한 몹시 필요로 하는 기쁨을 되찾게 된다."

많은 사람들이 정신병에 시달리는 사람들을 혼란에 빠진 어두운 영혼들이라고 생각한다. 하지만 이것은 사실이 아니다. 어두운 영혼이란 다른 사람에게 '고의적으로' 해악을 입힌 영혼이지 병을 앓고 있는 영혼이 아니다. 하지만 벤은 중요한 핵심을 지적한다.

"정신병을 앓았던 사람들을 곧바로 흰빛을 향해 나아가서 치유의 과정을 시작한다. 다른 사람의 생명을 경시하는 지상의 많은 사람들이 정신병 환자와 같은 수준으로 분류된다는 사실은 우리로서는 놀라운 일이 아닐 수 없다."

현실세계의 법정에서는 다른 사람들에게 큰 해악을 끼친 사람들을 정신병을 앓고 있으므로 그들의 행동에 대해 책임을 지울 수 없다고 판결을 내리는 경우가 더러 있다.(물론 어떤 경우에는 이것이 사실일 수도 있다.) 정신병을 앓고 있는 사람들이 저세상으로 건너갈 때면 그들은 곧바로 순수한 흰빛으로 나아간다. 하지만 정신병도 없으면서 의도적으로 다른 이들에게 해악을 입힌 영혼들은 이 경로를 택할 수 없으며 다른 경로를 통해서 치유를 받아야 한다.

자살과 영혼의 길

자살사건이 일어나면 뒤에 남은 사람들은 스스로에게 불편한 질문들을 제기하곤 한다. 내가 할 수 있는 일이 있지 않았을까? 내가 어떻게 도와줄 수 있었을까? 그가 정말로 스스로 목숨을 끊은 걸까, 아니면 뭔가 다른 일이 일어났던 것일까? 무엇이 그녀를 스스로 목숨을 끊는 지경에 이르게 했을까? 대부분의 경우 사람들은 이런 질문들에 대한 대답을 얻을 수 없으며, 이것은 상실감에 빠져 있는 사람들을 더욱 괴롭게 만든다. 이 질문들에 대한 답을 하나도 얻을 수 없는 경우 어떤 이들은 삶을 계속 영위하는 것조차 힘겨워하기도 한다.

자살은 비극적인 사건이지만 자살한 사람의 영혼은 또 다른 치유의 차원으로 들어가야만 하는 어두운 영혼들과 같은 길을 가지는 않는다. 이 영혼들의 길은 순수한 흰빛으로 가서 사후세계에서의 치유여정을 계속하는 것이다.

하지만 살인을 하고 나서 스스로 목숨을 끊는 사람들은 저세상으로 건너가지 않고 지상에 남기를 택하지 않는 이상 또 다른 차원으로 가야 하며 순수한 흰빛으로 가지 못한다. 그들은 자신의 목숨뿐만 아니라 다른 사람의 목숨도 빼앗았으므로 사후세계에서도 방금 설명한 것과 같은 또 다른 경로를 밟아야 한다. 그러고 나서 그들은 지상으로 돌아와서 깨우쳐야 할 교훈들을 깨우치며 성장하게 된다.

벤은 이것을 아주 명쾌하게 설명한다.

"모든 자살자가 다 흰빛으로 나아가는 것은 아니다. 자살은 매우 큰 고통과 분노를 야기할 수 있음을 우리는 기억해야 한다. 이것은 정상적인 반응이지만, 많은 경우 자살한 사람이 그런 고통을 끼치고 싶어했기 때문에 이런 반응들이 일어나게 되는 것이다. 그리고 스스로 목숨을 끊을 경우 그들은 자신이 더 높은 자아와 함께 맺었던 서약을 깨뜨리게 된다. 그들은 자신의 여정을 끝내지 않은 것이다. 스스로 완수하겠다고 나섰던 여정이 도중에 멈춰버렸으므로 이는 해결을 필요로 한다.

어떤 자살은 의도적으로 일으킨 살해에 잇따른 자살이다. 이런 영혼들은 돌아와서 세상에서의 삶을 다시 살아야만 한다. 하지만 다른 사람의 목숨을 빼앗았으므로 먼저 어둠의 세계를 지나가게 된다. 이 경우 우리 인도령들이 할 수 있는 일은 거의 없다. 우리는 우리가 할 수 있는 모든 일을 다 하고 있다고 믿어야만 한다. 만약 그들이 어둠의 세계를 지나지 않고, 돌아와서 배워야 할 교훈들을 배우지 않기를 택한다면 그들은 두 세계 사이에 남은 채 예전에 살았던 장소들에 출몰하면서 결코 해결점을 찾지 못할 것이다."

자살과 관련된 정보가 더 있다. 조시야와 벤에게서 받은 채널링 메시지를 통해 이 과정을 설명하겠다. 먼저 조시야의 가르침이다.

"자살자들은 각별한 도움을 필요로 하며 실제로 여정 속에서 엄청난 양의 도움을 받게 된다. 그들은 자신의 삶을 직면하기 위해 더욱 열심히 노력해야 할 것이지만, 그들 또한 자신에게 필요한 교훈을 얻어야만 한다는 것을 알고 있다. 영혼이 스스로 목숨을 끊도록 이미 계획이 짜여 있는 경우도 있다. 이것은 부모와 가족 구성원들이 모두 얻어야 할 교훈을 얻게 하기 위해서이다. 사람들은 좋아하지 않을지 모르지만 어떤 경우에는 치유를 위해서 자살이라는 경험이 필요할 수도 있다. 보면 알겠지만 우리가 사람들을 같은 가족으로 태어나게 할 때는 다 이유가 있는 것이다. 어떤 이들은 과거의 상처를 치유하기 위해 한 가족으로 태어나기도 하고, 다른 경우에는 다른 이들이 발전하고 진화하는 것을 돕기 위해서 한 가족으로 태어나기도 한다. 많은 경우 죽음은 한 가족 간의 관계를 가까워지게 하며 문제가 극복되도록 도와준다. 이것은 우리에겐 단순한 일이지만 설명하는 것은 쉽지 않다."

그리고 벤은 이렇게 말한다.

"자살은 사람들이 삶을 포기하고 떠나기로 결정했기 때문에 일어난다. 물론 이 영혼들은 다시 돌아와야만 한다. 왜냐하면 그들의 영혼은 치유를 받고 다시 근원으로 돌아가서 위안과 인도를 받고 이해를 얻어야 하기 때문이다. 하지만 이 여정은 그들이 지상계에 오기 전부터 이미 예정되어 있었다. 이쪽 세계에서는 이 과정을 도와줄 인도령들이 기다리고 있고, 또한 영혼에게 해결책을 제시해줄 자연스러운 여정에 대해 잘 알고 있는 치유자들도 기다리고 있다. 이 치유자들은 매우 강력하며 그들은 자주 성전에 가서 사람들이 각자의 삶에서 발전하며 나아갈 수 있도록 돕는 날마다의 의식을 거행하곤 한다.

이 과정에는 우리가 정할 수 있는 실시간적인 요소는 없다. 영혼들은 그저 와서 치유를 받고, 때가 되면 다음 단계로 나아간다. 그것은 쉬운 과정이 아니어서 매우 많은 노력이 필요하다. 하지만 영혼이 일단 자신의 길을 찾아서 힘을 회복하면 그는 앞으로의 삶을 위한 준비를 다 갖춘 셈이다."

사람들이 자살로 생을 마감했을 경우 그들의 영혼이 강력한 치유자들의 인도와 도움을 통해 스스로의 삶을 돌아보고 삶으로 복귀할 수 있도록 도움을 받는다는 사실은 안도감을 준다. 우리는 모두 자신이 다음 생에 어떤 삶을 살지를 선택할 수 있다.(이에 대해서는 다음 장에서 다룰 것이다.) 하지만 스스로 목숨을 마감한 이들은 특정한 교훈을 깨우쳐야 하기 때문에 선택의 폭이 좁아진다. 영혼들은 이 교훈을 깨우치는 데에는 어떤 구성원의 가족이 가장 적합할지에 대해서 인도령들의 조언을 받는다.

채널링 명상 중에 한번은 조시야가 이 주제와 관련된 아주 놀라운 개인적 정보를 주었다. 이를 통해서 자살을 했던 영혼이 어떻게 삶에 대해 전혀 새로운 시각을 가지고 돌아올 수 있는지를 알 수 있으므로 여기에 소개한다.

"때로는 다른 사람들이 행복해질 수 있도록 자신의 목숨을 버리는 용감한 영혼들이 있다. 사실은 너도 전생에 이런 일을 한 적이 있다. 그때 너는 아내가 인생의 다음 단계로 나아갈 수 있도록 스스로 목숨을 끊었었다.(그 삶에서 너는 남자였다.) 너는 아내가 자신과 함께할 수 없고 다른 사람과 함께 살아야 한다는 것을 알고 있었지만 당시에 너희는 이혼이나 별거를 허락하지 않는 종교집단에 속해 있었다. 너에게는 선택의 여지가 없었다. 두 사람 다 무척 괴로운 상황이었기에 너는 독이 든 음식을 먹었다. 이런 연유로 이번 생에서 너는 음식을 무척 까다롭게 가리는 성격을 갖게 되었다. 아내가 너를 죽였다고 의심하는 사람들이 있었지만 너는 스스로 목숨을 끊기로 결정했었고 이를 확증하는 편지를 부모님에게 보냈었다.

더군다나 너의 아내가 가까운 친구와 바람을 피우고 있었다는 사실이 밝혀졌었다. 이는 끔찍이나 고통스러운 일이었지만 너는 그녀를 사랑하므로 이 삶을 떠날 수 있다고 마음을 정했다. 너는 사후세계에서 시간을 좀 보내면서 이생을 되살펴보았다. 그러고는 신선하고 새로운 관점을 가지고 다시 돌아가기로 마음먹었다. 너는 다른 사람들이 빛을 보고 삶이 제공해주는 모든 풍요를 즐길 수 있도록 돕는 일을 하기로 마음먹었다. 가장 중요한 것은 네가 사람들에게 저 세상에서의 삶이 어떠한지를 가르치고자 하는 목표를 이뤘다는 것이다.

이생에서 너의 목표와 목적은 가르치는 일이다. 너는 아주 여러 해 동안 다른 사람들이 영적으로 성장할 수 있도록 가르치는 일을 할 것이다. 이 일을 하기 위해서 너는 중심을 잡고 안정되어 있어야 한다. 이것을 어떻게 이룰 수 있는지를 우리가 네게 말해줄 수는 없다. 왜냐하면 너 자신의 행위, 즉 너의 카르마가 네가 어떻게 살아갈지를 결정할 것이기 때문이다. 너는 성장해야 하고 또한 성장해갈 것이다. 너는 이미 네가 살아온 햇수 이상으로 성장했다. 그러니 진정한 너 자신에게 늘 진실하라. 너의 꿈과 목표는 현생 이전에 이미 세워져 있었고 어떠한 시간의 제약도 받지 않는다."

나의 이야기를 통해서 독자들은 자살을 통해 지상의 삶을 떠났던 사람이 도움과 인도를 통해서 삶에 대해 완전히 새로운 시각을 갖추고 환생하여 성장의 여정, 심지어는 봉사의 여정을 계속할 수 있음을 알 수 있을 것이다. 나는 이 삶 이후에도 다른 삶들을 살았던 것을 알고 있는데, 그 삶들은 나로 하여금 영적으로 성장하도록, 그리고 지금 독자들과 나누고 있는 정보와 지혜를 얻도록 도와주었다.

순수한 흰 빛을 통과하는 이들에게는 엄청난 치유의 모험이 기다리고 있다. 하지만 이 영혼들이 사후세계에서 치유의 여정을 시작하도록 허락받기 전에, 이들은 삶 속에서 자신들을 인도해왔던 영들을 만나게 되며 이 영들은 그들과 계속 동행한다.

제7장

영혼의 인연

죽음 이후 저 세상에서 치유와 성장의 여정을 시작하기 전에(이 여정은 3부에서 자세하게 다룬다) 당신은 사후세계로 가는 경계구역에 있는, '만남의 방'이라고 일컬어지는 곳에서 시간을 보내야 한다. 이곳에서 당신은 이번 생에서 만났지만 저세상으로 건너간 사람들, 즉 부모님, 조부모님, 그리고 다른 친척들 등과 만나게 된다. 조시야는 이렇게 말한다.

"흰빛을 지나고 나면 영혼은 사랑하는 이들, 인도령들, 그리고 자신의 여정을 도와준 많은 사람들과 만나서 인사를 나누게 된다. 이들은 너를 항상 도와줬던 존재들이며 이때도 너를 돕기 위해 그곳에 와 있다."

조시야는 여기서 '영혼의 인연들'에 대해서 말하고 있는 것이다. 여기에는 당신의 인도령 팀, 당신의 소울메이트, 그리고 영혼의 가족들이 포함된다. 영혼의 가족이란 삶에서 당신과 함께했고 앞으로의 여정도 당신과 함께할 이들을 가리킨다. 이 장에서는 당신의 삶 속에서, 그리고 삶 이후의 삶 속에서 당신에게 중요한 영혼들에 대해 자세히 설명하겠다.

인도령이란 무엇인가?

지상에서의 삶에서 당신은 인도령이라는 형태의 영을 통해 인도받고 도움을 얻게 된다. 이들은 전생이나 이전에 거쳤던 사후세계에서의 시간을 통해 예전부터 당신이 알았던 영혼들이다. 이번의 지상의 삶에 매이기 전에, 당신은 이 영혼들이 당신의 인도령이 되도록 서약을 맺었다. 이 임무를 수행하기 위해서 그들은 당신이 환생하여 사는 동안 사후세계에 남기로 선택했다. 이것은 당신이 전생에서 그들을 도와주었고, 이번 생에서는 그들이 그 은혜를 갚기를 원했기 때문이다.

인도령들의 목표는 지상계에서, 그리고 저세상으로 건너가는 과정에서 당신을 도움으로써 당신이 환생하기 전에 그들과 맺었던 서약을 지키는 것이다. 당신이 삶을 살아가는 동안 그들은 가치를 환산할 수 없을 정도로 귀중한 도움을 제공한다. 당신은 그들의 존재를 알지 못하더라도 그들은 항상 당신을 지키고 있다.

어떤 인도령들은 필요한 도움을 주기 위해서 특정한 시기에 당신의 삶 속에 나타나기도 한다. 하지만 어떤 인도령들은 항상 당신과 함께 있다. 즉 당신이 태어날 때부터 당신과 함께하여 일평생 동안 꾸준히 당신의 곁을 지킨다. 이들 중 하나가 당신의 '주主 인도령'으로서 이 인도령은 다른 인도령들을 감독하면서 당신 삶의 과정에 그들이 함께하도록 부추긴다. 독자들은 이미 나의 주 인도령 벤을 만나보았다. 외할머니가 벤을 처음 소개해주었을 때 나는 이미 성인이었지만, 벤은 내가 태어난 이래로 한 치씩 자라면서 삶을 배워가는 과정을 쭉 지켜보았다.

늘 당신과 함께하든 아니면 잠시만 함께하든 간에, 모든 인도령의 임무는 당신이 지상계에 있는 동안 최대한 많은 것을 배우도록 돕는 일이다. 이를 위해서 그들은 도우미 팀을 이루어서 다양한 방식으로 작전을 펼쳐야 한다.

당신의 인도령들은 도우미로서의 자격을 이용하여 당신에게 늘 말을 건다. 그들이 사용하는 언어는 당신이 사용하는 언어와 매우 비슷해서 마치 당신 스스로가 스스로에게 말하는 것처럼 느껴질 것이다. 하지만 주의 깊게 귀를 기울여보면 그들이 말할 때는 살짝 어조가 달라지는 것을 느낄 수 있을 것이다. 피아노 키보드에 빗대어 설명하자면, 당신의 목소리가 도 음이라고 상상해보라. 인도령들은 도 샾 음으로, 즉 당신의 목소리보다 반음 올라간 어조로 이야기한다. 이것은 매우 미묘한 차이지만 한 번 구분해내고 나면 당신은 그것이 자신의 목소리인지 아니면 인도령들의 목소리인지를 언제든지 식별해낼 수 있을 것이다.

인도령들은 당신의 직감이나 직관을 통해서도 당신과 소통한다. 당신은 '나 이걸 하지 말아야겠다는 생각이 들어'라고 스스로에게 말하듯이 내면의 목소리를 통해 인도령들의 메시지를 받을 수도 있다. 하지만 하지 말아야 한다는 생각이 드는데도 불구하고 일을 저질러버렸던 적이 얼마나 많았던가? 어쩌면 당신은 그 일을 하지 말라고 말하는 내면의 목소리를 그저 마음이 부리는 수작쯤으로 치부했을지도 모른다. 하지만 그것은 사실이 아니었다!

인도령들이 우리 인생을 대신 살아주거나 우리의 행보를 좌지우지할 수는 없다. 우리는 여전히 자유의지를 지니고 있으며 그들이 우리 대신 결정을 내려주는 것은 허용되지 않으므로 우리는 스스로 결정을 내려야만 한다. 과거를 돌이켜보면 나도 처음의 직감에 반하는 행동을 했다가는 그 직감이 인도령들의 영향이요 목소리였음을 깨닫고서 좀더 주의 깊게 귀를 기울일걸, 무시하지 말걸 하고 후회했던 경우가 적지 않게 생각난다.

우리는 누구나 후회스러운 결정을 내릴 때가 있다. 그것은 삶의 일부이자 지속적인 배움의 과정이다. 하지만 우리가 내면의 목소리에 관심을 기울이든 말든 간에 우리의 인도령들은 꾸준히 우리와 통신하고 있고, 우리가 태어나기 전에 맺은 서약을 완수하기 위해 필요한 경험들을 꼭 경험하도록 우리 삶 속의 사건들에 영향을 미치려고 온갖 노력을 하고 있다. 그들은 우리가 듣지 않는다고 해서 포기하지 않는다. 다음에 소개할 내 삶 속의 예에서도 볼 수 있듯이, 사실 그들은 극적인 방법을 통해 우리를 인도하기도 한다.

긴 휴가를 내어 미국에 처음으로 왔다가 영국으로 돌아갈 채비를 하던 참에 나는 몸이 심하게 아파서 병원에 가야 했고, 앞서 말했듯이 그것은 결국 내게 임사체험을 선사했다. 그때, 당시에는 알아차리지 못했지만 내 인도령들은 내가 텔레비전 방송계의 전설인 머브 그리피스를 만날 수 있도록 계획을 착착 진행시키고 있었다. 머브는 후에 나의 쇼 〈리사 윌리엄스. 죽은 이들 사이에서 살기〉의 제작책임자가 되었다. 만약 내가 예정대로 영국으로 돌아갔다면 그를 결코 만나지 못했을 것이다.

수술을 받기는 했지만 내 상태는 좋았다. 하지만 의사들은 내가 인공으로 기압이 유지되는 기내에서 오래 비행하는 것이 안전하지 않다고 판단하고 L.A.에서 열흘을 더 머무르면서 회복하도록 지시를 내렸다. 이 열흘 동안에, 내가 머브를 만나도록 모든 '상황'이 감쪽같이 맞아떨어졌다. 이 만남으로 인해 내 삶이 바뀌었고 영매로서 발전할 수 있는 기회가 열렸으며 '가르치는 이'가 된다는 내 삶의 목적을 이룰 길이 열렸다. (낸 프랜시스는 나이 든 남자가 나를 미국으로 데리고 가서 수천 명 앞에 서게 만들 것이라고 말했다. 그런데 그것이 이런 식으로 풀리게 될 줄은 꿈에도 상상하지 못했다!)

인도령들은 당신의 삶 속에서 당신으로 하여금 영적 성취와 진화를 이루게 하는 온갖 놀라운 일들을 불러일으킬 수 있다. 하지만 항상 좋은 일만 일어나는 것은 아니다. 언젠가 나는 "모든 사람에게 인도령이 있다면 어째서 이 세상에는 끔찍한 짓을 하는 악당들이 이토록 많은 건가요?"라고 물어본 적이 있었다. 이것은 너무나 타당한 질문이어서, 이 질문에 대한 대답은 인간과 영 사이의 관계에 대해 많은 것을 알게 해준다.

내가 벤에게 이것을 물었을 때, 그는 채널링을 통해 다음과 같이 대답했다.

"우리 인도령들은 그대들에게 단지 길을 보여줄 수만 있을 뿐임을 이해하라. 우리가 그대들로 하여금 그 길을 가게 만들 수는 없다. 어느 길로 갈 것인지, 삶을 어떻게 살고 싶은지를 결정하는 것은 그대들이다. 우리는 그대들이 전생으로부터의 흉터들과 상처들을 치유하여 크게 진화된 영혼이 될 수 있도록 돕지만 이 경험들도 그대들이 스스로 깨우쳐야 할 교훈이다. 우리는 그대들의 진화를 부추겨줄 수는 있지만 우리가 그대들을 대신해서 선택해줄 수는 없다. 그러니 사람들이 끔찍하고 사악한 짓을 한다면 그것은 그들의 선택이다. 그들의 영혼은 선택의 자유를 지니고 있다. 우리는 오로지 그들이 선택을 내린 이후로부터 그들을 인도할 수 있을 뿐이다."

나는 '그럼 사람들이 나쁜 인도령을 만나는 수도 있을까?' 하는 궁금증이 들었다. 벤은 내 생각을 들을 수 있고 또 내가 느끼는 것을 느낄 수 있으며 내가 나 자신을 아는 것보다도 나에 대해 더 잘 알고 있기 때문에 그가 다음과 같이 말하기 시작한 것은 하나도 놀랄 일이 아니었다.

"'나쁜' 인도령은 없다. 우리는 언제나 한 영혼의 목적을 달성하는 데 도움을 주기 위해서 노력하며 영혼이 그 생을 최대한 활용할 수 있도록 최선을 다해서 도와줄 뿐이다. 따라서 악한 사람이라 할지라도 나쁜 인도령을 갖고 있을 수는 없다.

그대의 선택이 아무리 '그릇된' 선택이라 할지라도 인도령들은 절대로 그대를 포기하지 않을 것이니 안심하라. 우리는 그대가 변화하는 그날까지 그대와 함께 노력할 것이며 그대가 어떤 길을 택하든 그 길을 바로 잡도록 끊임없이 도와줄 것이다."

인도령의 역할은 당신을 돌보는 것, 또한 당신이 이번 생에서의 목적을 달성할 때까지 당신을 안전하게 보호해주는 것임이 이 말을 통해서 명확해졌기를 바란다. 인도령들의 돌봄이 어떤 형태를 띨지는 쉽게 헤아릴 수 있는 것이 아니다. 하지만 당신은 언제나 인도령들의 영향에서 벗어나 삶 속에서 실수를 범할 자유의지를 지니고 있다. 반면에 당신은 서약한 내용을 지키는 데 필요한 인도를 항상 받을 것이며 또한 이 인도는 아무런 대가 없이, 또한 당신이 어떤 선택을 내리든 상관없이 사랑으로써 당신에게 주어질 것이다.

다른 인도령들

앞서 언급했듯이 영혼의 인연들 중 어떤 것은 한시적이어서, 이 경우 영들은 잠시 동안만 당신의 삶에 찾아온다. 그들은 당신을 돕기 위해 특정한 임무를 띠고 왔다가 임무를 달성하고 나면 다시 떠나간다.

예를 들어 내 인도령들 중 여성 에너지를 갖고 있는 루신다라는 인도령이 있다. 그녀는 내가 필요할 때면 나타났다가 사라지곤 한다. 그녀는 내가 사람들을 가르치거나 많은 청중들 앞에서 공개상담을 하는 라이브쇼를 할 때면 아주 중요한 역할을 해준다. 가끔씩 그녀는 벤의 역할이기도 한, 의사소통하고자 하는 영들을 줄 세우는 '문지기' 노릇을 대신 맡아서 하기도 한다. 하지만 한 번에 한 영만 들여보내는 벤과 달리 루신다는 몇몇 영들을 한꺼번에 문 안으로 들인다. 어느 영이 나에게 이야기하고 있는지가 늘 분명하지만은 않기 때문에 내 입장에서 이것은 좀 성가신 일이 될 수 있다. 그렇지만 흥미로운 도전이기도 하다.

루신다는 내가 사람들을 가르칠 때 매우 강력하게 임하며 수업계획을 짤 때나 실제로 가르치는 중에도 정보를 제공해준다. 그녀가 나와 함께할 때면 그녀의 에너지가 나의 에너지와 섞이면서 나의 오라에 눈에 띌 정도로 파문이 일기 때문에 금방 알아차릴 수 있다. 훈련되지 않은 사람들에게는 즉흥적으로 방문하는 인도령을 알아차리는 것이 항상 쉽지는 않을 것이다. 하지만 에너지에 민감해지도록 스스로를 훈련시킨다면 확실하게 무엇인지는 알 수 없을지라도 주위에 색다른 진동이 일어나는 것을 알아챌 수 있을 것이다.

이런 인도령들로부터 직접적으로 들어오는 메시지와 통신을 정확하게 받는 것이 어려울 때도 있다. 나는 벤 이외의 인도령들과 작업을 할 때면 금방 차이를 알아차릴 수 있다. 왜냐하면 이들과 일할 때는 들어오는 메시지를 받기 위해 더 많은 노력을 기울여야 하기 때문이다. 그것은 마치 낯선 상황에서 새로 만난 사람에게 나의 말뜻을 전달하기 위해 여러 가지 방식으로 말을 해보면서 적응하는 과정과 매우 비슷하다. 이것이 인도령들이 어떤 사람과 통신하고자 할 때 겪어야 하는 과정이며 이 메시지를 명확하게 받기 위해서는 수신자 쪽에서도 많은 노력을 기울여야 하는 경우가 많다.

만남의 방에 다다르면 인도령들이 모두 모여서 당신을 기다리고 있다는 것을 기억해두라. 당신은 직업을 바꾼다든지 인간관계의 변화라든지 혹은 삶의 전반적인 부침 등과 같이 어려운 상황들 속에서 당신을 도와줬던 이들을 모두 만나게 될 것이다.

만남의 방에서 만나는 어떤 영들은 지상계에서 당신을 도와준 적이 전혀 없을 수도 있다. 이들은 사후세계에서 당신이 곧 시작하려고 하는 치유의 여정에서 당신의 인도자가 되어주기 위해 기다리고 있는 영들이다. 영혼의 인연들 중 이런 부류의 영들에 대해서 조시야는 다음과 같이 설명해준다.

"이들은 모두 특정한 임무를 받은 영들이다. 이들은 그대가 치유받도록, 특히 고통으로부터 치유받도록 돕는다. 그리고 그대가 삶을 되돌아볼 수 있도록 도우며 그대가 다시 두 발로 설 때까지 사후세계에서 그대를 인도해준다. 이들은 또한 그대가 남아 있는 감정의 앙금을 해소하도록 도와주고, 그대가 사랑하는 사람들이 느끼는 감정들까지 대신 떠안고 있을 경우 이를 해소하는 것도 도와준다. 이미 설명했듯이, 여러 명의 인도령들이 그대와 함께하기 위해서 그곳에서 기다리고 있다. 이들은 모두 사명을 띠고 있으며 이 사명을 수행하는 동시에 그대가 사후세계에서 밟아가는 여정을 돕는 데에 집중할 것이다. 그대가 만남의 방에 처음 도착할 때 이들은 모두 그대를 기다리고 있을 것이다."

소울메이트 만나기

조시야는 사후세계로 가는 문턱에서 우리를 기다리고 있는 또 다른 영혼의 인연에 대해서 다음과 같이 설명한다.

"그대의 소울메이트 역시 그곳에서 그대를 맞이할 것이다. 만약 그대의 소울메이트가 지상계에 살고 있어서 아직 도착하지 않은 상황이라면 그대가 그 혹은 그녀가 올 때를 위해 준비를 하게 될 것이다. 하지만 살아 있는 동안 소울메이트를 알지 못하는 경우도 있다. 이런 경우는 태어나기 전에 소울메이트와 돌아가면서 역할을 바꾸기로 약속한 경우로, 한 사람이 지상에 있는 동안에는 상대방으로부터 도움을 받고, 도와주던 사람이 지상에 있는 동안에는 전에 도움받았던 사람이 도움을 주게 된다."

소울메이트 — 혹자는 '쌍둥이 불꽃(twin flame)'이라고도 부른다 — 는 마치 당신의 또 다른 반쪽인 것처럼 당신을 완벽하게 보완해주는 영을 말한다. 소울메이트가 주 인도령이 되는 경우도 있다. 이는 당신이 태어나기 전에 한 사람이 뒤에 남아서 다른 사람이 삶을 사는 동안 깨우쳐야 할 교훈을 깨우칠 수 있도록 도와주기로 약속한 경우이다.

만남의 방에서 소울메이트와 만날 때 당신은 상상하지도 못했고 무엇에도 비길 수 없는 완전함을 느낄 것이다. 이 느낌은 완전히 온전해진 느낌으로서 아무것도 모자란 것이 없는 느낌이다. 감정은 격화되어서 지상계에서 몸을 입고 있는 동안에는 한 번도 경험해본 적이 없는 그런 정도까지 이를 것이다. 또한 살아 있을 동안 가졌던 열등감 따위도 모두 없어질 것이다. 왜냐하면 사후세계에서의 치유 여정을 시작하면 그런 개인적인 걱정거리들은 줄어들거나 깨끗이 사라져버리기 때문이다.

조시야가 채널링을 통해 말했듯이 당신은 소울메이트를 삶 속에서 인간으로서 만났을 수도 있고 만나지 않았을 수도 있다. 또 당신이 혼인관계를 맺었거나 연인관계를 맺었던 사람이 당신의 소울메이트가 아닐 수도 있다. 지상의 동반자와 당신 사이에 아주 깊은 사랑이 있었을지라도 말이다. 당신과 당신의 소울메이트는 지상에서 만나지 않기로 결정했을 수도 있다. 왜냐하면 둘 다 할 일이 더 남아 있다고 느꼈고 다른 이들의 삶에 영향을 미치기 위해서 아무런 걸림돌이 없어야 한다고 판단했기 때문이다. 만약 둘이 함께했다면 서로에게 완전히 빠져서 소울메이트 관계의 특징 중 하나인 사랑과 치유를 나누는 데만 집중했을 것이다. 사후세계에서 서로에게로 돌아가는 것은 소울메이트와의 서약에 포함된 조항이다.

만약 당신이 운 좋게도 이번 생에서 소울메이트를 만나게 된다면 어릴 때보다는 나이가 좀 들었을 때 당신의 삶 속으로 오게 될 가능성이 크다. 이는 우선 다른 사람들과 어울리면서 여러 가지 교훈을 경험할 필요가 있기 때문이다. 소울메이트와 만났을 때 당신은 사랑에 빠질 때 드는 느낌이 더욱 강렬해지는 것을 느낄 것이다. 당신이 쉽게 다른 사람의 감정이나 에너지를 느낄 수 있는 사람이라면 더욱 그러할 것이다.

만난 지 몇 분도 안 되어서, 당신이 그 사람과 영원히 함께할 것임을 즉각적으로 알게 되기 때문에 압도당하는 기분이 들 수도 있다. 그런 강한 친밀감은 두 사람에게 두려움을 불러일으킬 수 있다. 특히나 성장 과정에서 감정을 드러내지 않도록 교육받았다면 더욱 그러하다. 또한 만약 당신이 늘 이성과 애정관계를 맺어왔는데 소울메이트가 동성인 경우, 그것은 충격으로 다가올 수도 있다. 이런 경우 만약 당신이 여자라면 '이 사람이 정말로 내 소울메이트라면 어째서 남자가 아니지?'라고 생각할 수도 있다. 하지만 기억하라. 모든 계획은 태어나기 전에 맺은 서약을 통해서 꾸며진 것이며 동성애를 나누는 것이 당신과 당신의 소울메이트, 또한 당신들의 가족까지도 포함해서 모두가 함께 배워야 할 교훈의 일부일 가능성도 다분한 것이다.

나에게 상담을 의뢰했던 앤의 이야기는 이것을 명확하게 설명해준다. 나는 수년간 그녀를 위해 상담을 해왔다. 그녀는 행복한 결혼생활을 꾸려 나가고 있었고 아이도 둘 있었다. 그녀는 자신의 삶과 아이들과 남편을 사랑했으며 직장 일을 매우 즐겼다. 그러던 어느 날 줄리라는 여성이 앤의 사무실에서 일하기 시작했다. 앤은 줄리와 친해지게 되었고 마치 그녀를 전부터 알았던 것처럼 즉각적으로 마음이 통하는 것을 느꼈다. 앤은 매우 직관적인 사람이었는데 줄리 역시 그러했으며 그들은 가볍게 술잔을 기울이면서 이런 공통점에 대해 이야기를 나눴다.

두 사람 모두 왜 자신들이 그토록 급속도로 친밀해지는지를 이해할 수 없었다. 앤은 그 관계를 압도적일 정도로 강렬하다고 묘사했다. 시간이 지나갈수록 관계는 점점 더 깊어졌고 사무적인 관계로부터 사적이고 내밀한 관계로 변해갔다. 줄리는 동성애자였지만 앤은 한 번도 동성과 사귄 적이 없었기 때문에 스스로의 감정에 혼란을 느끼고 있었다.

나는 그녀에게 곧장 이렇게 말했다. "당신은 소울메이트를 만난 거예요." 그녀는 깜짝 놀라면서 남편을 말하는 거냐고 되물었다.

나는 미처 뭐라고 말해야 좋을지 생각이 나지 않았다. 하지만 언제나 그랬듯이 나는 감춤 없이 솔직히 대답해주었다. "아니요, 물론 당신은 남편을 사랑하지요. 당신의 소울메이트는 여성으로서 당신이 너무나도 원하는 아이를 당신에게 줄 수 없었기에 좀 늦게 당신의 삶 속으로 들어와야만 했답니다."

그러자 앤은 울음을 터뜨렸다. 그녀는 줄리가 출장 여행을 떠났는데 마치 영혼의 일부분이 뜯겨나가 자신의 한 부분을 잃어버린 것만 같은 느낌이 든다고 말했다. 나의 내담자는 이전처럼 정상적인 삶을 영위할 수가 없어서 어찌해야 좋을지 몰라 했다. 한편으로 그녀는 가정을 깨뜨리기 싫었다. 하지만 다른 한편으로는 이 여자 없이는 살 수 없다는 것을 알았다. 뿐만 아니라 앤은 부모님과 친척들에 대한 걱정으로 스트레스를 느껴야 했다. 왜냐하면 모두들 동성애에 대해서는 강력히 반대했기 때문이었다.

시간이 지나면서 나의 내담자는 감정을 정리하고 삶을 재정비하기 위한 절차를 밟았다. 결국 그녀는 남편과 이혼했고 아이들은 그녀 그리고 줄리와 함께 살게 되었다. 오늘에 이르기까지 앤과 그녀의 전남편은 여전히 친하게 지내고, 그 역시 줄리를 매우 좋아하게 되었다. 나와의 상담을 통해서 그는 자신이 앤의 '영혼의 가족' 인연에 속해 있으며 — 영혼의 가족이라는 인연에 대해서는 곧 설명하겠다 — 그들의 아이들도 마찬가지임이 밝혀졌다. 하지만 이번 생에서 두 사람은 함께 살 운명이 아니었다.(그는 현재 재혼하여 행복하게 살고 있다.)

남편과 헤어지는 것은 오히려 쉬운 일이었다. 부모님에게 그 소식을 알리는 것은 훨씬 더 어려웠다. 앤의 어머니와 아버지는 그녀가 동성애 관계를 맺고 있다는 사실을 무척 받아들이기 힘들어했으며 그녀와 말하기조차 거부했다. 하지만 결국은 그들도 두 여자 사이의 사랑을 깨닫게 되었고, 내키지는 않았지만 동성애를 받아들이게 되었다. 이 일은 앤을 비롯하여 가족 모두에게 교훈을 가져다주었다. 그 교훈은, 누군가가 나와 다르더라도 자기만의 삶을 사는 것을 허용할 수 있도록 마음을 너그럽게 가지는 일이었다.

최근에 앤은 가족들이 이제 매우 가까워졌으며, 나와 한 수많은 상담에 들어와서 조언과 지도를 베풀어준 인도령들에게 감사한다고 말했다. 그녀는 우리가 사랑에 빠질 때, 그것은 그 사람의 영혼과 사랑에 빠지는 것이지 성별과 사랑에 빠지는 것이 아님을 배웠다고 했다. 나는 이것이 진실이라고 믿는다. 우리의 소울메이트는 온갖 방법과 형태와 겉모습을 통해 우리에게 와서, 우리가 예상하는 그 어떤 것도 다 빗나갈 수 있다.

이승에서 소울메이트를 만날 때 두 사람이 경험하게 되는 감정은 때로 견디기 힘들 수도 있다. 두 사람이 늘 연결되어 있다는 느낌과 계속 함께 있고 싶은 마음 때문에 평소에 잘하던 일조차도 집중이 되지 않는 것을 깨닫게 될 것이다. 이것은 단순히 매혹되는 것 이상의 일이다. 이것은 가슴을 꽉 채우고 있는 어떤 감정이다. 소울메이트와 함께 있으면 온전해지는 느낌이 든다. 소울메이트와 멀리 떨어져 있으면 마치 자신의 한 부분을 잃어버린 것 같은 느낌이 든다. 또한 꿈 얘기를 나누다가 두 사람이 완전히 똑같은 꿈을 꿨다는 것을 발견하기도 할 것이다. 둘이서 함께 아스트랄 여행을 했기 때문이다.

또한 서로에 대해 느끼는 사랑을 쉽게 표현할 수가 없을 것이다. 왜냐하면 "사랑해"라는 말은 서로가 느끼는 그 강렬한 감정을 전달하기에 충분하지 못하기 때문이다. 양쪽 모두 상황 전체가 매우 감정적으로 느껴져서 처음에는 이것을 이해하기가 힘들 수도 있다. 자신이 왜 그런 감정을 느끼고 있는지 어리둥절할 것이다. 다른 파트너들을 사귀어보았어도 그런 감정은 한 번도 느껴본 적이 없기 때문이다.

소울메이트를 만났다고 해서 관계가 항상 쉽게 풀리는 것은 아니다. 많은 경우 상대방은 당신과 정반대의 성격과 기질을 갖고 있고, 때로는 인생목표와 삶의 방향조차 대치된다. 두 사람 다 매우 다른 성장배경을 통해 특정한 사고방식을 갖게 되었을 것이므로 서로 다른 기호와 의견을 지니고 있는 것은 너무나 자연스러운 일임을 주지하라. 하지만 두 사람은 서로의 삶을 깊이 인정하고 아끼게 될 것이다.

또한 소울메이트는 서로의 삶의 균형을 잡아주게끔 되어 있어서, 서로의 삶에서 모자라는 것을 제공해준다. 이것은 매우 만족감을 가져다주는 동시에 거칠고 힘든 과정이기도 하다. 왜냐하면 이 과정에서 갈등과 다툼을 유발하는 많은 장애물들을 극복해야만 하기 때문이다.

우리 중 치유자나 빛의 일꾼들은 다른 사람들을 위해 자신의 삶을 헌신하기 때문에 지상에서 자신에게 맞는 애정관계를 찾을 때 고전하곤 한다. 나는 이를 개인적인 경험을 통해서 잘 알고 있다. 물론 이런 갈등은 우리에게 깨우쳐야 할 교훈이 남아 있기 때문에 일어난다.

높은 단계까지 진화한 영혼으로서 다른 사람들을 가르치고 돕기 위해 지구에 온 이들 중 균형을 잡아줄 동반자를 필요로 하지 않는 사람은 없다. 이 동반자 역시 높은 단계까지 진화한 영적인 영혼일 것이다. 이 경우, 둘의 관계 속에서 중심을 잡아주는 안정적인 요소가 있어야 한다. 그렇지 않으면 양쪽 다 함께 지내는 것이 어렵다는 것을 느끼게 될 것이다. 예를 들어 한 사람은 영적인 공부에 헌신하고 자신의 재능을 이용하여 다른 이들을 치유해줄 수 있을 것이다. 한편 다른 한 사람은 변호사나 사업가와 같이 현실에 뿌리박은 직업을 가지되, 영성은 개인적인 생활 속에서 추구할 수도 있을 것이다. 변호사 일을 하는 것은 다양한 사람들과 소통하면서 많은 것을 배울 수 있는 기회를 제공해주는 동시에 현실적으로 땅에 발붙이고 살게 해줄 수 있다.

영혼의 가족

당신은 인도령과 소울메이트 외에도 다른 가까운 영들과 연결되어 있다. 이들은 당신의 영혼의 가족이다. 이들은 이번 삶에서 함께하기로 되어 있는 영혼들이다. 왜냐하면 이들과 함께 팀을 이루면 사람들의 삶에 영향을 끼쳐 도움을 줄 수 있기 때문이다. 하지만 이들은 당신이 지상계에서 같이 살거나 인연을 맺게 된 가족이 아닐 수도 있다. 이들이 누구인가는 당신이 깨우쳐야 할 교훈이 무엇인지, 그리고 지구상에 환생하기 전에 맺은 서약이 무엇인지에 따라서 결정된다.

저승에서 영혼의 가족을 만나면 당신은 즉시 자신이 그들을 이미 알고 있다는 느낌을 받을 것이다. 그것도 평생 동안 알고 지낸 듯한 느낌 말이다. 당신의 친구들, 친척들, 동료들 그리고 아는 사람들을 모두 떠올려보면 누가 당신의 영혼의 가족에 속해 있는지 또한 누가 깊은 차원에서 당신의 삶에 영향을 미쳤는지를 금방 알 수 있을 것이다. 이들 중 어떤 이들은 지상의 삶에서 당신 곁에 있다가 없다가 했을 수도 있지만, 당신들은 항상 연결되어 있다.

소울메이트와의 관계와 마찬가지로 지상에서 함께하는 영혼의 가족들과의 관계도 강렬한 것일 수 있다. 멀리 떨어져 있어도 당신은 그들이 느끼는 것을 느낄 수 있고 그들이 전화를 걸거나 이메일을 보내려고 할 때 그것을 미리 감지할 수도 있다. 당신은 그들을 진심으로 사랑한다고 말할 수 있으며 그들도 똑같이 당신을 사랑하고 이해한다. 예컨대 나는 이번 생에서 내 가장 절친한 친구를 포함한 몇몇 영혼의 가족들과 인연을 맺고 있다. 비록 현재 우리는 서로 지구 반대편에 살고 있기는 하지만 늘 바로 옆집에 살고 있는 것 같은 느낌을 받는다.

사후세계에 도착하고 나면 당신을 사랑하며 오로지 당신을 위하는 생각만을 품고 있는 이 영혼들을 다시 한 번 만나게 될 것임을 주지하라. 당신은 영혼의 가족에게로 돌아가는 것이다. 이 가족들은 당신을 무조건적으로 사랑하며 당신이 영적으로 성장하도록 도와주고 당신이 사후세계에 있는 동안 늘 당신과 함께 지낸다.

이제 당신도 알다시피, 당신의 영혼의 가족과 소울메이트와 인도령들은 당신이 영혼으로서 성장하고 발전해갈 수 있도록 모든 것을 헌신하는 환상의 팀을 이루고 있다. 지상의 삶에서만이 아니라 사후세계에서 이어지는 여정에서도 말이다.

다음 장은 장로 조시야와 나눈 대화로부터 영감을 얻은 내용으로서, 사후세계의 여정에서 모두가 거치게 되는 환생의 과정에 대해 이야기한다. 삶과 죽음, 죽음과 삶 — 이 둘은 우리가 영혼으로서 진화해가는 전체 과정 속에서 상호보완적으로 작용한다. 사후세계의 문턱에서 우리를 기다리는 이들의 환영으로부터 시작되는 우리의 이 여정이 더 훌륭한 삶 속으로 재탄생하는 과정임을 이해하는 것, 이것이 다음 장의 주제이다.

제8장

죽음으로써 살아나기 – 재탄생!

저세상에 있는 영들은 우리와는 전혀 다른 시각에서 죽음을 바라본다. 우리가 삶의 종말을 발견하는 지점에서, 그들은 영혼이 사후세계에서 다음 단계의 존재양태로 나아가는 기회를 발견한다. — 재탄생 말이다.

죽음을 이야기하면서 '재탄생'이라는 말을 하는 것은 모순처럼 보일 수도 있다. 왜냐하면 처음엔 나도 그렇게 생각했기 때문이다. 말하자면, 이 책을 쓰던 중에 나는 조시야로부터 '죽음으로 인해 가능해지는' 삶에 대해 이야기하는 채널링 메시지를 받았다. 나는 이 요상한 표현에 대해 그에게 질문을 던졌다. 그가 왜 사후세계의 경험을 이런 식으로 표현하는지 이해가 가지 않았다. 다음은 조시야와 나눴던 대화의 일부로서, 당시 그가 채널링 중에 다루고 있던 화제로부터 시작한다.

>　**조시야**_ 흰빛 속에서 그대들은 죽음으로 인한 육체적 고통을 모두 치유받고 다음 단계의 삶으로 나아갈 준비를 갖추게 된다.
>
>　**리사**_ 삶이라니요?
>
>　**조시야**: 그렇단다 애야, 삶. — 삶은 죽음으로 인해서 가능해지는 거란다.

계시적인 메시지

조시야의 난해한 메시지를 받은 후 얼마 지나서 나는 그가 무슨 의미로 그런 말을 했는지를 이해할 수 있게 되었다. 나는 내담자 캐시를 위해 상담을 하고 있었다. 캐시는 아들을 잃은 지 얼마 되지 않은 상태였다. 그때 내가 받은 정보는 실제로 죽음이 어떻게 재탄생이 될 수 있는지를 잘 밝혀준다.

하지만 캐시와의 상담내용을 소개하기 전에, 영으로부터의 메시지가 대부분의 경우 어떻게 나의 해석을 거치지 않고 나를 통해 바로 전달되는지를 먼저 설명하겠다.

내가 영매로서 영으로부터 메시지를 받을 때, 대부분의 경우 그것은 사람들이 보통 생각하는 것처럼 단순명쾌한 말의 형태로 오지 않는다. 전에도 말했듯이 영들은 입이 없으므로 우리처럼 소리 내어 말하지 못한다. 따라서 그들의 목소리는 분명하게 들리지 않는다. 어떤 사람이 스카프로 입을 꽉 두르고 말을 한다고 상상해보라. 영들의 메시지를 들을 때 내가 듣는 소리도 이와 매우 비슷하다.

이런 '장애' 때문에 영들은 나에게 메시지를 전달할 여러 가지 다른 방법을 모색해야 하는데 그중 흔한 방법은 상징을 사용하는 것이다. 어떤 경우 그들은 생각을 투사하는 방법으로 메시지를 전달하면서 때때로 단어들을 내 머릿속에 주입하기도 한다. 이 단어들은 온전한 문장의 형태가 아닐 때가 많다. 나는 이것을 통해서 느낌이나 감정을 포착한다. 만약 그 감정이 사랑이라면 그것은 보통 위장 부위에서 느낌이 온다.

영은 이름의 첫 글자처럼 좀더 구체적인 것을 보여주기도 한다. 내가 정보를 좀더 달라고 하면 하트나 기타 낯익은 모양과 같은 시각적 상징물을 보여주기도 한다. 내가 할 일은 내담자에게 이 단서들을 전달하고 그들이 이를 통해 연상되는 것을 말해주면 모든 정보를 통합하여 의미 있는 메시지로 재구성해주는 것이다.

언젠가 남편을 잃은 한 여인을 위해 상담을 해준 적이 있었다. 그때 나에게 왔던 단어들은 '산책', '나무', 그리고 '춥다'였다. 또한 누군가의 이름의 첫 글자들도 보였고 하트 모양의 상징도 보였다. 다음은 당시의 상담내용을 적은 것으로, 내가 받은 정보를 통합하여 내담자에게 강력한 의미를 지닌 하나의 메시지로 풀어내는 과정을 잘 보여준다.

리사_ 당신의 남편이 저에게 '하트'를 보여주고 있습니다. 두 분이서 '추운' 날에 함께 '산책'을 갔던 모양이네요. 그리고 하트 속에 당신들의 이름의 첫 글자를 적은 것을 '나무'에 새기기로 했던 것 같네요. 이렇게 하면 이름의 첫 글자들이 영원토록 그곳에 남아 있을 테고 당신들 역시 영원히 함께할 수 있을 테니까요.

내담자_ 어머나, 어떻게 아셨죠? 정말로 그런 일이 있었어요! 그이의 아이디어였어요. 난 처음에는 좀 바보스럽다고 생각했지만 그이가 고집을 부렸지요. 그날은 피터가 세상을 떠나기 나흘 전이었어요. 여태까지 나는 이 일을 한 번도 누구에게 말한 적이 없어요!

리사_ 그는 당신이 항상 그의 마음속에 있다고 말하고 있어요. 지금도 그렇고 앞으로도 영원히 그렇다고요.

내담자_ (눈물을 흘리며 흐느껴 운다.) 바로 얼마 전에 똑같은 말을 그이의 묘비에다 새겼어요. "그는 항상 내 마음속에 있다. 지금도 그렇고 앞으로도 영원히"라고요.

이 이야기는 우리 영매들이 처음 받은 메시지를 어떻게 구성해서 전달할 수 있는지를 보여준다. 어떤 경우에는 메시지를 제대로 받지 못하는 수도 있고 내담자들이 그 정보를 자신과 관련을 지을 수 있게끔 전달해주지 못하는 수도 있다. 하지만 많은 경우, 보고 들은 것을 있는 그대로 전달한 후 그들이 알아서 이해하도록 맡겨버리면 메시지가 강력하게 전달되곤 한다. 영매들이 상징을 받은 후 거기다 자신의 감정을 섞어서 전달하는 경우에는 (이는 절대로 해서는 안 되는 일이다) 문제가 발생한다. 왜냐하면 그럴 경우, 내담자가 자신과 연관을 지을 수 없는, 혼란만 가중시키는 메시지를 전달하게 되기 때문이다.

나는 종종 빨간 장미의 상징을 보곤 한다. 많은 사람들이 이 상징을 사랑과 연관시킨다. 내가 "빨간 장미가 보여요"라고 말하고 내담자의 반응을 기다리면 내담자는 "아, 우리 할머니 이름이 로즈에요"라고 말하거나 "그는 결혼기념일에 항상 제게 빨간 장미를 선물하곤 했어요"라고 말하기도 한다. 하지만 개인적으로 나에게 빨간 장미는 생일을 의미한다. 만약 내가 이 상징에 대한 나만의 해석을 제공해준다면 내담자는 그 정보에 의문을 가질 수 있다. 그러면 나는 내담자가 내용을 잘 연관지을 수 있도록 한 발 더 도와줘야 한다.

아들이 세상을 떠난 후에 나를 찾아온 캐시라는 내담자와 상담할 때 그런 일이 있었다. 다음 이야기를 통해서 내 나름의 해석을 제공하는 것이 어떤 경우에는 도움이 되기도 한다는 것을 알 수 있을 것이다. 또한 생일이라는 상징이 사후세계에서 영혼이 겪게 되는 일들과 어떻게 연관될 수 있는지를 볼 수 있다.

> **리사_** 아들이 이 시기 주변에 생일이 있다는 것을 저에게 보여주고 있네요.
>
> **캐시_** (어리둥절한 표정으로) 아니요, 그 애의 생일은 6개월 후에요.
>
> **리사_** 흠, 알았어요. 하여튼 아들이 저에게 빨간 장미를 보여주고 있어요. 저에게는 빨간 장미가 생일을 상징하거든요. 기념일일 수도 있지만, 다른 사람과 관련된 일이 아닌, 아드님 자신과 관련된 일이라는 느낌이 드네요.
>
> **캐시_** 내일이 그 애의 기일이긴 해요.
>
> **리사_** 바로 그거에요! 당신은 아들이 세상을 떠난 날을 죽음을 기리는 기일로 보지만 아드님에게는 그날이 생일과 같아요. 아드님이 엄마에게 자신이 영계에서 다시 태어났다고 얘기하고 있는 것이 틀림없어요.

빨간 장미라는 상징을 선택함으로써 캐시의 아들은 자신이 기일을 어떻게 생각하고 있는지를, 즉 재탄생의 날로 생각하고 있음을 보여주고자 했던 것이다. 그는 자신이 본향으로 되돌아가서 새로운 '삶'을 시작했음을 전하고자 했던 것이다. 그는 사후세계에서 다시 태어난 것이다! 바로 이런 이유로 조시야는 삶이 죽음을 통해서 가능해진다고 말한 것이다. 조시야도 그 외의 다른 영들도 죽음을 인간의 삶과 수업이 막 시작되는 시점으로 본다.

당신은 다음 장들에서 사후세계의 치유과정을 살펴보면서 이 모든 것을 더 깊이 이해하게 될 것이다. 하지만 지금은 죽음 이후에 우리를 기다리고 있는 재탄생에 대해 조시야가 전해준 메시지를 살펴보자.

"순수와 사랑의 흰빛은 우리를 사후세계로 인도해준다. 그것을 천국이라 부르든 무엇이라 부르든 상관없다. 이것은 평화와 고요와 헌신의 땅이다. 그렇다, 헌신. 왜냐하면 빛으로 건너가면 그대는 배우고 성장하여 더 나은 영혼이 되기 위한 발전에 스스로를 헌신하게 되기 때문이다."

사후세계에서는 배우고 성장하는 일에 헌신하게 된다고 하는 조시야의 말이 매우 흥미롭다. 왜냐하면 지상계에서는 많은 사람들이 배우고 성장하려는 의식적인 노력을 회피하기 때문이다. 하지만 우리가 좀더 편해지려고 느린 길을 택하더라도 삶은 배우고 성장할 기회를 끊임없이 제공한다.

삶(Life)과 사후세계(Afterlife) — 두 가지 모두가 배우고 성장해가는 과정이다. 죽음을 통해서 삶이 가능해진다는 말은 이해하기 어려울 수도 있다. 왜냐하면 우리는 사후세계란 마침내 긴장을 풀고 안식하면서 재미있는 일들을 즐길 수 있는 곳이라고 생각하기 때문이다. 그것은 사실이긴 해도, 사후세계는 그보다 훨씬 더 많은 일들이 일어나는 곳이다. 이에 대해서는 이 책을 읽어나가면서 더 잘 알게 될 것이다.

집에 돌아온 것을 환영합니다

앞에서, 사후세계에 처음 도착하면 만남의 방에서 시간을 보내게 된다고 했었다. 만남의 방은 일종의 경계지대로서, 더 나아가기 전에 잠시 머무는 곳이다. 당신은 바로 이곳에서 영혼의 인연들을 다 만나는데, 마치 오랫동안 보지 못했던 가족과 친구들을 재회하는 것처럼 큰 기쁨을 느끼게 될 것이다.

지상계에서 당신을 돕고 인도해온 영들이 당신을 집으로 맞이한 후에는 어떤 새로운 역할을 맡게 되는지를 벤은 다음과 같이 이야기한다.

"이 시점부터 그들의 임무는 죽음 이후의 여정을 두려워할 필요가 없다는 것을 그대에게 보여주는 일이다. 이것은 오히려 반가이 받아들여야 할 여정이다. 이 영들은 그대의 주 인도령과 함께할 것이다. 지상의 삶에서 주 인도령을 알고 있었든지 몰랐든지 간에, 그대는 주 인도령을 잘 알아볼 수 있을 것이다. 이들은 함께 팀을 이뤄서 그대가 가야 할 곳으로 그대를 데리고 갈 것이다.

이 팀에 속한 많은 영들은 전환과정 중에 그대를 도울 임무를 받는다. 전환과정을 끝내고 나면 그대 또한 사랑하는 이가 집으로 돌아올 때 환영하며 맞이하는 임무를 받게 될 것이다. 이 임무는 단순하다. — 사후세계에서 다시 태어나는 과정에 있는 영혼을 사랑하고 돕고 인도해주는 것이다.

이들 중 어떤 영들은 주 인도령을 보좌하여 그대가 세상을 떠나면서 지상계에 남겨두고 온 사람들과 상황들에 대해 마음을 정리할 수 있도록 도와줄 것이다. 영혼들마다 적응능력이 다르기 때문에 주 인도령은 그들과 함께 작업하면서 모두가 가장 적절한 도움을 받을 수 있도록 감독한다."

벤은 여기서 당신이 세상을 떠날 때에 느끼게 될, 만감이 교차하는 기분에 대해 설명해준다. 물론 당신의 감각은 더욱 예민해져서 여태까지와는 달리 모든 것이 한층 더 강렬하게 느껴질 것이다. 아마도 당신은 아직도 지상계에 남겨둔 사람들에 대해 강렬한 감정을 지니고 있을 것이다. 그것은 당신이 이 시점에서도 지상의 인연과 그와 결부된 감정에 묶여 있기 때문이다. 당신은 이런 지상의 인연과 관련된 감정들을 잘 관찰하면서 시간을 두고 해결해가야 한다. 하지만 당장은 주변 상황에 적응하면서 새로운 집에 부드럽게 발을 들여놓도록 인도받는 일에만 집중하면 된다.

아마도 당신은 '사후세계에서는 몸이 없는데도 사랑하는 이들을 껴안을 수 있을까?' 하고 궁금해할 것이다. 좋은 질문이다. 이에 대해 만족스러운 대답을 드릴 수 있도록 최선을 다해보겠다. 살아 있을 때 우리의 몸은 오라에 감싸여 있다. 이 오라는 우리가 생각하는 것보다 훨씬 멀리까지 뻗쳐 있다. 우리가 서로에게 가까이 다가갈수록 오라는 자연스럽게 섞인다. 따라서 에너지에 민감한 사람들은 다른 이들의 감정과 생각을 감지하게 된다. 이것은 지상의 삶 속에서 늘 일어나는 일이지만 사람들이 늘 이것을 의식하지는 못한다.

사후세계에서는 몸이 없기 때문에 두 영혼이 포옹할 때 지상에서보다 훨씬 더 강렬하게 에너지가 전달된다. 당신이 느껴지는 모든 에너지의 근원이라고 상상해보라. 그 느낌을 여과해주는 밀도 높은 몸이 없다면 — 그리고 사실 사후세계에서는 이 상태가 된다 — 당신의 감각은 훨씬 더 예민해질 것이다. 순수한 에너지인 당신은 주변에 있는 다른 에너지의 근원들과 섞일 수 있으며 서로 포옹할 때는 하나가 된다. 당신은 재회하는 모든 영혼들 한 명 한 명과 모두 이런 식으로 포옹하고 인사를 나누게 된다.

또한 당신은 다른 영혼들과 생각으로써 소통하며 그들이 당신이 하는 말을 '듣게' 하려면 그저 생각을 하기만 하면 된다. 이것은 사람들이 많이 하는 또 하나의 질문에 대답해준다. — "사랑하는 사람들과 대화하려면 소리를 내서 말을 해야 하나요, 아니면 생각만 전하면 되는 건가요?" 물론 생각만 하면 되며 사랑하는 이들은 즉시 그 생각을 알아차릴 것이다. 다시 말하지만, 에너지 전달을 방해하는 밀도 높은 몸이 없기 때문이다.

만남의 방에 머무는 것은 매우 특별하고 아름다운 경험이다. 당신은 지상에서는 상상밖에 할 수 없는 큰 환희와 평화를 누린다. 임사체험 도중에 내가 이곳에 머물렀을 때, 나는 마치 깨달음을 얻은 듯 모든 것을 잊어버릴 정도로 평안하고 고요한 느낌을 느꼈다. 거기에다 상상할 수 있는 모든 찬란한 느낌들을 더한다면 좀 설명이 될 것이다. 당신이 스스로 이곳을 방문하게 된다면 이 모든 것뿐만 아니라 더 많은 것들을 느낄 것이다.

당신은 만남의 방에서 일정 기간을 보내게 될 것이다. 하지만 이미 말했듯이 사후세계의 시간은 우리가 익숙해 있는 시간개념과는 완전히 다르다. 사후세계의 1분은 지상의 몇 시간에 해당한다. 이것은 쉽게 이해할 수 있는 것이 아니므로 독자들의 이해를 돕기 위해서 두 가지 시간개념을 다 이용해서 이 과정을 설명하도록 하겠다.

당신의 사후세계의 재탄생 여정이 바야흐로 개시될 참이다. 하지만 그 전에 당신의 영혼이 경험하게 될 온전한 치유의 과정에 대비하기 위해, 당신은 지상계로 돌아가 그곳에 남겨두고 온 사람들을 방문할 기회를 가지게 된다.

이 방문의 목적이 지상의 인연을 더 강화시키는 쪽으로 사람들과 다시 연결하는 것이 아님을 염두에 두기 바란다. 오히려 지상에서의 인연을 '내려놓는' 것, 이 중요하고도 종종 어렵게 느껴지는 임무를 수행하기 위해서 인도령들이 당신을 데리고 돌아가는 것이다. 이 임무를 수행하고 나서야 사후세계에서의 온전한 재탄생이 시작될 수 있다.

제9장

지상의 인연 내려놓기

　우리를 사랑하고 인도해준 — 그리고 앞으로도 우리를 인도해줄 — 이들의 환영과 포옹을 받으면서 새로운 집으로 부드럽게 발을 들여놓고 나면 우리는 지상의 삶 중에 가깝게 얽혀 있었던 사람들과 상황들로부터 자신을 떼어놓는 과정을 시작하게 된다. 우리는 그저 보고 싶은 이를 생각하기만 하면 된다. 그러면 팀을 이룬 영들이 우리가 만나야 할 사람들을 한 명 한 명 방문할 수 있도록 도와줄 것이다. 이것은 우리가 수행해야 할 중요한 과제이다. 왜냐하면 이는 지상의 인연을 끊는 더 큰 과정의 일부분이며, 이 과정을 거쳐야만 사후세계에서의 치유과정이 정식으로 시작될 수 있기 때문이다.

　지상의 인연을 끊는 것은 모든 영혼이 거쳐야 하는 기본과정이다. 우리는 '모두'가 이것을 거쳐야 한다. 세상을 떠날 때 우리는 여전히 지상에서 가졌던 육신의 모습을 바탕으로 사고하면서 스스로를 남자 혹은 여자로 여기고, 살아 있는 동안 불렸던 이름을 그대로 지니고, 가까웠던 사람들에 대한 감정을 계속 품고 있다. 바로 이 모든 것과 그 밖의 것들이 우리로 하여금 지상의 삶에 집착하고 거기에 붙들려 있게 만든다. 마치 닻이 배를 정박시키듯이, 이것이 우리를 사후세계에서 앞으로 나아가지 못하도록, 재탄생의 여정을 출발하지 못하도록 붙들어 맨다.

이번에는 아리엘이 이 장에서 다루게 될 인연 끊는 과정의 첫 번째 단계를 자세히 설명해준다.

"저세상으로 건너간 모든 영혼이 지상계에 다시 한 번 다녀오는 것으로써 사후세계의 재탄생 과정을 시작하는 것은 자연스러운 일이다. 이것은 모든 영혼이 거쳐야 하는 여정이며, 어떤 경우에는 무슨 일이 일어났는지를 명확히 파악하고 뒤에 남겨진 사랑하는 이들이 잘 지내고 있음을 확인하기 위해서 이 여정을 여러 번 반복해야만 할 때도 있다. 이것은 영혼들이 지상의 인연을 내려놓도록 도와주며, 우리는 이 과정을 돕는 인도령으로서 그들이 이 일을 잘해낼 수 있도록 도와준다. 우리는 그들이 남기고 온 사람들을 방문하기 위해 필요로 하는 모든 것을 제공해주지만, 동시에 그들이 이 과정 중에 눌러앉아 갇히지 않도록 경계한다."

첫 번째 방문

당신은 아마도 세상을 떠나자마자 바로 지상계로 돌아가고 싶어할 것이다. 왜냐하면 지상에서 벌어지고 있는 일들이 모두 감지될뿐더러 막 떠나온 이들이 아직도 매우 가깝게 느껴질 것이기 때문이다. 당신은 사랑하는 이들을 엄습하고 있는 상실감과 당신의 죽음을 둘러싸고 일어나는 모든 일로 인해 마음이 혼란해질 테지만 그 와중에서도 사후세계의 다음 단계로 나아갈 준비를 해야만 한다. 모든 것이 지상에서보다 훨씬 빠르게 진행될 것이며 이것이 마음을 더 혼란스럽게 할 것이다.

나를 통해 통신하기 위해 찾아온 많은 영들이 사후세계에서 겪게 되는 이 첫 과정에 대해 이야기하는 것을 나는 수도 없이 들었다. 벤은 이렇게 설명한다.

"우리는 그대를 데리고 여행을 떠난다. 그것은 집으로 돌아가는 여행이다. 우선 우리는 그대에게 사후세계를 둘러보게 한다. 하지만 그대는 어디에서도 멈춰설 수 없고 누구와 관계를 맺을 수도 없다. 마치 원의 둘레를 따라 날아다니면서 조망하듯이 먼발치에서 보기만 할 수 있다. 그대는 사후세계에 존재하는 사랑을 보게 되며 우리가 저마다 서로를 돕고 인도해주는 모습을 보게 된다. 또한 우리가 지니고 있는 섬세한 연결망과 자유를 보게 된다. 그러면서 그대는 처음으로 이곳에 머무르고 싶다는 생각을 품게 된다.

이 여정의 일부로서 우리는 그대를 지상계로 데리고 가서 그대를 애도하고 있는 가족과 친구들을 방문하게 한다. 그대의 도우미 팀의 다른 구성원들도 함께 가서 그대가 사랑하는 이들에게 여전히 그들과 함께하고 있다는 증표를 보내는 데 필요한 에너지를 공급해준다. 그대는 사랑하는 이들에게 사후세계가 그대를 환영하여 맞아들였고 잘 있다는 메시지를 전함으로써 그들을 안심시켜준다.

그들은 그대를 그리워하지만 그대는 그들을 그리워하는 감정을 경험하지 않는다. 그대는 그들을 사랑하고 그들이 잘 있기를 바라지만 결코 그들이 그대를 그리워하는 것처럼 그들을 그리워하지 않는다. 이것은 그대가 필요로 할 때면, 혹은 그들이 그대에게 도움을 청할 때면 얼마든지 그들의 세계로 돌아갈 수 있기 때문이다.

그들이 경험하는 일들을 목격하고 그들이 느끼는 감정들을 이해하는 것은 그대 자신의 성장을 위해서 꼭 필요하다. 그대는 오직 정직하고 열린 마음으로 그들과 온전히 함께함으로써만 지상의 인연을 마무리하고 내려놓을 수 있으며 그렇게 한 후에야 앞으로 나아갈 수 있다. 이것이 세상의 인연을 내려놓기 시작하는 방법인바, 이것은 저승의 여정을 시작하는 첫걸음일 뿐이다."

처음으로 지상계로 돌아가는 시점에는 아직 에너지가 많기 때문에 가장 쉽게 여행을 할 수 있다. 당신이 저 세상으로 건너올 때 통과한 흰빛은 에너지를 공급하는 근원으로 작용하여서 사랑하는 사람들에게 당신이 아직도 그들과 함께하고 있음을 알려주고 소통할 수 있도록 기운을 준다. 당신은 되돌아와서 사람들이 장례식이나 추도식을 준비하는 마지막 과정, 그리고 사람들이 느끼는 감정들을 모두 보고 느끼게 될 것이다. 당신은 다른 차원에 있어서 무척 답답할 수도 있다. 사람들 앞에서 팔짝팔짝 뛰면서 "이봐요, 나 안 보여요? 나 아주 잘 있다구요!"라고 소리치고 싶은데 말이다.

당신은 자신이 세상을 떠나는 시점의 상황으로 돌아가고 싶지 않을지도 모른다. 하지만 모든 영혼은 감정적 치유를 위해서 그 과정 속으로 들어가 상황을 지켜보도록 요청받는다. 당신은 아직도 지상의 인연에 매여 있기 때문에 방문하고 싶어할 가능성이 더 높다. 특히 죽음이 갑작스럽게, 혹은 비극적으로 찾아와서 작별인사를 할 수가 없었다면 더욱 그러할 것이다.

당신은 자신의 육신을 볼 수 있을 것이다. 물론 거기에는 당신의 영이 존재하지 않지만. 또한 당신이 마지막 숨을 거둘 때 임종할 기회를 놓쳐 버린 사람들이 방으로 뛰어들어오는 모습 등을 보게 될 것이다. 그 사람들은 죄책감을 느끼고 있을 것이다. 당신은 그들이 나누는 말을 들을 수 있고 그들이 느끼는 감정을 느낄 수 있으며 그들이 당신의 시신 주변에서 떠올리는 생각들도 들을 수 있을 것이다.

사랑하는 이들과 함께하면서, 당신은 그들 가까이에 서서 그들이 당신의 죽음으로 인해 느끼는 고통을 달래주려고 애를 써볼 수도 있을 것이다. 그들이 느끼는 슬픔이 당신을 압도해올 수도 있지만 당신은 곧 익숙해질 것이다. 어쩌면 당신 스스로가 그들이 경험하는 것을 함께 경험하고 싶어할 수도 있다. 왜냐하면 그것은 이미 일어난 일들을 받아들이는 데 도움이 되기 때문이다.

당신이 지상에서의 모습 그대로 다시 나타나주기를 바라는 것은 뒤에 남은 사람들의 인간적인 마음이다. 하지만 '육신의 모습으로' 나타나는 것은 엄청난 양의 에너지가 소모되기 때문에 진이 빠지는 일이다. 또한 그런 식으로 나타나봤자 별 소용도 없다. 왜냐하면 당신이 나타나더라도 그들은 너무나 놀라서 고개를 돌려버리기가 십중팔구일 터이기 때문이다. 그들이 다시 고개를 돌려서 당신을 보고자 할 때면 당신은 이미 없을 것이다. 바로 그들의 코앞에서 사라져버린 셈이다. 이것은 상실감을 키워서 더 깊은 후회만 남겨놓을 것이다… 이런 이유 때문에 '육신의 모습으로' 나타나는 것은 매우 드문 일이다.

아리엘이 이에 대해 좀더 자세히 설명해준다.

"저 세상으로 건너가고 난 후에 다시 육신의 모습으로 나타나려면 엄청난 양의 에너지를 써야만 한다. 지구에 있는 사람에게 모종의 신호를 보내어 평소라면 라디오를 틀지 않을 시간에 라디오를 틀게 해서 특정한 노래를 듣게 만드는 것이 훨씬 쉽다. 또한 인도령을 통해 생각을 그들의 머릿속에 집어넣음으로써 특정 시간에 어떤 라디오 프로그램이나 쇼에 귀를 기울이도록 만들 수도 있다. 사람들은 우리가 그들 앞에 '모습을 드러내기를' 가장 바란다. 하지만 이것은 생각처럼 쉬운 일이 아니다. 사후세계는 인간세계보다 높은 진동수로 존재하기 때문에 우리의 에너지는 인간들의 에너지에 비해서 차원이 매우 높다. 우리의 차원에서 인간들의 에너지 수준에 맞추기 위해서 우리의 에너지를 낮추려면 엄청난 노력이 필요하다. 이 기술을 터득하려면 시간이 많이 걸리며, 어떤 이들은 지상의 삶과 더 이상 관계를 맺고 싶지 않아져서 이런 기술을 배우는 데에는 전혀 관심을 가지지 않는다."

지상계로 돌아가는 첫 번째 여정에서 당신의 도우미 팀은 당신에게 사람들과 의사소통하는 방법, 즉 사람들에게 당신의 메시지를 전달할 수 있는 방법을 몇 가지 가르쳐줄 것이다. 당신은 사랑하는 이들로 하여금 어떤 음악에 주의를 기울이게 한다든지, 길 위에 떨어져 있는, 특별한 날짜가 적혀 있는 동전을 발견하게 만든다든지, 거리의 낯선 사람들이 나누고 있는 개인적인 이야기에 귀를 기울이게 만든다든지 하는 등의 방법으로 영향을 미칠 수 있다. 이것은 모두 에너지나 사고과정을 전달함으로써 영계로부터 물질계에 영향을 미치는 방법들이다.

지상계에 사는 이들과 소통하는 가장 쉬운 방법은 그들이 잠들어 있을 때 교신하는 것이다. 당신은 쉽게 그들의 꿈속으로 들어가서 그들의 영혼과 함께 시간을 보낼 수 있으며 그러면 그들은 깨어날 때 당신과 함께 있었던 것처럼 느낀다. 그리고 그것은 사실이다. 왜냐하면 영혼과 영혼은 서로 연결되기 때문이다. 그들이 자연스러운 잠속에서 몸을 빠져나와 아스트랄계를 여행하는 동안에 당신은 그들을 만나 이야기를 나누고, 심지어 함께 재미나게 놀 수도 있다.

　이때 나누게 되는 모든 의사소통은 사후세계의 여정에서 받는 치유의 중요한 부분이며 매우 자연스러운 과정이다. 당신이 여행을 떠나 사랑하는 이들과 떨어져 있게 되는 상황을 생각해보라. 목적지에 도착하면 당신은 사랑하는 이들에게 연락을 하고 싶어지게 마련이다. 전화를 건다든지 문자 메시지를 보낸다든지 아니면 이메일을 보낸다든지 해서 간단히, "나 잘 도착했어. 날씨도 무척 좋고 방도 멋지다. 2주 후에 보자. 잘 지내!"라고 말하고 싶게 마련이다. 우리는 누구나 이런 행동을 한다. 서로에 대해 신경을 쓰고 상대방을 편안하게 해주고 싶은 것이 우리 인간들의 마음인 것이다.

　사후에 영혼이 지상의 인연을 내려놓기 위해 얼마 동안 지상계에 아주 가까이 머무는 것은 일반적인 일이다. 자신의 삶을 기리는 마지막 축제에 참석하여 자신의 장례식을 지켜보는 것, 그리고 가족구성원 간의 관계가 변하는 것이나 사람들이 자신의 재산이나 소유물을 정리하는 과정을 지켜보는 것도 중요한 일이다. 이것은 모두 자신이 이젠 저세상으로 건너갔다는 사실을 받아들이는 과정의 일부분인 것이다. 당신은 자신의 죽음으로 인해 일어나는 다툼이나 슬픔을 목격할 것이다. 또한 사랑하는 사람들이 옛날 사진첩을 펴놓고 당신의 우스꽝스러운 행동들을 기억하며 웃는 것도 볼 것이다.

　이 모든 것이 당신이 성장해가는 과정, 곧 재탄생의 일부분이다. 대개는 죽음 이후에 인간의 시간으로 따지면 90일 정도까지 영혼이 지상계 주변에 머무른다. 90일은 사후세계의 시간으로 따지면 한나절 정도에 해당한다. 머무르는 시간의 길이는 영혼에 따라 다르다. 왜냐하면 영혼마다 필요한 것도 다르기 때문이다.

　방문하는 동안 더 오래 머무르고 싶은 유혹을 강하게 느낄 수도 있다. 하지만 죄책감을 계속 붙들고 있거나 사랑하는 이들의 부름에 계속 이끌려서 머무르고자 하면 사후세계의 여정을 이어가기가 매우 어려워진다는 사실을 기억해야 한다. 어쨌든 당신은 지상계의 감정을 모두 내려놓아야만 한다. 사후세계에서 치유의 여정을 계속 밟아가다 보면 아무리 심각한 문제도 해결할 수 있는 기회를 얻게 된다는 것을 당신도 알게 될 것이다.

　지상계 여행을 다녀왔다고 해서 다시는 지상계를 방문하지 못하는 것은 아니다. 당신은 언제든지 지상계로 돌아가 사랑하는 이들과 함께할 수 있다. 아리엘은 이렇게 말한다.

"재탄생의 첫 번째 단계에서 영혼은 아직도 지상계의 형상을 통해 사고하므로 자주 돌아가게 된다. 따라서 지상계와의 인연을 유지하는 것은 그들에게 중요한 일이다. 뒤에 남겨진 사랑하는 이들은 여전히 떠나간 영혼들을 그리워하고 있으며 많은 경우 그들이 함께해주기를 바란다. 우리는 이 과정을 도와주려고 애쓰지만 사후세계에 처음 도착한 영혼들은 모든 것을 자신이 하고 싶은 대로만 할 수는 없다는 사실을 자주 잊어버리곤 한다. 그들이 지상의 삶을 지나치게 가까이하고 스스로의 치유에는 힘을 쏟지 않음으로써 자신의 힘을 낭비하고 있을 때는 우리가 인도자로서 그것을 지적해주어야만 한다. 하지만 지상계를 방문하는 것은 이쪽 세계에서의 삶을 받아들이기 위해 중요한 과정임을 우리도 잘 알고 있다. 영혼들은 사랑하는 이들이 그들의 죽음을 애도하는 과정을 돕고 영향을 미치기 위해서 원한다면 언제든지 돌아가기를 선택할 수 있다."

지상의 인연 내려놓기

당신의 인도령들은 당신이 지상의 삶에서 관계 맺은 이들과 함께하기 위해 지상으로 여행하는 것을 도와주기 위해 항상 대기하고 있다. 이를 통해 당신은 그들이 당신에 대해 어떻게 생각하는지, 그리고 당신이 그들의 삶에 어떤 영향을 미쳤는지를 깨닫게 될 것이다. 이 모든 것은 당신이 사후세계 치유여정의 다음 단계를 위해 준비되도록 도와준다. 하지만 이 단계에서는 도우미들의 인도를 착실하게 따르는 것이 중요하며, 그들이 당신이 머무를 때와 떠날 때를 알려주도록 허락하는 것이 좋다. 왜냐하면 그들은 궁극적으로 당신을 위해 가장 좋은 것이 무엇인지를 잘 알고 있기 때문이다. 물론 당신은 언제나 그렇듯이 자유의지를 갖고 있으며 더 오래 머무를 필요가 있다면 그렇게 할 수 있다. 하지만 자신을 치유하는 데 써야 할 에너지를 낭비하지는 말아야 한다.

아리엘은 이렇게 말한다.

"어떤 영혼들은 다른 영혼들보다 더 자주 돌아간다. 어떤 영혼들은 전혀 돌아가지 않는다. 왜냐하면 그들은 이미 마음의 평안을 찾아 자신의 운명을 받아들였고 앞으로 나아갈 준비가 되어 있기 때문이다. 하지만 너무 자주 지상계를 방문하거나 거기에 너무 오래 머무르는 것은 손해가 될 수 있다. 왜냐하면 이것은 영혼이 사후세계에서 더 많은 것을 배우지 못하도록 방해하기 때문이다. 이것은 지상계의 시간개념에 비추자면 마치 한 발자국 전진하는 것처럼 보이지만 영혼의 성장이란 측면에서 보면 두 발자국 퇴보하는 것이다."

지상계로 돌아가는 첫 번째 여행에서 당신은 당신에게 가장 좋은 것을 제공하고자 하는 의도로 가득한 도우미 팀에 의해 완벽한 인도를 받는다.

이들은 당신이 이전의 삶에서 지은 모든 인연과 감정을 서서히 내려놓을 수 있도록 당신을 도와주고 싶어한다. 하지만 당신이 떠나온 사랑하는 이들은 당신이 그렇게 해야만 한다는 사실을 받아들이기 힘들어할 수도 있다. 그럼에도 불구하고, 사후세계의 여정을 계속해가기 위해서는 관계들을 마무리 지어 결국은 지상계와의 인연으로부터 해방되는 것이 꼭 필요한 단계이다.

내려놓고 앞으로 나아가기

막 죽음을 겪은 영혼으로 하여금, 주변의 물질적인 것들에 초점을 맞춰 자아와 육체를 지닌 존재로서 계속 살아가게끔 만드는 모든 연결고리를 끊게 하는 것은 매우 중요하다. 당신은 영혼으로서 온전히 살기 시작해야 하며, 지상에 존재했을 때 당신에게 중요했던 것들, 곧 자동차, 집, 텔레비전 쇼, 그리고 인간으로서 살아가면서 좋아하고 원했던 모든 것을 내려놓아야만 한다. (바로 이 때문에 영이 영매를 통해서 들어오면 돈에 대해서는 얘기하려 하지 않고 단지 "당신 요즘 돈 좀 많이 썼군" 하고 지적하면서 웃곤 하는 것이다. 왜냐하면 영은 모든 것을 지켜보고 있기 때문이다.)

내려놓기는 사후세계에서 영이 성장해가는 과정의 한 부분이다. 하지만 지상계에서 사람들을 향해 가졌던 감정들을 잃어버리게 되는 것은 아니니 안심하라. 소중한 순간들에 대한 기억 또한 잃어버리지 않을 것이다. 이 기억들은 당신이 성장해가는 데에도 도움이 된다. 왜냐하면 다음 생에서 교훈을 얻기 위해 이 기억들을 떠올려 이용할 것이기 때문이다.

그러나 당신에게 중요했던 다른 많은 것들이 더 이상 의미를 가지지 않게 될 것이다. 예를 들어 물질적인 대상이나 소유물들은 더 이상 아무런 가치도 없을 것이다. 별명이나 이름을 포함한 모든 딱지도 전부 떨어져나간다. 사후세계에서 당신은 본래 영혼의 이름으로 돌아가며 이것이 당신의 진정한 이름이다. 앞장에서 설명했듯이 나의 아들 찰리는 수년 동안 자기를 '샘'이라고 불러달라고 졸랐다. 왜냐하면 그것이 그가 '천국'에서 가졌던 이름이기 때문이다.

아리엘은 영혼들이 사후에도 간직하게 되는 것들에 관해 이렇게 이야기한다.

"지상의 사람들은 그대가 돌아와서 그들과 대화할 때 삶 속의 특정한 일들을 기억해주기를 바란다. 예를 들면 그들이 가장 좋아하는 음악이나 제일 좋아하는 색깔과 같은 것들을 말이다. 하지만 중요한 것은 그런 것들이 아니다.

영혼으로서 그대는 자신의 개성을 잃어버리지 않는다. 그대의 인격은 그대로 남아 있다. 기억에 남는 것은 삶에서 그대가 배운 것들이나 가족들에 대한 기억 등과 같이 중요한 사항들이다. 그대는 그대의 삶이 크게 바뀌었던 순간들을 특히 소중히 여기고 마음속에 간직할 것이다. 그 외의 것들은 그다지 중요하지 않다. 좀 가혹하게 들릴 수도 있지만 이것이 있는 그대로의 사실이다. 그대는 오로지 진실로 중요한 것만을 간직할 것이다."

대부분의 영혼이 지상계에 있는 이들과 의사소통하기를 원한다. 하지만 돌아가서 자신의 존재를 사랑하는 이들에게 알리기를 원하지 않는 영혼도 있다는 사실을 여기서 꼭 말해두고 싶다. 지상에 남아 있는 사람으로서 세상을 떠난 사랑하는 이가 찾아오지 않으면 매우 서운하고 속상한 느낌이 들 수도 있다. 사랑하는 이가 그냥 '떠나가버렸다는' 사실을 받아들이기란 매우 힘들다. 하지만 영혼을 대할 때 기억해야 할 것은, 당신이 하나의 인격체와 교류하고 있다는 사실이다. 만약 어떤 사람이 살아 있는 동안 고집이 셌다면 사후세계에서도 그는 고집이 셀 것이다. 특히나 세상을 떠난 지 얼마 되지 않았다면 지구와의 인연이 아직 강하게 남아 있기 때문에 더욱 그러할 것이다.

영혼들이 지구를 방문하고 싶어하지 않거나, 슬픔에 젖어 있는 가족들과 친구들에게 자신의 존재를 알리고 싶어하지 않는 데에는 여러 가지 이유가 있다. 어떤 영혼들은 죽음을 위한 준비과정을 거쳤음에도 불구하고 자신이 세상을 떠났다는 사실을 받아들이기를 힘들어하고 있을 수 있다. 또 어떤 영혼들은 뒤에 남겨진 이들의 슬픔을 지켜보는 것이 너무나 고통스럽기 때문에 돌아가고 싶어하지 않을 수도 있다. 그리고 또 어떤 영혼들은 마지막 작별인사는 이미 한 데다가 사후세계의 과정을 얼른 밟고 싶어서 안달하기도 한다. 당신은 세상을 떠난 이들이 생전에는 어떠했는지를 고려해보아야 한다. 그러면 그들이 세상을 떠난 직후에 지상계를 다시 방문하거나 방문하지 않는 이유를 이해하는 데 도움이 될 것이다.

나타샤의 이야기

나는 세상을 떠난 지 얼마 안 된 영혼이 되돌아오는 것을 개인적으로 여러 번 경험했다. 하지만 이젠 익숙해질 때가 되었는데도 여전히 그들을 보면 놀란다. 다음의 이야기는 세상을 떠난 지 얼마 안 되어 보이는 한 영혼이 얼마나 짧은 시간 안에 지상계로 돌아올 수 있는지를 보여준다. 이 이야기는 이런 방문이 엄청난 효과를 가져올 수 있다는 것과, 방문하는 영혼들에게는 사랑하는 이들이 긍정적인 방향으로 나아갈 수 있도록, 그리고 삶을 계속할 수 있도록 영향을 미칠 수 있는 능력이 있다는 점을 나에게 가르쳐주었다. 나는 이것이 무척 아름다운 이야기여서 이 장을 마무리 짓기에 안성맞춤이라고 생각한다.

나의 친한 친구 프랭키 리에게 나타샤 슈나이더라는 이름의 외조카가 있었다. 나타샤는 러시아와 미국에서 유명한 싱어 송 라이터였다. 그녀는 오랫동안 암투병을 하고 있었는데 프랭키의 추천으로 나에게 치유를 받으러 오기 시작했다. 그리고 그녀가 투병의 마지막 단계를 지나는 동안에는 내가 그녀의 집으로 찾아가곤 했었다. 그때 그녀는 의식이 없는 상태였지만 나는 세상을 떠날 준비단계를 거치고 있던 낸 프랜시스와 소통했던 것처럼 오로지 생각을 통해서 그녀와 의사소통을 할 수 있었다. 흥미롭게도 나타샤는 남편인 알렌 조하네스가 음악 사업에 대한 열정을 실현시킬 수 있도록 돕고 싶다고 했고 나는 그에게 이 사실을 전달했다.

나타샤는 오랜 기간 동안 최선을 다해 병마와 싸웠다. 하지만 내가 프랭키에게 그녀의 외조카가 병마를 이겨내지 못할 것이라고 말해야만 하는 순간이 오고야 말았다. 내가 하는 치유는 그녀의 몸이 낫도록 돕지는 못했지만 그녀의 영혼이 저세상으로 잘 건너가게 하는 데에는 도움이 되었다. 알렌과 프랭키, 그리고 다른 가족들은 그들이 너무나 사랑하는 한 사람을 곧 잃게 되리라는 사실을 받아들였다.

나는 영국으로 떠나기 위해 공항으로 가는 길에 나타샤를 보러 들렀다. 나는 이것이 그녀를 마지막으로 보는 것임을 알고 있었다. 그리고 그녀의 영혼이 마지막으로 저세상을 향해 떠나가는 것을 돕지 못하게 된 사실에 죄책감을 느꼈다. 영국에 도착하자마자 나는 스터들리 영성 모임이라는, 그 지역의 영성 교회를 방문했다. 그곳에서 나는 한 영매가 사람들에게 메시지를 전달하는 동안 청중석에 앉아 있었다. 그때 나는 어떤 존재감을 느끼면서 문득 전화기를 확인해야겠다는 강한 충동을 느꼈다. 피하고만 싶었던 문자 메시지가 와 있었다.

나타샤는 일레븐(11)이라는 밴드에서 노래를 했었다. 그리고 잠든 채로 11시 11분에 평화롭게 세상을 떠났다. 나는 마음을 가다듬기 위해 방에서 나와야만 했다. 내가 방으로 돌아오자 영매는 나에게 초점을 맞추고 나타샤로부터 온 짧은 메시지를 전하기 시작했다. 집으로 돌아오는 길에 가게에 잠시 들렀다가 차로 돌아왔을 때, 나는 문득 나타샤가 조수석에 앉아 있는 것을 발견했다. 그녀는 아름다운 미소를 지으며 눈부시게 빛나고 있었다. 나는 눈을 감은 채 그녀가 헌신적인 남편 알렌에게 전하는 메시지를 받았다. 그녀는 비록 세상을 떠났어도 항상 그와 함께하면서 그가 꿈을 이룰 수 있도록 돕겠다고 말했다.

이처럼 영혼이 세상을 떠난 직후에 방문하러 오는 것은 나에게는 특별한 일이 아니다. 나타샤는 내가 알렌에게 직접 메시지를 전해주리라는 것을 알았기 때문에 나에게 나타났던 것이었다. 그것이 "이봐요, 나 여기 있어요, 그리고 아주 잘 지내요!"라고 말하는 그녀만의 방법이었던 것이다. 다음은 내가 알렌에게 문자 메시지로 전달한, 나타샤로부터 받은 메시지를 그대로 옮긴 것이다. "평화롭고 아무런 통증도 없고, 떠나는 것이 무척 기분 좋게 느껴졌어요. 모두를 사랑하고 또 감사해요. 생각했던 것보다 쉬웠어요. 힘내요, 내 사랑."

알렌은 현재 뎀 크루키드 벌쳐즈라는 그룹에 속해 있으며 전 세계를 돌아다니는 성공적인 음악가이다. 나타샤와 알렌은 함께 '기적을 위한 시간'이라는 곡을 썼었는데, 아메리칸 아이돌 참가자였고 현재 인기 상승 중인 가수 아담 램버트가 최근에 이 곡을 불렀다. 알렌의 음악가의 길에서 놀라운 일이 일어날 때마다 그의 가족들은 모두 "나타샤가 도왔어!"라고 말하곤 한다.

앞의 장들을 통해서 지상계를 떠나 저세상으로 건너가면 어떤 일이 일어나는지에 대해 대강 알게 되었기를 바란다. 3부에서는 저세상 삶의 각 단계에 대해 알아볼 것이다. 저세상에서 당신은 지상의 삶에서 일어났던 모든 일을 받아들이는 데, 그리고 사람들과 사건들을 수용하고 끝마무리를 짓는 데에 집중하는 시간을 갖게 될 것이다. 이 과정을 통해서, 그리고 당신의 도우미 팀의 도움을 통해서 당신은 사후세계에서의 재탄생을 경험하게 될 것이다.

3부
치유의 여정

제10장

입문 – 기다림의 방

지상계를 한 번 다녀오고 나면 당신은 사후세계에서의 치유 여정에 입문하는 과정을 시작하게 된다. 당신은 베일을 통과하여 흰빛 속을 지난 후 영혼의 인연들을 만나고 지상계와의 인연을 내려놓음으로써 모든 준비를 끝마치게 된다. 이 모든 단계는 당신이 영혼으로서 진화해가는 과정을 돕기 위해 주도면밀하게 계획되고 짜여진 것들이다.

아리엘은 치유의 여정이 얼마나 중요한지에 대해 다음과 같이 설명한다.

"치유는 모든 영혼이 사후세계에서 지내는 동안 거쳐야만 하는 중요한 과정이다. 왜냐하면 영혼들은 지구에서 사는 동안 상처입고 마음 상하고 고통당하고 병을 앓았기 때문이다. 이는 쉽지 않은 과정이다. 하지만 재탄생을 위해서 꼭 필요한 과정이며 영혼이 더 높은 영역으로 올라가서 영적 차원의 더 깊은 지식을 습득하도록 허락받기 위해서 꼭 거쳐야만 하는 과정이다.

많은 영혼들이 자신은 영적인 삶을 살았기 때문에 깊은 영적 통찰력을 지니고 있다고 믿고 저세상으로 건너오지만, 대부분의 경우 이는 사실이 아니다. 일단 치유의 과정에 입문하고 나면, 비유적으로 말해서 눈이 열리고 빛을 보게 된다. 우리의 임무는 영혼들이 이곳에서 해야 할 일이 무엇인지를 이해할 수 있도록 도와주는 일이다. 우리가 그들의 일을 대신해서 해줄 수는 없다. 왜냐하면 이것은 그들의 치유과정의 일부이기 때문이다.

어떤 영혼들은 몸을 입고 있는 동안 육체적으로 겪은 고통과 아픔을 치유받아야 할 필요를 안고 사후세계에 도착하기도 한다. 이런 경우엔 그들의 에너지체와 오라도 치유를 받아야 한다. 영혼이 약해진 상태로 이곳에 도착하는 경우, 지구로 돌아가는 첫 방문은 짧게 가지는 것이 바람직하다. 이런 영혼들은 치유과정을 견뎌내기 위해 원기를 보충해야 하며 그들이 삶을 통해 얻은 교훈들을 익히고 소화시킬 준비를 해야 한다."

당신이 여정 속에서 딛게 되는 한 걸음 한 걸음은 모두 당신의 진화를 위해 꼭 필요한 과정들이다. 물론 도우미 팀이 당신을 인도해줄 것이며, 그들의 조언을 따르는 것은 매우 중요한 일이다. 당신이 전생에 저세상으로 건너가 치유의 과정을 이미 경험했을지라도 이 과정에 대한 기억은 잊혀져버리기 쉽다. 이 과정 중 하나라도 빠뜨리면 당신이 지구로 돌아가서 영위하게 될 삶에 영향이 미치며, 당신이 다음 생애를 이끌어가고 수용하는 방식에도 영향이 미치게 된다.

당신의 영혼은 끊임없이 변화하고 성장하고 배워가고 있으므로, 당신을 위해 계획된 과정들을 차근차근 밟아나가야 한다. 이는 항상 쉽기만 한 일은 아니다. 특히나 치유의 과정은 많은 영혼들이 그다지 좋아하지 않는 과정이다. 하지만 당신의 차례가 오기 전인 지금, 이에 대한 글을 읽어본다면 삶을 사는 방식이나 다른 사람들을 대하는 당신의 방식에 대해 새로운 시각을 가지게 될지도 모른다. 그렇다면 그것 자체가 당신의 치유

과정의 일부가 될 것이다. 치유가 사후세계에서 뿐 아니라 이 삶에서도 근본적으로 중요하다는 것은 두말할 필요가 없는 일이다.

한꺼번에 두 세계에서 치유하기

지상계에서 거치는 치유의 과정은 사후세계에서 밟게 되는 치유과정과 매우 비슷하다. 살아 있는 동안에도 해로운 관계나 실망스러운 관계를 가졌다든지 경제적인 재난을 겪었다든지 중독에 빠지는 등등 인생이 당신에게 던져주는 부정적인 상황들을 겪은 후에는 스스로를 치유하는 과정을 거쳐야만 한다. 당신은 자연스럽게 시간을 두고 상실감에 애통해하다가 어느 시점에 이르면 다시 앞으로 나아갈 준비를 갖추게 된다.

부정적인 상황에 대처할 때 옳고 그른 방법이란 없지만, 상황을 무시해버리거나 그것이 속에서 점점 더 심각한 상황으로 확대되도록 내버려두지는 말아야 한다. 계속 성장해나갈 수 있도록 이런 장애물들은 스스로 적극적으로 제거하는 것이 좋다. 그러지 않으면 장애물이 당신의 여정을 막아버릴 수도 있다. 예컨대, 해로운 관계를 떠나겠다고 마음먹자마자 갑자기 당신의 삶이 바뀌고 더 긍정적인 일들이 일어나기 시작하는 것을 경험해본 적이 없는가? 속담에도 있듯이, 하나의 문이 닫히면 다른 문이 또 열리게 마련이다.

지상계에서의 삶을 최대한 영적으로 풍부하게 가꿈으로써 사후세계에서의 치유여정을 미리 준비할 수 있다. 여기에는 당신의 에고가 매우 중요한 변수가 되는데, 당신이 한 가지 영적 원리를 이해하고 실천하는 것을 에고가 훼방할 수 있기 때문이다. 그 원리란, 당신의 삶이 운명지어진

대로 한 치의 오차도 없이 펼쳐지고 있다는 사실이다. 에고는 모든 일이 일어나야 할 대로 일어난다는 사실을 받아들이기를 어려워한다.

에고가 당신의 모든 결정과 선택에 영향을 미치기 시작하면 당신의 영적인 성장은 저해된다. 당신은 삶이 당신에게 제공하는 모든 것을 포용하고 가치 있게 여김으로써 에고를 피해 갈 수 있다. 이때 고생스러운 경험들 역시 어떤 이유와 목적이 있어서 주어진 것이므로 포용하고 그 가치를 느낄 수 있어야 한다. 여태까지 일어난 모든 일을 당신 자신이 그대로 계획했다는 것, 그리고 지구별에 오기 전에 자신의 영혼이 진화해갈 과정의 일부로서 이 모든 일을 스스로 계획했다는 사실을 알기 바란다. 이 현실을 받아들인다면 지상에서의 삶과 사후세계에서의 삶이 더욱 순조롭게 풀릴 것이며 모든 것이 훨씬 즐거워질 것이다.

지상의 인간으로서 우리는 삶을 더 낫게 만들 수 있는 방법을 늘 탐색하면서 스스로 부족하다고 느끼는 것들을 찾아다닌다. 옆집 정원에 난 잔디가 더 푸르게 느껴질 수도 있지만, 대부분의 경우는 그렇지 않다. 진실은 다음과 같다. 당신이 지금 이 순간 갖고 있는 것이 무엇이든 간에 — 당신의 소유물, 인간관계, 상황 등이 아무리 어렵게 느껴지더라도 — 지금 당신이 갖고 있는 것이야말로 정확히 당신이 갖고 있어야만 할 것들이다. 내 경우에 대해서 말하자면, 나는 내가 필요로 하는 것을 모두 갖고 있다고 말할 수 있다. 여기 앉아서 글을 쓰고 있는 이 시간, 그리고 들을 수 있는 음악이 있고 작업에 쓸 수 있는 노트북이 있고, 시력이 있고, 타자를 칠 수 있는 능력이 있고, 사후세계에 대한 지식이 있고, 또 나를 도와주는 도우미 팀이 있고, 그리고 이 책을 쓰는 동안 매 순간을 받쳐주는 내 가슴 속의 사랑이 있다. 나에게는 부족한 것이 없다!

'당신도' 모든 순간 속에서 스스로가 필요로 하는 모든 것을 갖고 있다는 사실을 수용할 수 있다면 당신은 자신이 갖고 있는 것들을 통해 더 큰 행복을 얻을 수 있을 것이다. 이것은 가장 큰 다이아몬드, 가장 최근에 유행하는 패션, 가장 호화로운 집과 같은 사치품을 갖는 것과는 아무런 상관이 없다. 이것은 당신 가슴속의 사랑과 관계되며, 그것은 당신이 자신에게 꼭 맞는 팔자를 타고나서 살고 있음을 받아들이는 데에서부터 비롯된다. 그것이 어떤 팔자이든 간에 말이다. 이것은 당신이 사후세계에서 치유의 여정을 거치는 동안 결국은 받아들여야만 할 일이기도 하다. 삶에서 중요한 것은 사랑이지 물질적인 것들이 아니다.

어떤 사람들은 자신의 삶을 너무 힘겹게 느끼고 자신은 삶의 희생양이라고 생각한다. 그렇다, 실제로 어떤 사람들은 다른 사람들보다 더 많은 어려움을 겪는다. 하지만 이 책을 읽어가는 동안 당신은 사실 오로지 스스로 선택한 일만 겪게 된다는 사실을 깨닫게 될 것이다. 당신이 당신의 삶을 선택한 데에는 이유가 있으며, 이것을 깨닫는 것이 중요하다. 남들을 보면서 그들의 물질적 소유에 질투를 느낄 필요가 전혀 없다. 현실을 살펴보면 사실 당신이 훨씬 더 행복할 수도 있으며 당신의 삶이 훨씬 더 사랑으로 가득할 수도 있다.

이것을 이해한다면 저세상에서 치유 여정을 통과하고 이후의 여정을 이어나가는 것이 매우 수월해질 것이다. 지상의 삶에서와 마찬가지로 사후세계의 삶에서도 있는 그대로의 상황에 순복하는 마음을 가져야 하며, 우리는 언제나 자신에게 적절한 시간과 자리에 처하게 됨을 받아들여야 한다. 당신은 바로 지금 당신이 알아야 할 모든 정보를 가지고 있다. 아무것도 감춰져 있지 않다. 그리고 당신이 뭔가를 필요로 한다면, 필요한 때에 정확하게 그것을 얻게 될 것이다.

여기서 벤은 살아 있는 동안에 내면을 통찰함으로써 답을 얻는 일에 대해서, 그리고 그 내면의 탐색이 저세상에서의 치유과정과 어떻게 연결되는지에 대해 이야기한다.

"우리는 모두 각자의 여정에서 도움을 받지만 어떤 이들은 그 도움을 받지 않기로 선택하고, 그 결과로 힘든 삶을 경험하게 된다. 물론 그대에게는 자유의지가 있고 무엇이든지 원하는 것을 선택할 수 있다. 하지만 그대는 자기 내면에 존재하는 도움과 답을 찾아보지 않았기 때문에 자신의 삶이 힘들어졌음을 깨닫게 될 것이다.

그대는 찾아보았다고 말할지 모르지만, 정말로 찾아보았는가? 책을 읽고 마음을 고요히 가라앉히려고 애쓰고 끊임없이 지껄이는 생각과 느낌들을 멈추려고 애써보았을 수도 있다. 하지만 모든 것을 열린 눈으로 바라보기를, 삶을 진지하게 반성해보기를, 그리고 우리의 인도를 활용하여 삶의 모든 측면에 의문을 던지기를 진실로 선택했는가?

내면을 통찰한다는 것은 자신의 동기, 욕망, 가장 뿌리 깊은 두려움 등을 아무것도 숨기거나 회피하지 않고 밑바닥까지 다 들여다볼 수 있는 용기가 있어야만 가능한 일이다. 이는 매우 어려운 일인 동시에 매우 불편한 일이기도 하다. 이 때문에 그토록 많은 사람들이 고생을 하면서 '사는 것이 힘들다, 삶은 가혹하다'고 말한다. 그들은 내면으로 깊이 들어가서 진정한 자신을 찾아본 적이 없다. 그들의 삶은 순전히 외면적인 것들에만 집중되어 있으며 자기 자신보다는 남들을 기쁘게 해주는 데에 초점이 맞춰져 있기 때문에 내면을 전혀 들여다보지 않는다. 설사 그런 시도를 하더라도 그들은 내면에서 찾은 답을 좋아하지 않는다. 왜냐하면 이 답들은 그들로 하여금 익숙하고 안전한 것들로부터 발을 빼기를 요구할지도 모르기 때문이다.

하지만 진실을 말하자면, 언젠가는 내면을 들여다보고 여태까지 무시해왔던 것들을 대면해야만 한다. 마지막 날까지 이 과정을 미룬다면 이는 어차피 거쳐야만 할 과정을 뒤로 미루는 것에 지나지 않으며, 과정을 더욱 어렵게 만들 뿐이다.

이것은 결코 쉽지 않은 과정이지만 앞으로 나아가기 위해서는 삶 속에서 내면을 들여다보는 작업을 해야만 한다. 그러지 않으면 사후세계에서라도 해야만 하기 때문에 그대는 치유여정 중에 이 과정을 거치도록 요구받을 것이다. 이렇게 스스로의 삶을 되살피는 중에 그대의 모든 감각은 예민해지고 모든 감정이 살아날 것이며 생전에 회피했던 모든 것을 진실로 느끼게 될 것이다. 그러니 지상계에 있는 지금, 그것을 느끼지 않을 이유가 무엇인가? 왜 회피하려고 하는가?"

삶이 힘들 때가 있다. 하지만 가장 힘든 상황이야말로 우리에게 가장 큰 도움이 된다. 스스로 자신의 삶을 정직하게 들여다볼 준비만 되어 있다면 말이다. 이것이 이생에서도 저생에서도 행복해지는 궁극의 길이다. 나는 나를 행복하게 만들어주리라고 생각했던 상황들이 행복하게 풀리지 않는 경우를 개인적으로 아주 많이 경험했다. 그리고 돌이켜보니 내가 진실로 필요로 하는 것과 진실로 원하는 것을 찾기 위해서 그 어려운 경험들을 겪어야만 했던 것이로구나 하고 수긍하게 되었다. 그리고 그 새로운 깨달음을 바탕으로 그제야 이해할 수 있었다! '한쪽 문이 닫히면 다른쪽 문이 열린다'는 사실이야말로 우리가 행복해지기 위해서 이해해야만 할 단순한 진리라는 것을 말이다.

이 모든 것이 사망 이후에도 영혼은 살아 있다는 사실과 무슨 상관이 있는 것일까? 간단히 말해서, 오직 인간들만이 어렵고 고통스러운 상황을 겪는데, 그것은 바로 이것이 우리가 배우고 성장해가는 방법이기 때문이다. 이는 사후세계에서도 마찬가지이다. 바꿔 말하면 삶 속에서 겪는 모든 것이 사후세계에서의 삶에 도움이 된다.

뿐만 아니라 사후세계에서 경험할 치유는 당신이 지상계에서 겪은 모든 부정적인 것을 내려놓게 만들 것이다. 하지만 이 일이 일어나기 위해서는 자신의 삶을 잘 들여다보고 면밀히 분석해야만 한다. 이 과정은 자신이 처음에 만들었던 삶의 서약서를 보는 데서부터 시작되는데, 이에 대해서는 뒤에서 설명하겠다. 치유의 여정을 다 거치고 나면 당신은 정화된 순수한 영혼으로서 저세상의 높은 차원들로 자유롭게 올라갈 수 있으며, 살아 있는 동안 당신을 아프게 했던 부정적인 것들에 더 이상 물들지 않고 사랑 속에 풍요를 누릴 것이다.

전체 여정

여기서 나는 내가 자주 사용하는 재미있는 비유를 통해 독자들에게 전체 치유여정의 개요를 설명하고자 한다.

대형 백화점을 상상해보라. 이런 백화점에는 끊임없이 들어오는 물건들을 도착하는 순간부터 최종 진열대에 오르는 순간까지 받아들이고 수송하기 위한 다양한 구역들이 있다. 사후세계에서도 마찬가지 구조를 통해 영혼들이 지속적인 치유와 성장의 과정을 거치게끔 되어있다.

어떤 독자들은 이 비유를 불손하게 여길지도 모른다. 하지만 나는 지상계에서 살고 있는 이들이 저세상으로 건너가는 과정과 치유의 과정을 쉽게 이해할 수 있도록 이 비유를 오랫동안 사용해왔다. 그리고 상담 중에 인도령들이 "백화점의 비유를 얘기해주라"고 말하는 것을 들은 일도 여러 번 있어서 나는 이 비유를 계속 사용하고 있다. 이 비유는 사람들이 사후세계의 전체적인 윤곽을 파악하여 사후세계의 구조를 쉽게 이해할 수 있게 해준다. 그러니 이해를 돕기 위해서 가능하다면 불쾌한 마음을 잠시 내려놓아 주시길 빈다.

이 비유를 계속 확대해가기 전에 짚어둬야 할 중요한 사항이 있다. 백화점에서는 생산지로부터 진열장까지 물건의 흐름이 단선적單線的으로 이루어진다. 즉, A로부터 B로 움직인 후 다시 B로부터 C로 움직인다. 하지만 사후세계에서 영혼이 실제로 겪게 되는 경험은 전혀 단선적이지 않다. 대신 영혼이 실제로 겪게 되는 과정은 그 경로에 수많은 전환점이 포함되어 있다는 점에서 순환적이다. 즉 한 영혼이 A에서 B로 갔다가 C로 나아가기 전에 다시 A로 돌아갈 수도 있다. 지상계에서든 사후세계에서든 모든 치유는 이렇게 순환의 과정을 거쳐서 이루어진다. 비록 내가 설명의 목적을 위해서 사후세계에서의 치유과정이 단선적인 것처럼 묘사하더라도, 이 점을 염두에 두고 읽어주시기를 바란다.

자, 이제 다시 백화점 비유로 돌아가자. 모든 백화점에는 새로 들어온 물건을 받아들이는 구역이 있다. 적재 구역 말이다. 마찬가지로 사후세계의 만남의 방(Meeting Room)에서는 흰빛을 통과하여 새로이 도착한 영혼들이 도우미 팀의 환영을 받으며 맞아들여진다. 이에 대해서는 앞에서 이미 설명했다.

다시 백화점으로 돌아가 보면, 물건들은 적재 구역으로부터 옮겨져서 '재고관리' 과정에 들어가 수속을 마친다. 이제 물품목록이 작성되었으며 이로써 백화점은 이번에 들어온 물건이 무엇인지에 대한 파악을 끝냈다. 사후세계에 도착한 영혼들의 경우, 기다림의 방(Waiting Room)에 들어가는 것이 곧 그들의 치유여정의 시작을 알리는 입문식이다. 이곳에서 영혼들은 살아 있는 동안 성취한 것들과 성취해내지 못한 것들의 목록을 작성하며, 이 목록을 태어나기 전에 스스로의 동의하에 작성했던 삶의 서약서와 비교해본다.

일단 입고된 물건의 등록이 끝나서 재고목록이 작성되면 상품은 창고 구역으로 옮겨져서 판매 구역에 들어가기 전에 분류의 과정을 거친다. 사후세계의 영혼들도 '통찰의 방(Viewing Room)'이라는 공간에 머물면서 방금 떠나온 삶의 각 요소를 정리하고 분류하는 시간을 가진다. 이곳에서 당신은 자신의 삶을 깊이 되살피고 지상계에서 저지른 잘못들을 만회할 수 있는 기회를 가질 것이다.

백화점에서 분류가 끝난 물건들은 매장으로 옮겨져서 알맞은 부서에 진열될 준비가 다 된다. 사후세계에서도 삶을 되살펴보기를 끝낸 영혼들은 계속 배우고 성장해갈 수 있도록 더 심도 깊은 작업을 하기 위해 다른 치유의 방들로 나아갈 준비가 된 셈이다.

치유의 여정이 거의 다 끝나갈 무렵, 영혼들은 보호자의 방(Guardianship Room)에 도달하게 된다. 이는 백화점에 비유하자면 운영자들이 작업하는 공간, 혹은 운영자들의 사무실이 있는 공간과 비슷하다. 사후세계에서 이것은 장로들과 매우 진화된 영혼들의 지위에 해당한다. 이들의 임무는 영혼들이 스스로가 낸 성과를 돌아보고 사후세계에서 앞으로 나아갈 방향을 정하고 계획할 수 있도록 돕는 일이다. 지상계로 돌아가는 영혼들은 상영의 방(Screening Room)으로 가게 된다. 백화점으로 말하자면 이는 반품된 물건들을 모아서 재배치하기 위한 장소와 비슷하다. 상영의 방에 들어간 영혼들은 환생하기 위한 준비과정을 거치게 되며 다음번 지구여행 중 함께하게 될 부모, 그리고 겪게 될 상황들을 미리 보면서 선택할 수 있게 된다.

보호자의 방과 상영의 방 너머에도 광대한 사후세계가 펼쳐져 있다. 거기에는 천사들과 신의 구역도 있는데, 나는 이 구역을 근원이라고 부른다. 이에 대해서는 지상에는 비유할 만한 것이 없으므로 시도조차 하지 않겠다!

입문식의 시작

당신의 치유 여정이 정식으로 시작되는 것은 기다림의 방에서이다. 당신은 이곳에서 차례가 되어 부름을 받을 때까지 머무르면서 삶의 서약서 원본을 보게 된다. 이는 당신이 방금 마친 생을 시작하기 전에 영과 함께 동의하고 서약한 내용들이다.

여기서 당신은 수속과정을 밟고 당신과 비슷한 다른 영혼들과 한 무리를 이루어 다양한 치유 경로를 통해 치유의 방들로 가도록 배정받는다. 다시 백화점 비유로 돌아가자면, 이것은 등록을 마친 후 상품들이 끼리끼리 나뉘어서 백화점의 다양한 부서로 보내지는 것과 같다. 예를 들자면 여성용 모자는 이쪽으로, 남성용 구두는 저쪽으로 보내진다. 영혼들의 경우도 마찬가지이다. 당신은 적당한 무리에 속해서 자기에게 꼭 맞는 곳으로 보내진다. 이 과정 중에 걱정 근심 같은 것은 전혀 일어나지 않는다. 왜냐하면 저세상으로 건너오는 동안에 받은 사랑이 아직 당신과 함께 있으며 이 사랑의 상태는 절대로 바뀌지 않기 때문이다.

당신이 수속을 밟기 위해 차례를 기다리고 있는 동안, 사후세계의 경험에 익숙해질 수 있는 기회들이 주어진다. 앞에서 저세상에서는 시간이 더 빨리 지나가고 모든 일이 더 신속하게 진행된다는 사실을 말했다. 모든 것이 어찌나 빠르게 진행되는지, 인간의 육안으로 사후세계를 보면 그저 흐릿한 형체들이 빠른 속도로 쌩쌩 지나다니는 것만 보일 것이다.

당신은 육신 속에 있을 때 시야의 한쪽 구석에 나타나는 작은 반짝거림을 통해 이미 이 현상을 감지했을 수도 있다. 이것은 영들이 당신의 주변 시야에 신호를 보내어 교신을 시도하고 있다는 징조이다. 영혼과는 달리 육신은 먼저 육안에 보이는 것들에 반응한 후 뇌를 자극하여 근육으로 신호를 보내게 한다. 근육이 반응을 보일 때에야 인간은 감정을 표현하거나 행동을 할 수 있다. 인간으로서 우리는 형체를 지니고 있어서, 이로 인해 육신으로부터 해방된 영혼의 상태에서는 아주 빠르게 일어나는 과정들이 육신 속에 있을 때에는 천천히 일어나게 된다.

사후세계에서 익숙해져야 하는 또 하나의 현상은 낮과 밤이 없다는 것이다. 영혼들은 잠을 잘 필요가 없다. 하지만 쉬기를 원한다면 그렇게 할 수 있다. 영혼들도 우리의 세계와 연결되어 있기는 하지만 전혀 다른 차원에 존재하므로 밤이나 낮이 필요하지 않다. 영혼들에게는 성별 역시 없다. 따라서 남자 영혼이나 여자 영혼 같은 것은 존재하지 않는다. 다만 지상에서의 인격 중 어떤 측면은 아직 지니고 있다.

사후세계가 참으로 좋은 것은 적대감이나 분노가 존재하지 않는다는 점이다. 사후세계는 평화롭고 안정적이다. 당신은 사후세계가 항상 환영하는 분위기로 가득하다고 느낄 것이며 두려워할 것이 하나도 없다는 사실을 확신하게 될 것이다. 하지만 당신에게는 당신이라는 존재에 각인되어 있는 특유의 마음상태가 있다. 이 마음상태는 당신의 선택을 통해 결정되며, 그것이 어떤 상태든 간에 당신은 그 마음상태로부터 자신의 경험을 창조한다. 이것은 지상계에서도 마찬가지여서, 부정적인 마음상태를 외부로 투사하면 그 부정적인 것이 되돌아온다. 마찬가지로 긍정적인 에너지를 보낸다면 긍정적인 것을 돌려받을 것이다. '비슷한 것들끼리 끌어당기는' 것은 지구에서와 마찬가지로 사후세계에서도 작용하는 원리이다.

벤은 기다림의 방에서 머무는 동안에 일어나는 일들에 대해 다음과 같이 이야기한다.

"인도령들이 그대를 데리고 가서 사후세계의 치유여정을 위한 수속을 밟게 할 것이다. 이 과정은 시간이 좀 걸릴 수도 있다. 하지만 지상계의 시간개념과 이곳의 시간개념은 같지 않다는 점을 기억하라. 시간의 본질은 존재하지 않는다. 시간은 영원하다.

그대는 삶의 서약서 원본에서 뽑아낸 확인 조항들의 목록을 받을 것이다. 이 서약서는 그대가 방금 마친 생 속으로 환생하기 위해 지구로 돌아가기 전에 작성했던 것이다. 이 목록에는 그대가 삶 속에서 성취하기로 했던 것들, 배우기로 동의했던 교훈들, 그리고 그대가 돕기로 한, 혹은 그대를 도와주기로 되어 있던 사람들이 모두 적혀 있다. 또한 그대의 삶에 큰 영향을 주기로 되어 있던 사람들(그리고 그들이 어떻게 영향을 주기로 되어 있는지)도 포함되어 있으며, 그대가 실행하기로 되어 있던 좋은 일들과 나쁜 일들, 그대가 겪게 될 건강상의 문제점들과 회복의 과정, 그대의 재정적인 성공과 실패, 또한 그대의 삶에 들어오거나 그대를 떠나갈 연인들 등등 그대가 성취하기로 되어 있던 모든 것들이 목록에 적혀 있을 것이다. 이것은 그대의 삶의 서약서에 적혀 있는 내용에서 뽑아낸 것들이다. 그리고 삶의 서약서에는 적혀 있지 않았지만 지상계에 있는 동안 성취해낸 가외의 것들도 첨부되어 있다.

이 모든 것이 다 이 목록에 적혀 있으며 그대는 치유여정의 다음 단계인 삶을 되살피는 과정 속에서 이 모든 것과 대면해야 한다. 그렇게 해야만 치유 여정을 계속 해나갈 수 있는 것이다."

서약과 운명을 완수하기

기다림의 방에서는 한 명의 장로가 당신을 맞이할 것이다. 그는 당신의 삶의 서약서를 갖고 있는 인도령이다. 내가 조시야를 소개받았을 때 그는 '장로'란 그저 하나의 호칭에 지나지 않으며 자신이 다른 영혼들보다 높은 지위에 있다고 생각하지 않는다고 말했다. 조시야는 다른 모든 영혼들과 마찬가지로 자신에게도 사후세계에서 달성해야 할 성장과 배움의 과정이 있다고 말했다. 하지만 그는 한층 더 진화한 영혼으로서 새로운 영혼들이 사후세계로 입문할 때 그들을 보살피는 역할을 맡도록 선택된 것이라고 했다. 그가 맡고 있는 다른 일들에 대해서는 뒤의 장에서 설명하겠다.

앞에서 벤이 채널링해준 내용처럼 삶의 서약서에는 당신이 지상계에 있는 동안 깨우치기로 약정한 교훈들이 포함돼있다. 우리는 누구나 이런 서약서를 가지고 있다. 이는 우리가 인도령과 장로들의 도움을 받아 작성하는 서약서로서, 우리가 배워야 할 교훈들을 기록해두고 확인할 수 있게 해준다.

당신의 서약서는 일평생 변하지 않기 때문에 환생 이후의 삶은 당신이 태어나기 전에 이미 예정되어 있는 셈이다. 하지만 당신은 여전히 서약서에 명시되어 있지 않은 선택을 하고 결정을 내릴 수 있는 자유의지를 가지고 있다. 모순처럼 보이는 이 두 가지 점, 즉 예정론과 자유의지를 이해하고 싶다면 다음의 가상 시나리오를 차근차근 읽어보라.

당신이 밖에 나가 심부름을 하고 있다고 상상해보라. 당신이 약국에 가서 처방전을 내야 하는 상황이라고 하자. 약을 타기 전까지 당신은 쇼핑을 좀 하기로 했다. 가게에서 나와서 약국으로 돌아가려고 하는데 당신은 오랫동안 보지 못했던 옛 친구와 마주쳤다. 둘은 커피를 마시면서 서로 살아온 이야기를 나누기로 했다. 궁극적으로 예정되어 있던 계획은 처방된 약을 타는 것이었다. 하지만 자유의지에 의해서 옛 친구와 커피를 마시기로 하면서 당신은 계획을 수정하였다.

어떤 이들은 친구와 만나는 것이 정말 자유의지에 의한 것이었는지 아니면 일어나기로 되어 있던 일인지에 대해 의문을 던질 수도 있을 것이다. 달리 말해서 예정론 말이다. 하지만 친구가 계획의 일부분이었는지 아니었는지는 그다지 중요하지 않다. 왜냐하면 당신은 언제든지 예정된 것과 다른 선택을 할 수 있기 때문이다. 이렇게 생각해보라. 처방약을 타는 것은 예정된 것의 일부분이다. 하지만 '언제' 그리고 '어떻게' 처방약을 타기로 결정하는지는 당신에게 달려 있다. 이것은 당신이 사후세계에서 서약하는 내용과 비슷하다. 이 서약서에는 당신이 완수해야 할 수많은 과제들을 명시되어 있지만 그 중간중간에 항상 시험이 있으므로 당신은 자유의지를 통해 영원토록 선택을 하게 될 것이다.

당신의 삶의 서약서는 신성한 것이므로 반드시 존중해야 한다. 장로와 함께 수속을 밟으면서 당신은 삶의 서약서 조항들 중 달성하지 못한 조항의 목록도 보게 될 것이다. 이 조항들은 여전히 당신의 숙제로 남아 있다. 이 조항들 중에서 당신은 중요한 사람들, 즉 지상계와 사후세계에서 당신의 스승이 되어줄 사람들의 목록도 보게 될 것이다. 이들은 대부분 여러 생에 걸쳐 당신의 영혼의 가족이었던 사람들로서, 특히 당신의 삶에 깊은 영향을 미치기 위해서 보내진 사람들이다. 예를 들어 당신의 서약서에는 당신과 애정관계를 가지기로 되어 있는 사람에 대한 조항이 있을 수도 있다. 그 사람과의 관계는 지속되지 못할 수도 있다. 하지만 당신은 여전히 그 사람과 함께 배우기로 서약했던 것들을 모두 완수해야 한다.

아주 개인적인 예를 들어서 설명해보겠다. 나는 한 전생에서 사이몬 — 현생의 내 아들의 아버지 이름이다 — 의 아이를 가진 적이 있었다. 그 생에서 그는 내가 자신의 아이를 낳기를 원치 않았으며 나의 어머니 역시 이를 원치 않았다. (그녀는 이번 생에서는 내 어머니가 아니다.) 그 압력에 못 이겨서 나는 내 의지에 반하여 뒷골목에서 낙태수술을 받았는데 당시에는 그런 수술을 위한 마취기술이 없어서 매우 큰 고통을 겪었다. 그때 수술과정이 잘못되어 골반 부위에 염증이 생기고 말았고, 이 염증은 온몸에 퍼져서 결국 나는 목숨을 잃고 말았다.

이번 생에서도 나는 골반 부위에 심각한 건강상의 문제를 겪었으니 흥미로운 일이다. 아무튼 나는 골반의 문제와 다른 건강상의 문제들 때문에 아이를 갖지 못할 것이라는 말을 여러 해 동안 들었지만 사이몬과 함께 살 때 기적이 일어났다. 내가 아이를 가진 것이다.

또 하나 흥미로운 사실은, 이번 생의 내 어머니도 내가 아이를 갖기 전에 한 번 더 생각해 보기를 권했다는 사실이다. 당시는 내가 하나의 관계를 청산한 직후였기 때문에 어머니 입장에서는 당연히 내가 또 하나의 관계를 벌이는 것이 걱정스럽게 느껴졌을 것이었다. 하지만 나는 이것이 내가 아이를 낳을 수 있는 유일한 기회라는 생각이 들었기 때문에 임신 중절을 하지 않고 찰리를 낳기로 했다. (이것이 유일한 기회라는 나의 생각은 옳았다. 왜냐하면 나는 찰리를 낳은 후 얼마 안 되어서 자궁절제 수술을 받았기 때문이다.)

사이몬과 나는 더 이상 함께 살지는 않지만 좋은 관계를 유지하고 있으며 두 사람 다 수많은 어려움을 겪고 극복해왔다. 우리의 영혼은 무수한 생을 함께했고, 우리의 서약서에는 두 사람이 이번 생에 다시 만나서 아이를 낳을 것이라고 명시되어 있다. 나는 사이몬과 내가 저번 생에서도, 그리고 이번 생에서도 부모가 되어 책임을 지고 살기를 배우도록 예정되어 있었다고 믿는다. 그리고 찰리가 우리를 부모로 선택한 것은, 찰리가 자신의 영적 재능으로써 많은 사람들에게 영향을 미칠 수 있도록 성장하는 데 필요한 수업을 우리가 제공해줄 수 있기 때문이었다고 믿는다. 또한 나는 이 아이가 내 목숨을 구해준 것이 한두 번이 아니었다고 가슴에 손을 얹고 정직하게 말할 수 있다.

나는 부모가 되어서 그 경험을 통해 성장하도록 예정되어 있었다. 부모 노릇을 통해서 사람들을 더 깊이 이해하고, 또 사랑하고 책임을 지는 일의 가치를 깨닫도록 예정되어 있었던 것이다. 이 모든 것이 서약서에 포함되어 있었으며 나는 이번 생에서 내가 성취해야 할 것들과 전생에 완수하지 못하여 과제로 남아 있는 것들을 바탕으로 지상계에 오기 전에 이번 삶을 계획하고 선택했다. 당신 또한 마찬가지이다.

삶의 서약서로부터 빠져나갈 길은 없으며 그것은 여러 생에 걸쳐 구속력을 갖는다. 당신은 이 모든 생에서 인도령들의 인도를 받는데, 이들은 당신도 모르는 사이에 당신을 서약서에 명시된 조항들을 완수하는 데 필요한 상황으로 데려다놓는다. 당신이 원하든 원하지 않든 간에 말이다. 당신은 당신의 삶을 바꿔놓을 사람들을 '우연히' 만나게 될 것이다. 하지만 진정으로 우연히 일어나는 일은 하나도 없다. 모든 계획은 당신이 서약서의 조항들을 힘이 닿는 한 가장 훌륭히 완수할 수 있게끔 짜여 있으며 당신은 그 계획에 따라 인도를 받게 된다. 우주에 순복하여 삶의 온갖 일들을 억지로 밀어붙이지만 않는다면 당신은 예정했던 바대로 서약을 완수하게 될 것이다.

특정한 일을 이루기 위해서 만나기로 약정되어 있는 이들을 만나는 일은 항상 분명하고 쉽지만은 않다. 예를 들어 나는 최근에 분명히 내 삶의 서약서에 명시되어 있는 것으로 느껴지는 어떤 사람을 만났다. 나 역시 그 사람의 삶의 서약서에 들어 있었다. 하지만 우리는 아직 우리가 함께 이루어야 할 일이 무엇인지를 온전히 깨닫지 못했다. 우리가 함께함으로써 많은 사람들을 돕게 될 것이라는 사실은 확실하다. 하지만 내가 한창 변화를 겪고 있는 시기에 만났기 때문에 우리는 많은 혼란을 겪어야만 했고, 그것은 두 사람이 함께 의미 있는 일을 하기에는 너무나도 부적절한 때라서 우리는 웃음을 터뜨리지 않을 수가 없었다. 물론 우리는 우리의 관계가 좀더 순탄하기를 바랐지만, 사실 우리는 이번 생에서 함께 장애물을 극복해낼 수 있는지를 시험받고 있었던 것이다. 이렇게 두 사람의 여정이 교차할 때 얻어진 교훈을 통해 서약서에 약정한 내용을 완수할 수 있도록 말이다.

짧은 기간 동안 남은 생에 큰 영향을 미칠 수 있을 정도로 많은 교훈을 깨우칠 수도 있다. 영성을 향해 마음을 열어두고 믿음을 간직하는 것은 특히 삶의 서약을 완수하는 데에 도움이 될 것이다. 믿음이란 종교와는 관계가 없다. 믿음이란 자기 자신을 믿고 또 자기가 원하는 것들이 자신의 더 높은 소명을 추구하기 위한 것임을 믿는 것이며, 다른 사람들에게 피해를 입히지 않는 한 이를 모두 성취할 수 있음을 믿는 것이다.

답을 찾아 내면을 들여다보는 것만이 평생에 걸쳐 인도를 받을 수 있게 하는 열쇠이다. 명상 역시 삶을 여는 열쇠이다. 지금 여기를 살면서 머릿속의 생각을 늦추고 물질적인 것에 신경을 덜 뺏기면 당신은 성장에 필요한 모든 도구를 제공받아 하고자 한 일을 모두 해낼 수 있을 것이기 때문이다.

마지막으로 벤은 삶을 이해하기 위해 내면을 성찰하는 것이 얼마나 중요한지를 다음과 같이 상기시켜준다.

"명상은 삶의 모든 지식과 지혜를 얻게 해주는 열쇠와 같다. 지금 살고 있는 삶은 물론이고 이전에 살았던 모든 삶에 대해서도 말이다.

그대가 탐험해주기만을 기다리고 있는 무궁무진한 우주가 있다. 하지만 그대는 그 모든 것의 의미를 다 이해할 수는 없고 단지 현재 살고 있는 생의 목적과 관련된 것만을 이해하게 될 것이다. 이 우주는 너무나 커서 아무도 모든 것을 다 이해할 수는 없다. 중요하지만 그대의 눈에 띄지 않도록 감춰진 것들도 있다. 그러나 아무도 시도해본 적 없는 새로운 방식으로 탐험해볼 수 있는 세계들도 얼마든지 있다.

너무나 많은 인간들이 자신의 논리적인 마음으로써 모든 것을 알아낼 수 있다고 생각한다. 하지만 이것은 논리적 분석으로써 이해할 수 있는 것이 아니다. 논리적으로 삶에 접근하는 사람은 결코 답을 얻을 수 없다. 오히려 그대는 그 답이 그대를 통해 흘러나와, '아, 그렇구나!' 하고 무릎을 치게 하는 순간이 오도록 내버려둬야 한다."

많은 사람들이 임사체험 후 돌아와서, 베일을 통과하기 전에 자신의 전 생애가 눈앞에 섬광처럼 지나갔다고 보고하곤 한다. 이것은 사실이며, 이를 통해 우리는 우리를 현재의 자리에 이르도록 도와준 일련의 중요한 사건들의 의미를 이해하게 된다. 누군가를 만나거나, 혹독한 가르침을 얻거나, 사람들이 잘 가지 않는 길을 가는 등, 삶 속의 이 모든 사건은 사후세계에서의 재탄생을 위해 준비하게끔 도와준다.

사후세계 치유여정의 다음 단계에서 당신은 삶의 서약서를 가지고 기다림의 방을 나서서 통찰의 방으로 옮겨가서 삶을 되살피는 과정을 마친다. 이는 치유 여정 속에서 가장 어려우면서도 가장 보람 있는 과정이다.

제11장

삶을 되살피기 – 통찰의 방

명상 중에 장로 조시야가 치유여정의 다음 단계가 어떻게 시작되는지를 내게 설명해주었다.

"수속을 마치고 삶의 서약서를 받은 후 그대는 치유여정의 다음 단계인 통찰의 방으로 인도받는다. 이곳에서 그대는 삶을 되살피기 위해 지난 생에서 일어났던 중요한 사건들을 다시 지켜보게 될 것이다.

도착과 동시에 그대는 그대의 도우미 팀 구성원들이 둥글게 둘러앉아 있는 원의 한가운데에 앉게 될 것이다. 이때 팀의 구성원들은 손을 잡고 자신들의 에너지를 그대를 향해 보내줄 것이다. 이것은 매우 아름다운 광경이다. 그대가 이런 모임의 한가운데에 앉아 있는 것을 한 번 상상해보라. 수많은 생애에 걸쳐 그대를 인도해왔던 영혼들과 도우미들이 자신들의 영적인 에너지를 모아 그대의 치유를 위해 쏟아붓고 있는 광경을 말이다."

조시야가 나에게 통찰의 방에 들어서는 영혼들이 환영받는 광경을 설명해주었을 때 나는 그것을 자세하고도 생생하게 볼 수 있었다. 이처럼 사후세계에 관한 생생한 심상을 얻을 때마다 나는 내 머릿속에 있는 영상을 모든 사람이 볼 수 있도록 커다란 화면에 투사할 수 있었으면 좋겠다고 생각하곤 한다. 내가 본 심상의 그 아름다움과 강렬함을 말로 묘사할 길이 없다. 하지만 최선을 다해보겠다.

도우미 영들은 통찰의 방에 둥글게 원을 그리고 앉아 있다. 그들은 마치 3D 전구와도 같은 모습으로, 그 희미한 경계선 너머로 에너지를 방사하는데 그 방사광은 서로 연결되어 빛의 원을 형성한다. 새로 도착한 영혼은 그 원의 한가운데에 앉게 된다. 이 영혼을 둘러싸고 있는 도우미 팀은 오로지 한 가지 목적을 갖고 있다. 그 목적이란 바로 이 영혼을 치유하기 위해 그들의 강력한 힘을 빌려주는 것이다.

이토록 큰 에너지의 후원을 받는 것이 영혼에게는 감당하기 어려운 일일 수도 있다. 앞서 말했듯이 사후세계에서는 모든 감각과 감정이 극대화되므로 이 영혼에게는 자신을 에워싼 에너지가 이 지구상에서는 결코 발견할 수 없을 정도로 강하고 격렬하게 느껴질 것이다. 한 발전소의 모든 전기가 방 안의 영혼들을 관통해 흐르면서 눈이 멀 것만 같이 강렬한 밝은 빛으로 모두가 빛난다고 상상해보라. 여기에다가 스위치를 더 올려서 그 전기의 강도를 백 배 더 높인다고 상상해보면 그것이 어떤 경험인지 알 수 있을 것이다.

만약 영혼이 기다림의 방에서, 혹은 지상계로의 여행을 통해 에너지가 조금이라도 고갈된 것을 느낀다면 그 영혼은 이곳에서 에너지를 보충받고 다음의 치유 단계, 곧 삶을 되살피는 과정을 밟을 힘을 얻게 되는 것이다.

삶을 되살피기

사후세계에서 당신은 방금 묘사한 환영의 원을 거쳐서 통찰의 방의 중심부인 극장 구역으로 인도받을 것이다. 그곳에서 당신은 가장 최근의 생애를 되살펴보는 시간을 가질 것이다. 삶을 되살피는 일은 저세상에서 거치게 되는 과정들 중에서도 가장 어려운 과정이지만 동시에 가장 중요한 과정이기도 하다. 이곳에서 당신은 방금 떠나온 삶 속에서 일으켜놓고 해결하지 않은 문제들을 직면해야만 하며 이 문제들이 야기한 아픔을 깊이 느끼고 문제가 발생하는 과정에서 자신이 행한 역할을 인정하고 받아들여야만 한다.

이 과정이 어려운 이유는, 사후세계에 온 지 얼마 되지 않았을 때에는 아직도 에고가 남아 있기 때문이다. 이에 반해 더 진화된 영혼들은 자신의 모든 면모를 순수한 에너지로 변환시켰기 때문에 에고가 더 이상 필요하지 않다. 어떤 영혼들은 인도령들이 권하는 길을 따르지 않기로 선택하기 때문에 사후세계에 오래 지낸 후에도 강한 에고를 유지하고 있기도 한다. 그러나 인도령들이 권하는 치유의 길을 따르는 영혼들의 경우엔, 진정한 치유와 성장이 시작될 수 있도록 모든 에고가 마치 옷 벗듯이 벗겨진다.

어떤 영혼들은 통찰의 방에 도착하기도 전에 벌써 에고를 잊어버리기 시작하기도 한다. 이것은 그들이 처음으로 지상계로 돌아가는 여행을 할 때 시작될 가능성이 크다. 지상계로 돌아가서 그들은 자신이 저지른 잘못과 실패들을 목격하게 되고, 사람들이 자신에 대해 실제로 어떻게 생각하는지도 깨닫게 된다. 그들은 또한 자신이 얼마나 사랑받았는지도 깨닫게 되는데, 물론 이로 인해 에고가 오히려 더 커지는 반작용이 일어날 때도 있지만 대부분의 경우는 그렇지 않다. 많은 영혼들의 경우 외부세계로부터의 영향에 민감하게 반응하고 사랑을 수용하려면 에고를 내려놓아야만 한다.

   삶을 되살피는 과정으로 돌아가자. 당신이 이 과정을 거치는 동안 인도령들이 당신이 필요로 하는 힘과 용기를 줄 것임을 기억하라. 당신의 팀에 속한 도우미 영들은 저마다의 역량과 자신이 이미 깨우친 교훈들에 어울리는 임무를 맡게 된다. 이 같은 '분업화'의 결과로 당신은 각 과정을 거칠 때마다 특정 인도령과 가까워지는 경험을 하게 될 것이다. 당신의 주 인도령은 당신이 삶을 되살피는 동안 함께하지만 이 단계에서는 주 인도령의 역할이 줄어든다. 이제 주 인도령은 전체 과정을 감독할 뿐, 당신의 치유를 위해 부가적인 도움이 필요하지 않은 한 상황에 직접 관여하지 않는다.

   물론, 사후세계의 여정에서 당신은 단 한 순간도 홀로 남겨지지 않는다. 치유의 여정 중 한 단계에서 다음 단계로 넘어갈 때마다 당신은 주 인도령과 많은 시간과 에너지를 나누고 함께 재미있는 일들을 하면서 즐기게 된다. 당신과 주 인도령은 당신의 최근 생애 중에, 그리고 생애와 생애 사이의 기간에 함께했던 추억들을 더듬어볼 것이다. 만약 당신의 소울메이트가 사후세계에 함께 있다면 그 혹은 그녀 역시 당신의 삶을 되살필 때 함께할 것이다. 그러나 당신이 이 과정을 마치는 것을 그들이 도와주지는 못한다. 여정을 마친 후에는 소울메이트와 함께할 시간이 충분히 주어질 것이다.

   벤은 삶을 되살피는 과정을 이렇게 묘사한다.

"그대는 좋고 나쁘고 추하고를 가리지 않고 자기 생애의 모든 면을 되살피게 된다. 그대가 했던 말들, 그대가 주었던 선물들, 그대가 받아들였던 사물과 사람들, 그리고 그대가 삶을 살았던 방식 등등. 통찰의 방에서는 이 모든 것이 그대의 눈앞에 펼쳐질 것이다. 이것은 쉬운 과정이 아니다. 왜냐하면 그대가 끼친 모든 고통, 또한 그대가 당했던 모든 고통을 보게 될 것이기 때문이다. 그대는 이 모든 것을 다시 경험하게 될 것이다. 하지만 이번에는 상대방의 입장에서 상황을 보게 될 것이다. 그대는 그대의 행동이 다른 사람들을 어떻게 아프게 했는지를 이해함으로써 갈등의 본질을 이해하게 될 것이며 다른 사람들이 느꼈던 아픔들을 느끼게 될 것이다."

삶을 되살피는 과정에서 당신은 자신의 삶을 전체적으로 조감하게 되며 처음부터 마지막까지 모든 일을 대면하게 된다. 또한 자신이 사람들에게 미친 영향과 다른 사람들로부터 받은 영향을 알게 될 것이며 자신이 상황을 어떻게 처리했는지 혹은 처리하지 못했는지도 보게 될 것이다. 하지만 가장 어려운 것은 당신이 다른 사람들에게 끼친 고통과 아픔을 되느끼는 일일 것이다. 지상에서는 당신의 관점을 기준으로 해서 살았기 때문에 다른 사람들의 감정을 느끼지 못했고 당신의 행동이 남들에게 어떤 영향을 미쳤는지를 진실로 알지 못했다. 하지만 사후세계에서 당신은 당신의 말과 행동으로 인해 고통당했던 사람들의 관점에 서서 자신이 교훈을 깨닫게 된다. 이것은 힘든 일이다. 하지만 만약 이것이 지상계에 있는 동안 모든 사람을 사랑과 존경으로써 대하고자 하는 마음을 불러일으키지 못한다면 과연 무엇이 그런 마음을 불러일으킬 수 있겠는가!

삶을 목격하기

통찰의 방에서 당신은 자신의 삶에서 일어난 모든 일이 여러 개의 벽에 투영되는 것을 보게 될 것이다. 마치 화면이 여러 개 있는 영화관에 들어온 것처럼 말이다. 이 방은 당신에게 최고로 강도 높은 경험을 제공할 수 있도록 꾸며져 있으며, 지구상의 그 어떤 영화관도 이것은 따라오지 못한다. 벤은 이렇게 묘사한다.

"통찰의 방은 둥글고, 당혹스러울 정도로 넓다. 그대가 상상할 수 있는 한 가장 으리으리한 호텔을 상상해보라. 그리고 나서 그 규모를 두 배로 늘려보라. 너무나도 호화로워서 거의 말로 표현이 안 될 정도이다. 그대 눈에는 대리석처럼 보이는 구조물도 있다. 하지만 우리의 세계에는 그대의 세계에서 사용되는 물질적 재료들이 없으므로 단지 그대가 이해할 수 있는 개념을 사용해서 설명하고 있는 것임을 잊지 말라.

주실의 천정은 반구형으로 되어 있고 선명한 그림과 형체들이 새겨져 있는데 모두가 매우 아름답고 평안한 느낌을 준다. 방의 곳곳이 황금빛 테두리로 장식되어 있고 방의 한복판에는 둥근 눈금판이 있는데, 이 눈금판이 돌아가면서 그대의 생애의 각 부분을 비춰서 그대가 스스로 삶을 되살펴볼 수 있게 해준다.

방을 쭉 둘러가면서 벽마다 화면이 설치되어 있어서 그대 생애의 다양한 기억들을 비추어 보여준다. 이 벽들은 기둥으로 구획이 지어져 있으며, 벽의 크기에 따라 크고 작은 화면이 걸려 있다. 투영시킬 사건에 따라 어느 크기의 화면을 사용할지가 결정된다. 어떤 구획에는 여러 개의 화면이 걸려 있어서 한 화면이 그대가 그 사건을 머릿속에서 어떻게 경험했는지를 보여주면, 바로 옆의 화면에서는 같은 사건을 상대방이 어떻게 경험했는지를 보여준다. 그리고 다른 화면들에서는 또 다른 이들이 어떤 감정을 느꼈는지를 보여준다. 따라서 매 순간 그대는 여러 각도로 비치는 기억들과 그와 연관된 감정들이 한꺼번에 투영되는 것을 보게 된다.

그대와 그대의 인도령들만이 통찰의 방에 들어갈 수 있으며, 차례를 기다리는 다른 영혼들은 바깥에 있게 된다. 이 과정 중에 그대는 앉지 않고 서 있는다. 왜냐하면 그대는 수동적인 태도로 편안하게 지난 삶을 관조하러 온 것이 아니기 때문이다. 그대는 능동적으로 스스로가 삶 속에서 견뎌낸 일들을 목격하고, 또 스스로의 행동이 다른 이들의 삶에 미친 영향도 생생하게 보게 된다."

명상 중에 나는 장로 조시야를 통해 통찰의 방에서 일어나는 일에 대한 정보를 더 얻을 수 있었다.

"그곳에서 스스로의 삶을 들여다보면서 그대는 자신이 배운 교훈들, 자신이 이루어낸 성과들, 그리고 스스로가 어떻게 그런 성과를 낼 수 있었는지도 이해하게 된다. 그대는 또한 완수했어야 했는데 그러지 못한 과제들도 보게 될 것이다. 서약서 원본을 대조표로 삼아 그대가 완수한 과제와 임무들, 그리고 완수하지 못한 과제와 임무들을 명확히 하는 것이 그대의 할 일이다. 그대는 또한 스스로가 끼친 아픔과 고통을 보게 될 것이며 각 사람과 함께 창조해낸 기쁨과 행복도 보게 될 것이다.

요컨대, 우리가 몸을 입고 지구에 오는 이유는 배우기 위함이다. 그렇다. 우리는 모두 영원토록 영계에서 살 수도 있다. 하지만 고도로 진화된 존재로서 행성과 우주를 선물로 받은 우리가 그 안에서 살아보지 않을 이유가 있겠는가?

　"이 과정은 그대가 거쳐야 하는 일들 중 가장 어려운 일에 속한다. 보통 이 과정을 쉬지 않고 수행할 경우, 지상계의 시간으로 따지면 3주에서 4주 정도에 달하는 긴 시간을 필요로 한다. 하지만 우리의 시간으로 따지면 그것은 그렇게 긴 시간이 아니어서 전체 과정을 밟는 데에 한두 시간 정도밖에 걸리지 않는다."

　통찰의 방에 있는 동안, 당신은 눈앞의 기억을 정지시켜놓고 거기에 의식을 집중하면서 관련된 감정들을 깊이 느껴보는 기회를 가질 것이다. 이를 통해 매 순간을 따로따로 다루어 있는 그대로를 포용할 수 있다. 이는 '당신만의' 과정이므로 당신이 원하는 어떤 방식으로든 경험할 수 있다. 어떤 영혼들은 생애 전체를 쭉 보고 나서 다시 재생시키면서 특정 항목에서 정지시키고 거기서 발생하는 사랑, 기쁨, 아픔, 고통 등의 감정들과 대면하는 방식을 선택한다. 당신의 도우미 팀은 당신이 이 과정에서 필요로 하는 도움을 제공해줄 것이다. 하지만 기본적으로 당신은 삶을 되살피는 과정을 혼자서, 스스로 해나가야만 한다.

　한번은 사후세계에서 삶을 되살피는 과정을 거친 영이 자신이 지상에서 저지른 부정적인 일들을 목격한 후 사과와 보상을 하기 위해서 상담 중에 나를 찾아온 적이 있었다. 이것은 참으로 영원히 잊지 못할 감동적인 경험이었다.

　그때는 한 어린 소녀가 상담을 받으러 왔었는데, 그녀의 아버지 빌이 심장마비로 갑작스럽게 세상을 떠났다고 했다. 빌이 상담 중에 나를 통해 나타났을 때, 그는 딸에게 깊이깊이 사랑한다고, 하지만 자신이 좋은 아버지가 되지 못하여 가족들을 자주 실망시켰노라고 고백했다. 그는 자신의 삶을 되살피는 일이 세상에서 가장 힘든 일이었다고 말했다. 하지만 자신의 과실을 깨닫고 나서는 자신이 실망시킨 가족들 모두에게 미안한 마음을 하나의 증표로써 전하고 싶다고 말했다.

그 증표는 길을 가는 가족 앞에 나타날 1달러짜리 지폐였다. 나는 이 얘기를 듣고 좀 의아하게 여겼다. 왜냐하면 보통 영들은 사랑하는 이들이 발견할 수 있도록 페니(동전)를 놓아두기 때문이었다. 하지만 곧 나는 이 남자에게 1달러짜리 지폐가 특별한 의미를 갖고 있다는 것을 알게 되었다. 그의 이름은 '빌'이었는데 1달러짜리 지폐도 '빌'이라고 불리기 때문이었던 것이다. 그의 딸은 가족 모두에게 1달러짜리 지폐의 의미를 알려주고 지폐가 나타나면 눈여겨보라고 꼭 전하겠다고 했다.

다음 4주 동안 빌로 인해 상처를 입었던 가족 구성원들이 저마다 빌의 딸을 찾아와서 길거리에서 1달러짜리 지폐를 발견하고 그것이 빌에게서 온 것임을 알고 주웠다고 전했다.

빌의 딸이 또 상담을 받으러 왔을 때, 그가 다시 찾아왔다. 빌은 자신의 뜻이 딸의 도움을 통해 전해진 것에 대해, 그리고 그가 사과하고 싶었던 모든 사람에게 사과를 할 수 있었던 것에 대해 행복해했다. 지난번 상담 이후에도 그는 자신이 살아 있는 동안 다른 많은 사람들의 마음을 상하게 한 것을 깨달았고 그들 모두에게도 사과의 뜻을 전했다고 했다. 이번에는 나비나 나비의 상징을 사용해서 그들에게 메시지를 전했다는 것이다. 이렇게 두 번째로 찾아온 빌은 마침내 평안을 되찾고 자신이 사랑하는 사람들 모두와 교신할 수 있어서 흡족한 느낌이 들었다고 말했다.

사후세계로 건너가면 누구나 반드시 통찰의 방으로 가서 자신의 삶을 되살펴보게 된다. 이는 순수한 흰빛을 통하지 않고 사후세계에 온 사람들도 마찬가지이다. 이 영혼들의 경우에는 삶을 되살피는 과정에서 선택의 폭이 훨씬 좁으며 끼친 해악의 정도가 크기 때문에 훨씬 강렬한 경험을 하게 된다. 그들은 자신이 상대방에게 끼친 고통과, 자신의 행동이 주변 사람들에게 미친 영향도 모두 목격해야만 한다. 그러면서 동시에 그 극심한 고통을 아무 보호막 없이 직접적으로 느껴야만 한다. 이 영혼들이 거치게 되는 치유의 과정은 그들로 하여금 그런 해악을 저지르게 만든 근본 원인을 대면하고 해소하게 하는 과정이기도 하다.

아돌프 히틀러의 영혼이 이 범주에 들어간다. 우리 모두가 알고 있다시피 히틀러는 수백만 명에 달하는 사람들에게 끔찍한 고통을 끼쳤고 그 파장이 오늘날에 이르기까지 많은 사람들에게 영향을 미치고 있다. 따라서 히틀러가 삶을 되살피는 과정은 그가 일으킨 사건들과 그 사건들이 사람들에게 미친 영향을 느끼고 이해하는 과정이었다. 물론 주지하다시피 그는 육신을 갖고 있지 않으므로 육신을 통해 고통을 느끼지는 않겠지만 그가 끼친 감정적인 고통과 괴로움들은 생생하게 느꼈을 것이다. 그는 다른 대부분의 영혼들보다 통찰의 방에 오랫동안 머무르면서 자신으로 인해 희생당했던 모든 사람이 느꼈던 감정들을 하나하나 다 느껴야 했을 것이다. 게다가 휴식을 취할 권리도 주어지지 않는다. 그리고 나서 그는 자신이 행한 잘못들에 대해 용서를 구해야 한다. 하지만 그의 여정은 여기서 끝나지 않는다. 왜냐하면 어느 시점에서 그는 지상계로 돌아가서 자기 영혼 속으로부터 조화를 창조해내야만 하기 때문이다.

앞에서 나는 지옥이란 사후세계에 있는 특정한 장소라기보다 마음의 한 상태라고 말했었다. 히틀러처럼 대규모의 잘못을 저지른 영혼들은 장시간 동안 통찰의 방에 있어야 한다. 어떤 이들에게는 이것이 지옥처럼 보이겠지만, 사실은 그렇지 않다. 이 과정은 어렵긴 하지만 그 영혼들에게는 삶을 되살피는 것 역시 치유의 과정으로서, 정죄당하거나 끝없는 고통을 선고받는 것이 아니다. 치유의 과정을 거치고 나면 이 영혼들도 사후세계에서 자기수련을 하거나 혹은 다음 생에서 인간으로 다시 태어남으로써 자신을 갈고 닦으며 지속적으로 삶의 교훈들을 깨우치고 성장해 갈 수 있으며, 그리하여 다음번에는 순수한 흰빛을 통과하여 사후세계에 도착할 수 있게 된다.

지옥이란 우리가 스스로를 가두어두는 어떤 마음상태이다. 이 말은 아무리 반복해도 지나침이 없다. 만약 자신이 죽어서 지옥에 갈 것이라고 믿는다면 당신은 고통과 번뇌로 가득한 삶을 창조할 것이다. 그러나 다시 말하지만 '지옥은 존재하지 않는다.' 통찰의 방에서 목격하게 되는 것들이 인간이 상상할 수 있는 한도 내에서는 지옥과 가장 가까울 것이다. 왜냐하면 자신이 다른 사람들에게 끼친 아픔과 고통을 경험한다는 것은 매우 극렬한 경험이기 때문이다. 삶 속에서 사랑하는 이에게 상처를 입히고는 그 사람의 고통을 스스로가 느껴보도록 자신을 허용했을 때의 느낌을 기억해보라. 그리고 그 느낌을 여러 배 증폭시켜보라. 오로지 마음을 열고 이 느낌을 충분히 받아들여 직접 느껴봄으로써만 자신이 저지른 해악을 인정하고, 그로써 그로부터 정화될 수 있다. 당신이 다른 사람들에게 그런 깊은 고통을 끼쳤다는 사실을 받아들일 때, 당신은 치유과정의 다음 단계로 나아갈 수 있다.

아픔이 성장을 의미할 때

통찰의 방에서 당신이 다른 사람들에게 끼친 해악에 집중하다 보면 그것은 동시에 당신의 행동이 어떤 방식으로 그들의 성장에 도움을 주었는지를 깨달을 수 있는 기회도 된다. 모든 사람은 성장하기 위해서 어느 정도의 고통을 겪어야만 한다. 그것은 이혼, 경제적 파탄, 학대, 중독이나 혹은 인생에 대한 총체적인 실망으로부터 비롯하기도 한다. 어떤 경우에는 당신이 다른 사람들이 그런 경험을 할 수 있도록 중개해주는 역할을 하게 된다. 다음에 소개할 나의 상담사례가 이를 잘 설명해줄 것이다. 즉, 이 이야기를 통해서 당신이 다른 사람들에게 고통을 끼치는 역할을 맡음으로써 그들이 더 큰 치유와 진화를 이룰 수 있도록 어떻게 도와줄 수 있는지, 그리고 이것이 어떻게 당신에게도 같은 효과를 가져다줄 수 있는지를 알 수 있을 것이다.

마리나는 자신의 삶이 어디를 향하고 있는지, 그리고 자신이 올바른 길을 가고 있는 것인지를 알아보기 위해 나를 찾아왔다. 그녀는 영매 서비스는 받기 원하지 않는다고 말하고 영능력을 사용한 상담을 해달라고 요청했다. 물론 나는 항상 내담자의 요구를 들어주고자 한다. 그러나 저세상으로부터 방문하고 싶어하는 영이 있을지 없을지는 내 힘으로만 결정할 수 있는 일이 아니다. 만약 방문하고 싶어하는 영이 있으면 물론 나는 그것을 막지 않는다.

상담 중 마리나의 예전 결혼생활에 관한 정보가 들어오기 시작했다. 그녀는 이미 이혼한 상태였다. 마리나의 인도령들은 그녀의 10년 결혼생활이 쳇바퀴에 갇혀 지내는 것과 같았으며 남편을 떠난 것이 그녀의 삶 속의 부정적인 장애물들을 넘어서는 계기가 되었다고 했다. 이 장애물들로 인해 관계가 정체되었던 것이었다. 이혼 후 그녀는 삶의 여정을 나아갈 수 있었고 꿈에도 그리던 남자를 만나게 되었으며 삶을 다시 시작할 수 있었다. 마리나는 많은 변화와 자극을 필요로 했고 그녀의 새 파트너도 그런 면에서 그녀와 아주 비슷했다. 그는 그들이 함께한 아직 얼마 되지 않은 시간 동안 그녀에게 이미 몇몇 핵심적인 교훈을 가르쳐주었으며 그녀가 다양한 방식으로 성장하고 성숙할 수 있도록 도와주었다.

상담 중에 내가 마리나에게 남자의 존재가 느껴진다고 말하고 나서 그가 다름 아닌 그녀의 전남편임이 확인되자 그녀는 감정이 복받쳐서 눈물을 흘리기 시작했다. 그녀의 전남편은 헤어지고 나서 약 2년 후에 갑자기 세상을 떠났었다. 그리고 그녀는 마치 이혼이 그의 죽음을 부추기기라도 한 것처럼 죄책감을 느꼈었다.

상담 중, 마리나의 전남편은 둘이 갈라서기로 결정했을 때 결혼생활이 끝났다는 사실과 혼자서 자신의 삶을 계속 살아가야 한다는 사실을 받아들이고 싶지 않았다고 말했다. 그는 매우 분노하고 상처 입은 채로 그녀를 붙들어두려고 온갖 수를 다 썼다. 그러나 저세상에서 얻은 지혜를 통해서 그는 자신이 왜 아픈 이별을 겪어야 했는지를 이해하게 되었다. 그는 자신이 인간관계 속에서 얼마나 부정적이었는지를 깨달았고 그 행동에 대해 책임을 져야 할 사람은 바로 '자신'이지 마리나나 다른 누구를 탓할 것이 아님을 깨달았다. 만약 마리나가 그를 떠나지 않았다면 그는 이 교훈을 깨우칠 기회를 놓쳤을 것이다. 이 교훈을 얻는 과정은 사과하고 용서를 구하는 것을 포함했다. 살아 있는 동안 그는 절대로 그렇게 하지 못했었다. 그러나 이제 그는 자신의 삶의 서약서에 명시된 내용을 지키고 사후세계에서 그가 필요로 하는 통찰을 얻었다.

삶을 되살피는 과정을 거치는 한 영혼으로서, 당신은 자신이 누군가를 아프게 하긴 했지만 그 사람은 자신의 삶에서 경험한 그 아픔으로 인해 성장할 수 있었다는 사실을 발견하게 될 것이다. 당신이 파괴적인 관계를 맺고 있다고 가정해보자. 당신은 떠나고 싶지만 떠나지 않고 있다. 왜냐하면 함께 있는 이가 머물러 있어 달라고 사정을 하고, 또 그 말을 듣고 그냥 머물러 있는 것이 세상에 나가서 다시 새 사람을 만나기 시작하는 일보다는 더 손쉽기 때문이다. 그러나 아무런 행동도 취하지 않는 것은 자신의 행복과 상대방의 성장을 지연시킬 뿐이다. 종종 잘 되게 하려는 의도로 다른 사람들을 아프게 할 때, 당신은 그들의 성장을 돕는다. 그들은 그 상황을 통해서 교훈을 얻고 당신과의 관계 속에서 배운 바를 디딤돌로 삼고 나아가 충만한 관계를 만들게 된다.

예를 들어, 찰리의 아버지인 사이몬과 내가 헤어졌을 때, 나는 고통이 너무 심해서 그 시련을 극복해낼 수 있으리라고는 생각도 못했다. 그는 나를 너무나도 아프게 했고, 그 경험에서 헤어나오기까지 많은 시간을 보내야 했다. 하지만 이제 우리는 아주 좋은 관계를 유지하고 있으며 아들을 함께 정성스레 돌보는 부모이기도 하다. 나는 이것을 매우 감사히 여긴다. 내가 견뎌내야 했던 고통은 내 내면의 힘을 스스로 찾아낼 수 있도록 도와주었을 뿐만 아니라 지금 내가 보물처럼 여기는 많은 장점들도 찾게 해주었다. 오늘날의 내가 되기 위해서 나는 그 경험을 해야만 했던 것이다. 그것은 나에게 놀라운 배움의 경험이었고, 그를 통해 나는 너무나 많은 도움을 얻었다. 영혼의 차원에서 보면 사이몬은 그 고통을 스스로 경험해야만 할 것이지만 동시에 그 고통이 결국은 나에게 어떤 도움이 되었는지도 깨닫게 될 것이다. 이 두 가지 모두가 그에게 치유의 선물을 가져다줄 것이다.

너무 빨리 떠나왔는가?

어떤 영혼들은 자신들의 인생이 예정보다 일찍 끝났다고 느낀다. 즉, 떠날 시간이 되기도 전에 지상계로부터 끌려왔다고 느끼는 것이다. 이 영혼들은 삶을 되살피는 과정을 거치면서 자신이 남들에게 끼친 상처들에 대해 깨달은 후 사후세계에서의 시간을 마감하고 다시 지구로 환생하여 그 상처들을 치유하기로 마음먹을 수도 있다. 이런 경우, 그들은 원래의 가족의 일원으로 다시 태어나거나, 혹은 원래의 가족과 가까운 관계로 다시 태어나 치유를 필요로 하는 사람들의 삶에 도움을 주게 된다. 치유에 필요한 교훈이 어떤 것이냐에 따라, 다른 곳에 환생하여 상황은 다르더라도 같은 교훈을 경험하게 될 수도 있다.

영혼이 예정보다 일찍 지상으로 돌아오는 경우도 있으나 이것은 권장되지 않는다. 삶을 온전히 되살피는 것은 영혼의 치유에 핵심적인 과정이기 때문에 만약 이것을 단축시킨다면 전생에서 비롯된 행동방식이 다음 생에서 반복될 수가 있다. 삶을 되살피는 과정은 반복적으로 고통과 해악을 끼치는, 쳇바퀴처럼 돌아가는 부정성을 깨뜨릴 수 있는 유일한 기회이다. 그러므로 그러려면 삶을 되살피는 과정을 마쳐야만 한다.

조시야는 통찰의 방에서 일찍 지상으로 돌아가기로 결정하는 몇몇 영혼들의 경우에 대해 이렇게 말한다.

"그대들은 삶의 전환점들을 보며 교훈을 얻는다. 통찰의 방에서 그대는 이런 전환점들을 그대로 통과해갈 것인지, 아니면 영상을 잠시 멈추고 자신이 왜 그때 그런 행동을 했는지를 분석해볼 것인지를 결정할 수 있다. 또는 그 과업들을 마무리 짓기 위해 다시 환생할 필요가 있는지 어떤

지를 결정할 수도 있다.

어떤 영혼들은 사랑하는 이들이 자신의 죽음으로 인해 겪어야 하는 고통에 대해 너무나도 깊이 마음 아파한 나머지 돌아가서 그들이 그 아픔을 이겨낼 수 있도록 도와주고 싶어하기도 한다. 하지만 이 시점에서 돌아가는 영혼은 매우 드물다. 대부분은 통찰의 방에 계속 머무르면서 스스로 지난 생에 겪은 아픔으로부터 온전히 치유받아야 한다고 느낀다.

영혼이 돌아가기를 선택할 경우에는 금방 허락이 떨어지며, 아직 더 배울 필요가 있는 교훈을 깨우치기에 알맞은 환경이 주어진다. 보통 어릴 적에 세상을 떠난 아이나 뒤에 남겨진 이들의 고통을 다독여주고 싶어하는 자살자의 경우에 이런 조치가 취해진다."

삶을 되살피는 과정을 끝까지 온전히 마친다면 당신은 자신이 떠날 시간이 되어서 지상계를 떠났다는 사실을 깨닫게 될 것이다. 당신은 삶의 서약서에 배우기로 명시된 교훈들을 모두 습득했고, 만약 습득하지 못했다면 그것은 지상의 육신이 고장 났거나 적절한 상황이 조성되지 못하여 기회를 놓쳤기 때문이다. 어쨌든 간에 당신은 떠나야 할 시간에 떠난 것이다. 미처 깨우치지 못한 삶의 교훈들은 사후세계에서, 혹은 지상으로 다시 돌아왔을 때 깨우칠 수 있도록 당신을 위해 준비될 것이다.

모든 사람에게는 각자 지상계 차원을 떠날 시간이 예정되어 있다. 그것은 각자의 삶의 서약서에 명시되어 있어서 우리는 항상 '제시간에' 세상을 떠나게 되어 있다. 우리가 세상을 떠날 당시의 상황이 어떠하든지, 혹은 그에 대해 우리가 뭐라고 생각하든지와는 상관없이 말이다. 불가피하게 지상계를 떠나야 한다는 사실에 반응하는 방식, 곧 깨어 있는 의식으로써 평화롭게 반응하는가, 아니면 거부와 저항으로 반응하는가는 전적으로 당신에게 달려 있다. 하지만 이제는 사후세계에 대해 더 많이 알게 된 만큼 전혀 저항할 필요가 없다는 사실을 깨달았기를 바란다. 이 자각은 당신이 자신의 시간이 부당하게 '단축'되거나 일찍 끌려갈 지도 모른다는 염려 없이 삶을 더욱 풍요하게 살아갈 수 있도록 당신을 해방시켜 줄 것이다.

죽기 전에 꼭 해야 할 일들 — 가야 할 때를 알기

나는 사람들이 죽기 전에 하고 싶은 일들을 자세하게 적어놓은 목록을 만드는 것에 대해 이야기하는 것을 들은 일이 있다. 이 '죽기 전에 꼭 해야 할 일들'의 목록은 '버킷 리스트'라고도 불리는데, 이것은 죽는 것을 '버킷(양동이)을 찬다'고 표현하는 데서 비롯되었다. 이 목록에는 지상의 삶을 떠나기 전에 보고 싶은 사람과 장소들, 그리고 해보고 싶은 경험들이 나열되어 있다. 이 목록을 만든 사람들에게는 목록의 항목들을 하나하나 지워나가는 것이 곧 자신이 세상을 떠날 시간을 받아들이는 과정이 된다. 그리고 그 시간은 곧 그들이 삶에서 하고자 하는 모든 일을 끝마치는 때이다.

자신의 삶 속에서 어떤 일이 일어나기를 원하는지에 대한 '생각'과는 달리 '실제로는' 원하는 것과 사뭇 다르게 반응한 몇몇 사람들의 이야기를 소개하고자 한다.

수년 전, 필리스는 은퇴하는 것이 두려운 나머지 나를 찾아왔다. 그녀는 수십 년 동안 친구와 가족을 희생시키면서 모든 것을 일에만 쏟아부었다. 필리스는 일 없이는 자신의 삶도 존재하지 않는다고 느꼈기 때문에 사업체를 팔고 난 후에도 자문위원으로 계속 일을 했다. 일흔 살이 되었을 때 사업체의 새 주인들이 그녀에게 은퇴할 것을 종용했으나 그녀는 그것을 거부했다. 상담 중 그녀는 은퇴한다는 것은 곧 자신의 시간이 다 되어서 지상에 남아 있을 날이 얼마 남지 않았음을 의미하는 것만 같아서 불안하다고 고백했다.

필리스는 가보고 싶은 곳들의 목록을 만들었다. 그녀만의 '죽기 전에 꼭 해야 할 일들'의 목록이었다. 하지만 그녀는 적은 장소를 한 군데도 방문하지 않고 계획을 미뤘다. 대신 그녀는 좀더 작은 규모의 새로운 사업체를 만들어서 계속 일을 했다. 이 두 번째 사업체를 기업에 팔고 아흔 살이 되어서 마침내 세상을 떠나기까지, 그녀는 실제로 목록상의 장소들을 몇 군데 방문하고 삶을 조금이나마 즐길 수 있었다. 하지만 그녀의 가족이 상담을 받기 위해 나를 찾아왔을 때, 그녀는 나타나서 매우 인상적인 이야기를 했다. 즉 그녀가 은퇴할 것을 권유받았던 일흔 살에 사업을 그만두었어도 그녀는 아흔 살까지 살았을 것이라는 이야기였다. 왜냐하면 아흔 살에 세상을 떠나도록 그녀의 삶의 서약서에 명시되어 있었기 때문이었다.

필리스는 이렇게 고백했다. "이제야 내가 참 많은 것을 놓쳤다는 사실을 깨달았다. 내가 배워야 할 교훈들을 다 깨우칠 수는 있었지만 그것을 더 재미있게 할 수도 있었는데 그렇게 하질 못했다." 필리스는 세상을 떠날 날은 정해져 있다는 사실을 받아들이고 일찍 은퇴하여 남은 시간을 더 온전하게 즐길 수도 있었다는 사실을 너무 늦게 깨달은 것이다.

필리스와는 달리, 삶을 최대한 풍성하게 누리고 '죽기 전에 꼭 해야 할 일들' 목록의 꿈을 마지막 순간까지 추구했던 한 부부를 만난 적도 있다.

진과 마이크는 지상에서 소울메이트로서 함께하면서 서로에게 엄청난 순정을 바쳤다. 그들은 학교에서 만나서 결혼을 하고 아름다운 두 딸을 낳고 아이들을 지극히 사랑했다. 그들은 평생 동안 열심히 일하여 아이들에게 모든 것을 해주었다. 아름다운 집과, 완벽한 삶이라 불릴 만한 생활을 포함해서 말이다. 하지만 불행히도 이 부부는 집에서 멀리 떨어진 곳에서 일어난 치명적인 자동차 사고로 인해 세상을 떠났다. 그들의 딸 멜리사는 나를 찾아와서 몇 가지 질문에 대한 답을 구했다.

멜리사와 마주 앉자마자 나는 저세상으로부터 넘쳐나는 듯한 사랑의 물결이 밀려오는 것을 느꼈다. 나는 상담 전에 내담자들에게 그들 자신이나 삶에 대해서, 심지어는 왜 나를 만나러 온 것인지에 대해서조차 일절 물어보지 않기 때문에 어떤 일이 일어날지를 전혀 알지 못했다. 그저 멜리사에게 그녀가 영으로부터 엄청난 사랑을 받고 있다고 전해주었을 뿐이다. 곧 나는 그녀와 소통하기 원하는 두 영혼이 나아오는 것을 느꼈다. 나는 그들이 멜리사의 어머니와 아버지임을 확인했다. 그러자 멜리사는 깊은 안도를 느끼면서 어깨를 짓누르고 있던 부담감이 곧바로 사라지는 것을 느꼈다. 진과 마이크는 그들의 삶에 대해서, 그리고 그들이 가족으로서 만들었던 특별한 추억에 대해서 이야기하기 시작했다. 그것은 그들로부터 딸을 향해 우러나오는 순수한 소통이었고 그들 사이에는 사랑이 강렬하게 흘렀다.

멜리사의 부모는 목격자가 없는 가운데 세상을 떠났기 때문에 멜리사는 감정적인 정리를 하기 위해서 그들의 죽음에 대한 상세한 정보를 얻고자 했던 것이다. 사고는 인적이 드문 도로에서 일어났고 자동차는 문제없이 움직이고 있었으며 그녀의 부모는 둘 다 조심스럽게 운전하는 편이었다. 따라서 사고가 일어날 이유가 전혀 없었다. 그 끔찍했던 날, 멜리사 자매에게는 부모님이 둘 다 자동차 사고로 세상을 떠났다는 소식을 전하는 한 통의 전화가 엄청난 충격으로 다가왔다.

나는 진과 마이크가 모든 일을 둘이서 함께했다는 사실을 멜리사로부터 전해 들었다. 그들은 한 달 간격으로 은퇴한 후 함께 뉴질랜드로 여행을 떠나기로 했다. 그것은 그들이 수년간 계획해왔던 여행이었다. 여행 준비에만 6개월이 걸렸다. 왜냐하면 그들은 매 순간을 최고로 즐길 수 있는 생애 최고의 여행을 하고 싶어했기 때문이었다. 수년간 둘은 해안에 있는 작은 섬을 찾아내는 것을 꿈꾸어왔다. 그곳에서 함께 해변에 앉아 해가 지는 것을 보고 싶었던 것이다. 그들은 이 특별한 섬을 3주간의 휴가여행을 마무리 짓는 의미 깊은 장소로 삼기로 했다.

멜리사와의 상담 중에 그들이 찾아왔을 때, 진과 마이크는 여행 중에 본 모든 풍경과 기억 속에 남아 있는 여행 중의 많은 에피소드를 이야기했다. 그들은 '그들만의' 해변에서 사진을 찍었다고 나에게 말하면서 그것은 숨 막힐 듯이 아름다운 광경이었다고 했다. "딸아이에게 그 사진에 대해 물어봐요, 딸애가 그 사진을 갖고 있어요"라고 진이 나에게 말했다.

나는 멜리사에게 그녀의 어머니가 한 말을 전했고 멜리사는 그 사진을 꺼냈다. 알고 보니 진과 마이크는 집으로 돌아가기 위해 짐을 꾸리려고 호텔을 향해 자동차를 몰기 시작하기 불과 몇 분 전에 그 사진을 핸드폰으로 딸들에게 보낸 모양이었다. 참으로 아름다운 사진이었다. 그것은 그들의 마지막 추억으로서, 평생 동안 눈으로 보기를 손꼽아 기다려온 풍경이었다.

진은 나를 통해 들어와서 멜리사에게 그들의 마지막 순간에 무슨 일이 일어났는지를 이야기해주었다. 해는 이미 졌고 그들은 어두운 길을 따라 차를 타고 가고 있었다. 마이크가 운전을 하고 있었는데 그는 기분이 좋지 않다고 말하고 비행기를 타야 한다는 것 때문에 스트레스를 받은 것 같다고 말했다. 그는 비행기 타기를 한 번도 즐겨한 적이 없었다. 그러다가 갑자기 그는 심장마비로 운전대 위에 쓰러졌다. 처음에 진은 무슨 일이 일어난 것인지를 깨닫지 못했다. 남편이 갑자기 잠에 빠진 것처럼 보였기에 그녀는 남편을 깨우려고 했다. 놀라서 허둥지둥하는 와중에 자동차는 궤도를 이탈하면서 콘크리트벽을 정면으로 받았다. 진과 마이크는 둘 다 바로 세상을 떠났다.

진은 계속해서 이렇게 말했다. "참 흥미로운 건, 그 당황스러운 순간에도 지극한 평화로 가득히 휩싸이는 듯한 느낌이 들었다는 거야. 난 우리 둘 다 아무 일 없을 것을 알고 있었단다. 모든 것이 속도를 점점 늦추었고, 내가 인식하기도 전에 우리는 둘 다 자동차 밖에서 자동차와 우리의 육신을 내려다보고 있었어. 자동차는 벽을 정면으로 들이받아 찌그러져 있었고 후드 아래에서 연기가 무성하게 피어오르고 있었지."

이 시점에서 멜리사는 눈물을 흘리고 있었고 진은 내게 계속 이야기를 하고 있었다. 그녀는 자신과 마이크가 지상에 오기 전에 작성한 삶의 서약서를 보여주었는데, 거기에는 함께 죽음을 맞이하자는 서약이 있었다. 멜리사의 부모는 자신들이 만족스럽고 행복한 상태임을 알리고 싶어했다. 그들은 지상에서 그들의 능력이 허락하는 최대한 배워야 할 교훈들을 다 배웠기에 떠날 시간이 되어서 떠난 것이었다. 그들은 마지막 여행을 떠나기 전, 죽기 전에 꼭 해야 할 일들의 목록 중 '우리만의 특별한 섬에서 석양을 함께 보기'를 빼고는 모든 것을 달성했다. 그래서 그것을 이루고 나자 떠날 준비가 되었고, 따라서 세상을 떠날 수 있었던 것이었다… 둘이서 함께!

앞으로 나아가기

통찰의 방에서 삶을 되살피면서 당신은 이번 삶에서 무엇을 배웠는지 그리고 무엇을 배우지 못했는지를 발견할 것이다. 마치지 못한 교훈들은 사후세계의 다음 치유 단계에서, 그리고 지상계로 다시 돌아와서 계속해서 배우게 될 것임을 기억하라.

여태까지 본 바와 같이, 삶을 되살피는 과정의 목적은 삶 속에서 경험한 모든 것을 충분히 수용하고 받아들이는 것이다. 이번 생을 충분히 되살피고 난 후에야 당신은 다음 단계를 향해 나아갈 준비를 마치게 된다. 하지만 또 한 가지 기억해야 할 것은, 당신이 사후세계에서 배움과 성장의 여정을 가는 중에도 언제든지 통찰의 방으로 돌아와서 치유를 위해 필요한 도움을 얻을 수 있다는 사실이다.

벤은 그다음 단계는 무엇일지에 관해 다음과 같이 힌트를 준다.

"통찰의 방을 거친 후에 그대는 치유의 방으로 나아가게 된다. 그대는 인도령들과, 그대의 치유여정에서 특별한 임무를 담당하고 있는 몇몇 영혼의 가족들의 인도를 받게 된다. 다른 이들은 잠시 동안 작별을 고할 것이다. 왜냐하면 그들이 맡은 일이 일단락 지어졌을 수도 있기 때문이다."

어떤 영혼은 다른 영혼들보다 더 많은 치유를 필요로 하기도 한다. 이런 경우 인도령들은 당신이 저세상에 도착하기 전부터 그것을 이미 알고 있다. 그들은 이미 당신이 당면한 과제를 완수하는 데 필요한 모든 것을 구비해놓기 위해 장로들의 도움 아래 회의를 마친 상태이다. 생애를 되살펴 자신이 다른 사람들에게 끼친 고통을 깨닫는 것은 무척 힘든 과정일 수도 있다. 하지만 그대는 이를 '틀림없이' 견뎌낼 수 있다. 이 단계쯤 되면 당신은 '인간'으로서가 아니라 '영적 존재'로서 사고하는 습관이 커지기 때문이다. 그뿐 아니라 앞서 말했듯이 당신은 무수한 도움과 인도와 큰 위안을 얻게 된다. 그러나 나에게 공개되지 않은 사실도 많이 있다. 왜냐하면 그것은 신성한 지식이어서 그렇게 신성하게 남아 있어야만 하기 때문이다.

아무튼 당신은 매 순간 당신의 손을 붙잡아주는 손길이 있을 것임을 알고 행복해할 것이다. 당신의 손을 붙잡아주는 이들은 충분한 능력을 지니고 있다. 왜냐하면 그들 자신도 똑같은 과정을 거쳐보아서 이 과정이 어떻다는 것을 잘 알고 있기 때문이다. 게다가 그들은 당신의 치유를 돕는 데 필요한 기술과 헌신적 태도를 갖추고 있기 때문에 당신에게 배정된 것이다. 하지만 인도령들이 당신의 치유여정을 잘 알고 있는 것도 사실이지만, 당신을 도움으로써 그들의 영혼 또한 사후세계에서의 성장에 도움 받는다는 사실도 알아두라. 이를 통해 그들 역시 '자신의' 여정에서 다음 단계로 나아가기 위한 준비를 하는 것이다.

맡은 일이 끝나면 인도령은 떠나고 더 이상 당신의 치유 팀으로 일하지 않는다. 이것은 최후의 이별이라기보다는 잠시의 작별이다. 당신은 사후세계의 또 다른 구역에서 인도령들을 모두 다시 만나게 될 것이기 때문이다. 하지만 당장은 일이 끝났기 때문에 그들은 떠나야 한다.

말했듯이 당신의 가장 절친한 친구와도 같은 주 인도령을 포함하여 항상 누군가가 당신을 도와줄 것이다. 그러니 당신은 단 한 순간도 혼자가 아니라는 사실을 알고 안심하라. 벤은 다음과 같이 우리를 안심시킨다.

"통찰의 방에서 그대의 인도령들은 그대가 삶의 서약서를 보면서 스스로의 삶을 새로운 관점에서 볼 수 있도록 도와주었을 것이다. 그들은 그대의 곁에서 그저 정서적인 후원을 보내주었을 수도 있고, 그대를 위해 그곳에 있으며 도움과 안내를 제공하거나, 아니면 단순히 손을 잡아주었을 수도 있다. 어쨌든 간에 그들은 이제 다른 임무를 수행해야만 한다. 그들을 다시 보게 될 터이니 걱정하지 말라."

이제 당신은 통찰의 방과 삶을 되살피는 과정을 잘 알게 되었다. 이젠 더 높은 치유의 단계로 나아갈 때다. 그곳은 명실공히, 치유의 방이다.

제12장

순수한 치유 – 치유의 방

통찰의 방을 나선 후 당신은 치유의 방으로 가서 치유 여정의 다음 단계를 밟게 된다. 이곳에서 당신은 인간 존재의 일부라 할 수 있는 고통과 트라우마의 마지막 흔적까지도 모두 제거해줄 어떤 에너지에 휩싸인다. 그리고 막 삶을 되살핀 후인 만큼 당신은 이 방이 제공해주는 혜택을 톡톡히 누리게 될 것이다. 조시야는 이렇게 말한다.

"어떤 영혼들은 통찰의 방에서 시간을 보낸 후 곧장 치유의 방으로 간다. 어떤 영혼들은 앞으로 나아갔다가 뒤로 물러서기를 반복하면서, 사랑하는 이들을 방문하고 난 후에 치유의 방으로 가기도 한다. 치유의 방에서 대부분의 영혼들은 사후세계로의 전환과정에서 겪은 부정적인 경험들의 마지막 찌꺼기까지 다 극복하게 된다.

치유의 방에 처음 들어서는 순간 진동수가 너무나도 높고 에너지가 무척 강력하기 때문에 어지럽거나 메슥메슥한 느낌을 받을 수도 있다. 하지만 일단 사랑이 넘치는 에너지의 포옹 속에 들어가 안기고 나면 그대는 이 방이 더 많은 것을 제공해줄 수 있음을 깨닫게 되고 그곳을 떠나기가 싫어질 것이다."

긍정적인 마음가짐 키우기

치유의 방을 자세하게 묘사하기 이전에, 나는 당신이 여정을 나아가는 동안의 마음가짐이 얼마나 중요한지에 대해 이야기하고자 한다. 믿든 말든 간에 지금 당신이 삶에 대해 지니고 있는 마음가짐이 곧 당신의 미래의 생과 사후세계에서의 진화와도 직결된다.

나는 사람들이 "글쎄, 내 문제도 꽤 심각하지만, '저' 사람처럼 심각한 건 아니야"라고 말하는 것을 들을 때마다 참 흥미롭다는 생각이 든다. 그것은 사실일 수도 있다. 또한 무척 겸손하고 존중받을 만한 자세인 것도 틀림없다. 하지만 삶의 문제 자체는 비교의 대상이 아니다. 차이를 가져오는 것은 당신이 '그 문제에 대해 지니는' 마음가짐인 것이다.

다른 사람들에게는 공원에서 산책하는 것만큼이나 쉬운 일이 당신에게는 아주 힘든 과정이 되는 것을 경험한 적이 있는가? 예를 들어 당신은 상사가 업무실적을 비판하는 바람에 직장에서 힘든 시간을 보냈을 수도 있다. 당신은 당신이 아는 유일한 방법을 통해 이 상황에 대처했다. 즉 스트레스를 잔뜩 받고 거기에 압도당하는 방법을 통해서 말이다. 하지만 똑같은 상사 밑에서 일하는 당신의 동료는 같은 상황에 매우 다르게 대처할 수도 있다. 예컨대 그는 상사의 말을 개인적으로 받아들이지 않고 태평한 마음을 유지할 수도 있는 것이다.

나는 암 판정을 받은 두 사람을 대하면서 이 같은 현상을 목격했다. 한 사람은 안간힘을 다해 암과 싸우면서 "이 몹쓸 놈을 내 몸 밖으로 내보내야지!"라며 마음가짐을 긍정적으로 다잡았다. 그녀는 암이 이기도록 내버려두지 않을 생각이었다. 그래서 그녀는 헬스클럽을 계속 다니면서 매일같이 직장에 나갔다. 다른 한 사람은 자신의 아는 바에 따라 병에 대항했으나 마음가짐이 확연하게 달랐다. 그녀는 부정적인 편이어서 병 앞에서 약자가 되어버려 적극적으로 스스로를 돌보는 노력을 쏟아 붓지 않았다. 그녀는 결국 암에게 지고 말았지만 다른 여자는 차도를 보였다.

당신은 '당연히 그렇지'라고 생각하고 있을지 모른다. 하지만 이 상황을 좀더 주의 깊게 들여다보라. 왜 어떤 사람은 암을 극복하고 계속 살아가고 어떤 사람은 그렇게 하지 못하는가? 물론 삶의 서약서상에 이미 예정된 결과도 있지만, 우리에게는 언제나 상황에 어떻게 대처할지를 선택할 수 있는 자유의지가 있다. 이 두 여자의 경우에서도 명백하게 볼 수 있듯이, 목숨이 왔다갔다하는 상황에서 긍정적인 태도를 유지하는 것은 아주 큰 차이를 가져올 수 있는 대처방법이다.

긍정적인 마음가짐은 삶 속에서 이로울 뿐만 아니라 사후세계까지 따라와서 당신이 거치는 과정들을 훨씬 더 수월하게 만들어준다. 따라서 만약 당신이 이번 생에서 학대의 고통이나 트라우마를 겪었다면 그 고통을 외면하지 말라. 오히려 정면으로 그 고통을 마주하라. 그것이 당신의 잘못이 아니라는 사실을 이해하기 위해 필요하다면 어떤 도움이든 구하여, 어쩔 수 없는 삶의 희생자가 되어버리지 말라.

만약 지상계에 있는 동안에 이런 치유의 기술을 접할 수 있다면 저세상에서 겪는 영혼의 여정은 훨씬 쉬워질 것이다. 사후세계는 에너지로 이루어져 있으므로 이승과 저승은 직접적으로 연결되어 있다. 따라서 치유 여정 속에서 당신이 품는 생각과 감정들은 당신의 진화 과정에 즉각적인 영향을 미친다. 이 책을 좀더 읽어나가면 당신은 이것을 더 잘 이해할 수 있게 될 것이다. 지금은 스스로를 발전시키는 방향으로 나아가기 위해 할 수 있는 모든 것을 하기 바란다.

치유의 방

저세상에서 치유의 방에 도착하면 당신이 할 일은 통찰의 방에서와 같이 당신의 잘못을 바로잡거나 다른 사람들에게 보상을 해주거나 하는 것이 아니라 자신의 치유 경험에 주의를 집중하는 것이다. 치유의 방에 머무는 동안 당신은 지상계에서의 자신의 행동과 인간관계에 대해 더 많은 것을 배우면서 자기발견에 집중하게 될 것이다.

어떤 영혼들은 통찰의 방에서 삶을 되살피면서 다른 이들의 고통과 아픔을 목격하는 것만으로도 충분히 치유가 되었다고 생각하고 치유의 방을 방문하기를 싫어하기도 한다. 하지만 또 어떤 영혼들은 자신의 치유과정을 더욱 심화시키기 위해 자신이 왜 그런 행동을 했는지를 더 깊이 이해하고 싶어한다. 그리고 물론 그것은 이곳에서 이룰 수 있다.

치유과정의 다른 모든 단계에서와 마찬가지로, 당신은 치유의 방에 도착하기 전에 다른 방들로 되돌아감으로써 순환적인 경로를 통해 치유의 여정을 이어갈 수 있다. 원한다면 지상계를 잠시 다시 방문할 수도 있다. 하지만 이것은 오직 진실로 더 깊은 자기발전을 위해서 당신의 영혼이 원할 때에만 허락된다. 만약 지구나 다른 방들로 되돌아가고자 하는 당신의 목적이 이기적이거나 하찮은 것이라면 되돌아갈 수 있는 기회가 주어지지 않는다는 점을 기억하라.

치유의 방에 대해 말하면서 벤은 다음과 같은 정보를 채널링을 통해 전해주었다.

"치유의 방은 청록색 빛으로 가득하다. 푸른 토파즈의 색깔을 상상해보라. 그리고 거기에 금속성 광채의 느낌을 살짝 더해보라. 이곳에서 그대가 경험하게 될 사랑은 엄청나며, 이는 그대가 지구에서 경험한 어떤 사랑과도 비교할 수 없을 것이다. 이 사랑의 경험은 그대가 우리의 무조건적인 사랑과 그로 인해 일어나는 치유를 받아들이게 되면서 더더욱 강렬해진다.

이곳에서 그대는 그대가 들여다봐야 할 삶의 모든 면모를 들여다볼 수 있다. 특히 그대에게 큰 고통을 끼쳤던 경험들을 말이다. 이곳에서 그대는 자신이 갖고 있는 문제들을 무엇이든지 풀어낼 수 있다. 영계에서 앞으로 나아가 치유의 여정을 마치려면 먼저 마음속에 무겁게 지고 있는 것들을 모두 내려놓아야 한다.

어떤 이들은 치유의 방에서 오랫동안 지내면서 모든 질병과 학대의 경험으로부터 치유를 받는다. 스스로 자학하면서 만들어낸 상처의 흉터들을 치유해야 할 수도 있다. 치유의 방에서 모든 영혼은 회복하기에 충분한 시간을 갖는다. 그대는 자신의 죽음을 받아들이게 되며 또한 통찰의 방에서 삶 속에서 일어났던 일들을 목격하면서 경험했던 고통들도 받아들이고 해소하게 된다."

말했듯이, 트라우마와 고통을 끼쳤던 상황들로부터 치유받는 시간을 살아 있는 동안에 갖는 것이 좋다. 이런 상황들의 결과로, 표현되지 못한 부정적인 감정들이 내면에 쌓이게 되면 당신은 아주 약간의 자극만으로도 폭발하는 화산처럼 되어버린다. 무엇인가가 당신의 민감한 부분을 건드리는 순간, 당신은 마치 수압을 못 견디고 무너져 내리는 댐처럼 홍수 같은 감정을 쏟아내게 된다.

지상계에서 미리 감정적인 문제들을 해소시키는 노력을 한다면 사후세계에서의 작업이 훨씬 더 수월해진다. 앞서도 말했듯이 사후세계에서는 모든 것이 훨씬 더 강렬하게 경험되기 때문이다. 하지만 당신이 지상에서 문제를 해소했다고 해서 그것을 사후세계에서 다시 들여다보지 않아도 된다는 것은 아니다. 당신은 그것을 다시 들여다보게 되지만 훨씬 쉬워질 것이다. 이 사실을 아는 것은 당신이 죽을 때까지 기다리지 않고 살아 있는 동안에 곪아가고 있는 상처와 흉터들을 치유하는 작업을 시작하게 만드는 강한 동기를 부여해줄 것이다. 문제는 피할 수 없는 것이어서 언젠가는 대면해야 한다. 그러니 그때 가서 대면하기보다는 지금 하는 것이 더 낫다.

당신은 필요한 시간만큼 치유의 방에서 지내게 될 것이다. 속세를 사는 인간의 입장에서 보면 자신의 문제에 책임을 지는 것만큼 생각조차 하기 싫은 일도 없다. 우리는 진실과 대면하기를 피하고 싶어하기 때문이다. 사후세계에서 우리는 삶을 되살펴보는 것이 좋은 일이라는 것을 깨닫게 된다. 삶을 되살피고 나면 매우 자유로운 느낌이 들며 깨달음을 통해 밝아지고 가벼워지는 느낌도 든다. 그것은 무겁거나 밑으로 가라앉거나 우리를 불행하게 만드는 일이 아니다. 불편한 감정을 대면해야 한다고 생각하면 우리는 대개 자리를 피하고 싶어한다. 하지만 일단 이 과정을 시작하고 나면 마음이 열리고 의사소통이 물 흐르듯이 이루어지며, 이는 큰 안도감을 가져다준다.

나의 아들 찰리는 이런 기분을 잘 알고 있어서 최근에는 그것을 꽤 명쾌하게 설명했다. "엄마, 나는 엄마한테 내 감정을 '이야기해야만 하는' 상황이 싫어요. 하지만 일단 이야기를 하고 나면 기분이 훨씬 좋아지고 멈추고 싶지 않아져요."

아이들은 자신을 정직하게 표현하는 굉장한 능력을 갖고 있다. 반면에 어른들은 대개 그렇게 하기를 주저한다. 하지만 자신을 정직하게 표현하기 시작하기만 하면 금방 문제가 풀리고 사랑이 솟아난다. 바로 이 때문에 아들은 자신의 감정을 나누기를 멈추고 싶지 않다고 한 것이다. 에너지가 가장 순수하고 사랑이 막힘없이 흘러넘치는 사후세계에서도 마찬가지이다. 사후세계에서는 감정을 더욱 강렬하게 경험하게 되는데도 불구하고 감정이 훨씬 더 쉽게 올라온다. 하지만 지상계에 있을 때부터 감정을 나누고 표현하는 방법을 배워두면 도움이 많이 된다.

조시야는 치유의 방에서 거치는 과정에 대해 더 자세히 말해준다.

"치유의 방은 대부분의 영혼들이 가기로 선택하는 곳이다. 통찰의 방에서 이곳으로 오는 영혼들 중 일부는 치유의 방에서 꽤 오래 머무르기도 한다. 다른 영혼들은 들락날락하기도 하고, 또 어떤 영혼들은 이곳에 여러 번 돌아오기도 한다. 치유의 방에서는 치유령 이외의 인도령들이 필요 없다. 하지만 그대의 주 인도령은 치유의 방 밖에서 그대를 기다려준다.

거대한 수정 돔을 이고 있는 넓은 방을 상상해보라. 그리고 그 방을 평화, 사랑, 그리고 고요함으로 채워보라. 이 느낌을 천 배로 확대하면 치유의 방의 분위기에 근접할 수 있을 것이다.

방의 중앙에는 티 없이 맑은 수정이 있다. 인간인 그대가 이해하기 쉽도록 하기 위해 이것을 수정이라는 광물로 만들어졌다고 말해두자. 이곳을 통해 에너지가 들어와서 이곳을 중심으로 돈다. 그대는 이 강력한 에너지 소용돌이의 가장자리에 앉게 되며 이곳에서 그대의 영혼은 치유의 방이 제공하는 강렬한 치유의 에너지에 푹 빠져들 수 있게 된다."

치유령의 사명

치유령이란 사후세계에서 당신을 최적의 상태에 도달하게 하여 당신이 여정의 다음 단계로 나아갈 수 있도록 도와주는 것을 유일한 사명으로 삼는 특별한 영혼들이다. 그들은 당신을 돕기 위해 자신을 바쳐 훈련받았으며 치유의 방에서만이 아니라 삶 속에서도 당신이 어려운 문제들을 극복할 수 있도록 돕는다.

다음의 채널링 메시지는 조시야로부터 받은 것인데, 치유령들이 우리가 사후세계에서 겪게 되는 치유 과정을 가속시키기 위해서 지상계에서 우리와 얼마나 긴밀하게 일하는지를 설명해준다.

"치유의 방에서 봉사하는 영혼들은 치유령들인데 이들은 지상계에서도 사람들이 살아 있는 동안 육신을 잘 부지할 수 있도록 도와준다. 그들은 또한 인간들이 감정적인 굴곡과 고통으로부터 치유받을 수 있도록 도와준다.

인간세계는 우리의 세계와 다르다. 우리에게는 그대들이 겪는 고통과 가슴앓이가 없다. 그래서 치유령들은 그대들의 세계에서 그대들과 아주 가깝게 지내면서 그대들이 삶의 여정 속에서 앞으로 나아갈 수 있도록 도와준다. 하지만 모든 사람이 마음을 열고 그런 치유를 받아들이지는 않는다. 어떤 이들은 저항하거나 회피하기도 한다. 이것은 일을 어렵게 만든다. 왜냐하면 사람들이 자신이 치유받고 있음을 인식하고 받아들여야만 치유가 일어날 수 있기 때문이다. 해결해야 할 문제들을 극복하면서 삶의 여정을 나아가는 과정을 수월하게 하고자 한다면 아직 지상계에 있을 때 치유를 받아들여야만 한다."

치유령들은 매우 진화된 영혼들로서 이들 중 일부는 지상계에서 몸을 입고 있을 당시에도 치유하는 일을 했었다. 그들은 이 경험을 통해서 삶의 교훈을 많이 얻었고 자신의 폭넓고 풍부한 지식을 당신과도 나눌 수 있게 되었다. 그들은 당신이 죽을 때 입은 트라우마로부터 치유받을 수 있도록 당신이 필요로 하는 모든 것을 제공해주고 인도해줄 것이다. 특히 오랜 지병이나 폭력으로 인한 죽음이었을 경우에 더욱 그렇다. 그들의 보살핌 속에서 당신은 안전하다.

조시야는 치유령들의 일에 대해서, 그리고 얼마나 다양한 영혼들이 치유의 방에서 도움을 얻고 나아가는지에 대해 다음과 같이 이야기한다.

"치유령들은 그대가 지상계를 떠나옴으로 해서 느끼는 상실감과 비애를 잘 해소할 수 있도록 도와준다. 그렇다. 그대는 떠나온 삶에 대해 상실감과 슬픔을 느끼는 과정을 겪어야 한다. 이것은 매우 흔하고 자연스러운 일이다.

어떤 영혼들은 이 상실감으로부터 쉽게 벗어날 수 있다. 하지만 이런 영혼은 매우 드물다. 이들은 주로 어린 시절부터 학대를 받아서 지구의 현실을 벗어나는 방법을 일찍부터 터득했거나, 혹은 매우 영적인 삶을 살아서 사후세계에서 무엇을 경험하는지를 미리 맛본 영혼들이다.

치유의 방에 오는 영혼들은 몸을 어떤 방식으로 떠났느냐에 따라서 그곳에 얼마나 오래 있을지를 결정한다. 예를 들면, 갑작스럽고 폭력적인 방법으로 세상을 떠난 이들은 다른 이들보다 치유의 방에서 더 오래 머문다. 하지만 암과 같은, 육체적인 고통을 수반하는 질병을 견뎌낸 영혼들은 그다지 오래 머물지 않을 수도 있다. 왜냐하면 이들은 대부분 자신의 죽음을 받아들일 시간을 충분히 가졌기 때문이다.

암을 앓은 영혼들 중 어떤 영혼들은 치유의 방에 더 오래 머물 수도 있다. 병이 너무나 깊어서 온전히 견뎌낼 수 없을 정도로 끔찍한 고통에 시달렸을 경우이다. 치매나 알츠하이머처럼 장기간 지속되는 병을 앓은 이들 중에는 그 질병이 끼친 광범위한 고통을 치유받아야 하는 영혼들도 있다. 또 어떤 이들은 다른 정신적인 증상들로 인해 자신의 문제를 해결하려고 애쓰면서도 자신을 제대로 표현할 수 없어서 느꼈던 삶의 깊은 고통을 다 치유받아야 한다.

경우는 모두가 저마다 다르다. 하지만 말했듯이 모든 영혼은 지구로 돌아가서 사랑하는 이들을 방문하는 자기만의 시간을 가지고, 이를 통해 통찰의 방에서 자신이 야기한 고통과 아픔을 받아들일 수 있는 상태가 되도록 어느 정도의 치유를 마친다. 그러고 나면 그들은 치유의 방에 갈 준비가 된다.

예외적인 경우는 순수한 흰빛을 통과하지 않고 다른 빛의 경로를 통해서 사후세계로 온 혼란에 빠진 영혼들이다. 그들에게는 치유의 방과 무척 비슷하기는 하지만 치유의 방과 똑같지는 않은, 그들만을 위한 치유 공간이 주어진다. 다시 말하자면 그들은 격리된다. 깨우쳐야 할 교훈들을 다 깨우치고 다른 영혼들과 함께할 준비가 된 후에야 그들은 다시 순수한 사랑의 흰빛을 향해 나아가 마지막 길을 걸어가는 다른 영혼들과 함께할 수 있다.

이것은 이 영혼들에게는 매우 어려운 과정이기 때문에 우리는 할 수 있는 한 최대로 이들을 도와주고자 한다. 결국 이들은 통찰의 방을 통해 돌아와서 치유의 방으로 향하게 된다. 이들은 사후세계의 전체 여정을 통해 지속적으로 치유를 받는다. 하지만 두 방을 지난 후에도 그들은 다른 영혼들과는 달리 사후세계의 높은 차원에 들어가지 못한다. 하지만 그들은 매 순간 사랑으로 감싸여 있어서, 인간의 형체를 지닌 존재들이 그들을 심판했던 것처럼 우리가 그들을 심판하는 일은 결코 없다.

치유의 방 이후 그들은 다른 영혼들이 대부분 거쳐가는 치유여정의 과정들을 건너뛰어 바로 지상의 삶을 준비하는 방으로 들어간다. 세 쌍의 부모 후보들이 그들에게 주어지고, 그들은 이중에서 한 쌍을 골라서 태어나게 된다. 이 과정은 신속하게 진행되며 그들은 지상계로 곧장 돌아가서 깨우쳐야 할 삶의 교훈들을 계속 배우게 된다. 그러나 대부분의 영혼들은 영혼세계에 더 오래 머물면서 더 높은 차원계들을 거쳐가면서 배운다."

치유의 별실들

영혼이 치유의 방에 처음 들어서면서 하게 되는 경험에 대한 조시야의 묘사는 매우 아름답고 영감이 넘친다. 그런데 이 책을 쓰던 중에 명상을 하다가, 나는 넓은 치유의 방 안에 있는 몇 개의 작은 별실에 대해서도 알게 되었다. 이 별실들은 저마다 매우 독특하다.

나는 이 작은 별실들에 대한 정보를 벤으로부터 얻었다. 나는 인도령들과 함께 사후세계를 꽤 오랫동안 탐사하고 영(Spirit)으로부터 오는 정보도 얻었지만 모든 것을 알지는 못한다. 사후세계에 관한 정보들 중 독자들과 나누지 못하는 굵직굵직한 내용들도 많이 있다. 공개하지 못하는 이유는 이 정보들에는 신성한 지식이 담겨 있기 때문이다. 단 한 가지 분명히 말할 수 있는 것은, 사후세계를 여행하는 동안 거치게 되는 매 과정마다 당신은 엄청난 크기의 사랑을 경험하게 되리라는 것이다.

다음은 치유의 방에 있는 첫 번째 작은 별실에 대한 벤의 설명이다.

"넓은 치유의 방 안에는 작은 구역이나 별실이 많이 있다. 그중 하나는 노란색의 방이다. 이곳에서는 그대가 앓았던 육체적인 병들 중 영혼에까지 영향을 미쳤던 질병들을 치유하게 된다. 이 별실은 더할 나위 없이 밝은 노란빛으로 가득하며, 이곳에서 그대는 태양의 따뜻한 광채로 완벽하게 채워진다. 이 광채는 그대와, 그리고 사랑의 에너지로써 그대와 함께 일하는 치유령들을 가득 채운다."

몸의 질병은 흔히 삶 속에서 만나는 다른 사람들의 어두운 에너지, 혹은 당신이 처하는 해로운 상황들에 의해 생긴다. 당신은 부정적인 감정들을 너무나 오랫동안 끌어안고 사는 바람에 몸에 영향을 받았을 수도 있어서, 이런 경우 치유를 받아야만 한다. 이 노란색의 방에서 당신은 질병이 생겨난 원인에 대해서는 다루지 않고 질병이 당신에게 남긴 영향만을 치유한다. 어떤 경우에는 그 병이 삶의 서약서에 의거해서 불려온 것일 수도 있다. 하지만 이런 경우에도 영혼에 영향이 남아 있기 때문에 치유는 받아야 한다.

어떤 사람들은 이유가 있어서 병이 나기도 한다. 내가 바로 그런 경우에 해당한다. 나는 꽤 어린 나이에 암과 싸우고 자궁절제 수술을 받아야만 했다. 그것은 내가 아이를 가질 수 없는 사람들, 그리고 목숨을 위협하는 질병에 시달리는 사람들의 입장을 공감하고 자비심을 느낄 수 있도록 하기 위한 것이었다. 나는 또한 상황을 극복하기 위해 아무리 견디기 힘들어도 항상 긍정적인 태도를 유지하는 법도 배웠다. 나는 이 모든 것을 겪으면서 비록 상상할 수 없을 정도로 고통스럽기는 했지만 강인해졌고, 삶에서 다른 많은 어려움들과도 마주할 수 있을 만큼 튼튼해졌다.

벤은 계속해서 이렇게 말한다.

"녹색의 방은 살아 있는 동안 다양한 종류의 치매, 우울증, 선천적 결손증, 정신분열증 등과 같은 정신질환을 앓았던 사람들을 위한 곳이다. 이들은 이런 병을 얻게 된 원인을 극복하고 그것이 그들에게 어떤 의미가 있었는지를 깨닫기 위해 이곳에 온다. 사는 동안 너무나 많은 고통을 겪었기 때문에 이 별실에 머무는 것은 힘든 일이다. 이 방에서 치유를 다 받고 나면 영혼들은 분홍색의 방으로 가서 관련된 문제들을 다루게 된다.

분홍색의 방은 학대의 경험을 집중적으로 치유하는 곳이다. 이곳에서 그대는 그대가 학대자가 아니라 학대를 극복해야만 하는 존재였음을 깨닫는 자각의 과정을 거치게 된다."

이 메시지의 마지막 부분은 설명을 필요로 한다. 왜냐하면 학대는 매우 민감한 주제이기도 하지만 참으로 많은 사람들이 오해하는 부분이기도 하기 때문이다. 어린 시절에 언어적, 육체적, 혹은 성적으로 학대를 당했던 사람들은 흔히 그 학대행위의 책임이 자신에게 있다고 믿는다. 학대행위를 한 어른이 귀에 못이 박이도록 그렇게 말했기 때문이다. 하지만 그것은 사실이 아니다. 만약 당신이 어린 시절에 학대를 당했다면, 특히나 성적인 학대를 당했다면 당신은 희생자이지 학대자가 아니며, 이를 깨닫는 것은 매우 중요한 일이다.

나는 상담을 하면서 학대를 당했던 희생자가 스스로 학대자가 되는 경우를 몇 번 보았다. 학대자-희생자의 관계가 그들이 아는 것의 전부였기 때문이다. 특히나 정황을 정확히 파악하지 못했거나, 혹은 일어난 일을 정확히 이해하는 데에 실패한 경우에 더욱 그러하다. 예를 들어 어떤 사람이 어린 시절에 감정적으로 학대를 당했을 경우, 이 사람은 다른 사람들이 자신을 그렇게 대하는 것을 당연한 것으로 생각하면서 자랄 것이다.

그러면 그렇게 프로그램된 내면의 사고체계 때문에 가학적인 행동이 그들의 삶 속에서 되풀이되어 자식과의 관계 속에서도 이런 행동이 계속 나타나게 된다. 상담 중에 나는 가족들이 학대행위가 어디서부터 시작되었는지를 깨달음으로써 상황을 해결하고 정리하는 것을 보았다.

벤은 이렇게 덧붙인다.

"치유의 방에는 빨간색의 방도 있는데 다른 사람들에게 많은 고통을 끼친 영혼들이 이곳에 보내진다. 그곳에서 그들은 자신이 왜 여기에 보내졌는지를 숙고하고 스스로의 삶을 되살펴야만 한다. 그러고 나서야 다른 방들로 가서 과정을 계속 밟을 수 있다.

마지막으로 자수정의 방이 있다. 이곳은 보라색 빛으로 가득 찬 매우 아름답고 평화로운 공간이다. 치유의 방에서 지내는 시간의 대부분을 이곳에서 보내게 된다. 이곳에 도착했을 때는 십중팔구 다른 모든 별실들에서 시간을 보낸 후일 것이다. 자수정의 방에서 그대는 지상계로부터 떠안고 온, 마지막 남은 고통과 아픔들을 모두 씻어내며, 앞으로 자유롭게 나아가기 위해 칠판을 깨끗이 지우게 된다."

치유의 방은 자기발견과 자기치유의 공간이다. 그곳에서 시간을 보낸 후 당신은 사후세계에 계속 남아 있을 것인지, 혹은 지상계로 돌아가서 교훈들을 다시 깨우칠 것인지를 선택하게 된다.

사후세계의 치유여정에 대해 영이 알려준 바에 의하면, 당신에게는 지상계에서 얻은 상처를 치유할 수 있는 기회가 충분히 주어진다. 만약 당신이 저세상에서 충분히 시간을 갖고 자신의 문제를 해결하지 않는다면 해악과 고통을 끼치는 오래된 습관들이 그대로 남아서 환생했을 때도 반드시 계속 작용할 것이다. 그러니 사후세계의 여정을 거치는 동안에 당신의 영혼이 치유받아 강인해질 수 있도록 매 단계를 충분히 경험하는 것이 중요하다. 그래야만 마침내 저 너머에서 당신을 기다리고 있는 것을 향해 앞으로 나아갈 수 있는 자유를 얻게 될 것이다.

당신을 기다리고 있는 그것이 정확히 무엇인지는 다음 장에서 사후세계 여정의 마지막 방을 함께 들여다본 후에 말해주겠다.

제13장

영혼의 더 큰 힘 – 보호자의 방

사후세계의 치유여정은 당신으로 하여금 만남의 방, 기다림의 방, 통찰의 방, 그리고 치유의 방을 거쳐오게 했다. 이제 당신의 여정은 거의 막바지에 이르렀다. 당신이 마지막으로 들어가게 될 방은 당신을 인도령들과 다시 연결시켜주고 영혼으로서 계속 진화해가기 위한 최선의 경로를 찾아낼 수 있도록 도와줄 것이다. (여정의 어느 단계에서나 그렇지만, 당신은 다음 단계로 나아가기 전에 앞에서 언급한 방들로 언제든지 돌아가서 치유를 더 받을 수 있다.)

보호자의 방에서 하는 일은 진로상담에 비유할 수 있다. 즉, 그것은 당신의 강점과 약점을 가늠하여 앞으로 할 일을 선택하는 작업이다. 이 작업을 하고 나면 당신은 사후세계의 다양한 환경을 마음껏 탐사할 자유를 얻어 천상계에서의 당신의 위치를 상승시켜줄 공부과제들을 수행하게 된다. 그리하여 마침내 지상에 환생할 준비를 마치게 되는 것이다. 조시야는 이렇게 말한다.

"치유의 방을 지나서 나아가면 그대는 보호자의 방에 도달한다. 그곳에서 그대와 그대의 주 인도령은 그대가 여태까지 이룬 성과들을 되살펴보고 그대에게 제공되었던 도움과 그대가 그 도움을 받아들였는지의 여부, 그리고 그대가 어떻게 변화했는지에 대해 대화를 나누게 된다. 이 과정을 통해 그대는 인도령과 더욱 깊이 연결되어 보호자의 방에서 웃고 떠들며 함께하는 시간을 즐긴다.

그대는 또 자신의 아카샤 기록(Akashic Record)을 보게 될 것이다. 이 기록은 사후세계에서 보내게 될 시간과 지상계에서 그대가 살았던 모든 삶을 포함해서 그대의 존재 전체에 대해 자세히 말해준다. 이를 통해 그대는 삶의 많은 신비를 깨우치게 될 것이다. 그러고 나면 다음 단계에 접어들어서 영계에서의 남은 시간을 어떻게 보낼지를 계획하게 된다."

통찰의 방과 치유의 방에서 겪는 과정들 속에서 거친 감정들을 경험했겠지만 이제 당신은 그 감정들을 불러일으킨 — 그리고 당신의 성장을 촉진해준 — 원인이 되는 상황들을 다룰 수 있다. 이런 식으로 사후세계에서는 서로 꼬리를 물고 발전해가면서 늘 더 깊은 치유를 위한 기회가 주어진다.

보호자의 방에 다다르는 것은 일종의 졸업과 같아서 저세상에서의 배움과 치유의 첫 단계를 마무리 짓는 일이다. 당신은 물론 존재하는 한 멈추지 않고 계속 지혜를 얻고 성장해가지만, 보호자의 방에서 지내는 시간은 당신을 사후세계에 온전하게 참여하는 한 시민으로서의 여정을 준비시켜준다.

지상과의 교류

보호자의 방에 대해 자세히 설명하기 전에 잠깐 옆길로 새서, 당신이 지상계와 유지하게 되는 관계에 대해서, 그리고 이 관계가 당신이 사후 세계의 여정을 통과하는 동안 어떻게 변하게 되는지에 대해 설명하고자 한다.

치유여정의 이 단계쯤 되면 당신은 자신이 세상을 떠났다는 사실을 평안한 마음으로 받아들이고 있고, 자신이 나선 이 대항해의 길을 이미 받아들인 상태이다. 그러나 저세상의 생활에 익숙해지면 익숙해질수록 지상에 있는 사랑하는 이들과의 관계는 점점 약해지게 된다. 세월이 지나면서 그들은 삶 속에서 더 이상 당신의 존재를 느끼지 않는 상태에 이른다. 그러나 상황이 이러함에도 불구하고 당신은 여전히 그들을 방문할 수 있다.

영혼인 당신은 지상에 매여 사는 사랑하는 이들이 당신을 생각하거나 당신에게 도움을 청하는 것을 들을 수 있다. 예를 들어 당신은 가족구성원 중의 하나가 당신의 죽음으로 인한 상실감을 충분히 받아들이고 치유하기 위해 당신의 도움을 필요로 한다는 것을 발견하거나, 아니면 직장이나 인간관계에서 특별히 어려운 과정을 겪고 있는 것을 알게 될 수도 있다. 지상계에 있는 사람이 당신을 필요로 하여 당신에게 보내는 '부름'을 들을 때면 당신은 어떤 형태로든 메시지를 보내어 그가 혼자가 아니라는 것을, 당신이 함께하고 있음을 알려주고 싶을 것이다. 당신이 그곳에 있다는 것을 그 사람에게 알려줄 수 있는 특별한 징표가 있을 수도 있다. 예를 들어 의미심장한 순간에 어떤 특정한 곡을 연주한다든지, 자연 속에서 나비가 날아가는 것 등등, 무엇이든지 그 사람에게 적당하다고 생각되는 징표라면 효과가 있을 것이다.

당신은 지상으로 돌아가서 사랑하는 이를 하루종일 따라다니기를 선택할 수도 있다. 그리하여 그를 통해 아버지나 아들이나 형제 등에게 자신의 존재를 알리고 싶어할 수도 있다. 이런 경우, 그들은 당신의 존재감을 느끼고 그것을 알아차릴 때마다 종종 뒤를 돌아볼 것이다. 그들의 이런 행동을 볼 때면 당신은 저세상에서 당신이 경험하고 있는 모든 사랑을 총동원해서 그들에게 쏟아붓고 자신의 에너지를 확대시켜서 물질계에 속한 그들의 육체와 오라를 가득 채워주고 싶어할 것이다. 당신의 입장에서 보면 그것은 따뜻한 포옹이나 껴안는 행위처럼 느껴질 것이지만 당신이 사랑하는 사람들의 입장에서는 그것이 마치 얼음처럼 차갑게 느껴져서 부르르 떨거나 오싹한 느낌을 느끼게 만들 것이다.

당신은 또한 당신이 소통하고 싶어하는 사람들, 즉 어머니나 딸이나 자매가 당신이 자신의 존재를 전하기 위해 이미 보여준 것들보다 더 많은 징표를 필요로 한다고 느낄 수도 있다. 이런 경우 당신은 꿈을 통해 그들을 찾아가서 그들의 영혼과 더욱 깊이 연결할 수 있다. 그러려면 당신은 베일 가까이에서 그들을 만나기 위해 자신의 진동수를 낮춰야 하고, 그들은 그들의 진동수를 높여야 할 것이다.

한편 지상계에서는 ...

이곳 지상에서는, 잠에 빠져들 때 우리의 진동수는 저절로 높아진다. 의식이 들락날락하는 사이엔 잠재의식이 주인이므로 더 이상 일상적인 걱정거리들이 제약으로 작용하지 않게 되고 우리의 진동수는 점점 더 올라간다. 그러면 우리는 몸을 떠나서 아스트랄 여행을 할 수 있고, 육신에게도 일상생활 속에서 경험했던 모든 긴장과 고통으로부터 이완하고 치유받을 수 있는 기회를 주게 된다.

앞서 나는 어린 시절의 경험을 이야기했다. 의식이 몸을 떠나지 못하게 하기 위해 나 자신을 침대 속에서 흔들어 깨우곤 했던 경험 말이다. 어떤 이유에서든 아스트랄 여행을 하는 것이 편안하게 느껴지지 않는다면 당신 역시 이런 일을 경험할 수 있을 것이다.

대부분의 사람들은 자신의 아스트랄 여행을 기억하지 못하지만, 당신은 깨어난 후 꿈속에 나왔던 아는 사람을 기억할 수도 있다. 그럴 때 그 사람에게 연락해서 그들도 비슷한 꿈을 꾸지 않았는지 물어보라. 만약 그렇다고 한다면 당신과 그 사람은 꿈속에서 만나서 잠자는 동안 함께 아스트랄 여행을 한 것이다.

잠속에서 여행하면서 당신은 여전히 은빛 코드에 묶인 채로 이 세상과 저 세상을 분리하는 베일에 다가가게 된다. 그 결과 당신은 잠에서 깬 후 자신이 꿈속에서 세상을 떠난 사랑하는 이와 마법 같은 재회를 한 것을 기억해낼 수도 있을 것이다. 당신은 사랑하는 이로부터 심상이나 메시지를 받았을 수도 있다. 이것은 그의 영혼이 당신과 소통하려고 오랫동안 애썼다는 사실을 여실히 증명해준다. 아니면 세상을 떠난 이가 자신의 존재를 알리기 위해 심상을 만들어내는 능력을 사용해서 당신의 꿈속에 생생하고 의미심장한 기억들을 투사했을 수도 있다. 그들은 아직 지상과 인연의 고리를 완전히 끊지 않았기 때문에 당신이 그들과 나눴던 경험들의 세부사항을 아직도 기억하고 있다.

그러나 영혼이 꿈이나 심상을 통해 나타날 때, 그는 당신이 기억하고 있는 모습과 같지 않을 수도 있음을 기억하는 것이 좋다. 예를 들어 나의 할아버지는 생시의 대머리 상태로 나타난 적이 없다. 살아 있을 동안 그는 머리카락이 빠지는 것을 싫어했다. 그래서 할아버지는 머리숱이 무성한, 훨씬 더 젊어 보이는 모습으로 나타나곤 한다! 이것을 이해하는 데 한참이 걸리긴 했지만, 설명은 매우 간단하다. 영혼들에게는 육체가 없기 때문에 그들은 자기 마음대로 자신의 모습을 만들어낼 수 있다. 그 모습이 당신이 알아볼 수 있는 모습이길 바랄 뿐!

아리엘은 영혼의 개별적인 특징이 사후세계에서 어떻게 변하는지에 대해 이렇게 설명한다.

"이곳에서 시간이 흐르면 영혼(soul)들이 지상에서 받았던 이름표는 떨어져나간다. 그리하여 영(Spirit)으로 돌아오면 우리는 모두 여러 번에 걸친 이곳의 여행 동안에 불렸던 이름을 다시 돌려받는다. 예를 들어 이곳의 내 이름은 아리엘이다. 하지만 지상계에서 나에게 붙여진 이름은 마거릿이었다. 나는 여성이었고 좋은 남편과 결혼해서 아이를 다섯 낳았었다. 하지만 이곳에서 지내는 동안 나는 내 지구 이름을 잃어버렸다. 이곳에는 그대들이 말하는 소위 성행위나 성별 같은 것도 없다. 내 에너지는 여성적이지만 말이다. 이 때문에 그대는 나를 여성으로 느끼는 것이다. 만약 내가 다시 환생하기를 택한다면 여성 아니면 남성의 몸으로 태어나야겠지만, 그것은 그때 가서 정할 일이다."

저 너머로부터 대답 구하기

영혼이 베일로 다가가거나 그것을 지나가려면 엄청난 양의 에너지가 소요된다. 그러니 이런 방문이 자주 일어나기를 기대하기는 어렵다. 사실 당신은 시간이 지날수록 방문이 점점 뜸해지는 데에 익숙해져야 한다. 이것은 세상을 떠난 사랑하는 이와 지상과의 연결고리가 약해지면서 자연스럽게 일어나는 현상이다.

사실 사랑하는 이가 치유여정을 거치는 동안 당신은 그들의 존재감을 거의 느끼지 못하게 되는 순간이 오게 마련이다. 이것은 자연스러운 현상이지만 그들이 당신을 잊어버렸기 때문에 일어나는 일은 아니다. 오히려 세상을 떠난 영혼들은 당신이 그들을 필요로 하는 때가 언제인지, 그리고 언제 방문하는 것이 가장 좋은지도 알고 있다. 왜냐하면 그들은 지상의 우리가 하는 생각과 말을 직접 듣고 정보를 얻기 때문이다.

사후세계에 있는 영혼들은 당신이 자신을 바라보는 것과는 다른 시각에서 당신을 바라본다는 것을 이해할 필요가 있다. 그들은 당신의 오라, 곧 에너지체에 담겨 있는 정보를 보기 때문이다. 오라는 에너지의 직접적인 근원이기 때문에 절대로 거짓 정보를 담고 있지 않다. 따라서 세상을 떠난 당신의 사랑하는 이는 필요한 일이 무엇인지를 언제든지 알아차릴 수 있다. 영혼들은 오라를 통해서 당신이 그를 잃고 나서 어떤 상태에 있는지, 그리고 자신의 방문이 당신에게 바람직할지 어떨지를 알 수 있다. (당신은 영혼이 당신을 방문하는 것이 왜 좋은 일이 아닌지를 이해하지 못할 수도 있다. 하지만 믿어도 좋다. 나는 영매로서, 영혼의 방문이 당신에게 부정적인 영향을 끼칠 수도 있다는 점을 잘 알고 있다.)

감정이입을 잘하는 사람들이 당신이 아무도 모르리라고 생각하던 일들을 알아내는 것도 바로 오라 속에 담긴 숨김없는 정보 때문이다. 하지만 이것은 일상생활을 영위하는 데는 방해가 될 수 있는데, 다행스럽게도 이런 능력을 불을 끄듯이 끌 수 있는 방법이 있다. 예컨대 나는 하루종일 수시로 죽은 이들과 대화하면서 살지는 않는다. 그런 대화는 필요한 때와 장소가 있는 법이다. 나는 내 에너지를 집중시키고 다루는 방법을 알기 때문에 내가 만나는 영혼들은 대부분 내가 그어놓은 경계선을 존중하여 아주 급한 일이 아니면 메시지를 전해달라고 떼를 쓰지 않는다. 아주 급박한 일이 생기면 나도 그들의 부탁을 들어준다.

사후세계의 영혼들은 당신의 오라에 담겨 있는 정보에 쉽게 접속할 수 있기 때문에 당신보다도 당신을 더 잘 알고 있다. 그렇기 때문에 나는 상담을 시작하기 전에 항상 "모든 것을 알고 싶은가요?"라고 묻는다. 영이 나에게 말해주는 정보들을 모두 전달하기 전에 허락을 얻을 필요가 있기 때문이다.

당신은 항상 근원과 연결되어 있음을 알라. 세상을 떠난 이들은 이를 알기 때문에 오로지 당신의 성장에 필요한 것만을 말해준다. 그들이 당신에게 전하는 메시지 중 어떤 것은 어려울 수도 있지만, 당신이 감당하지 못할 것은 절대로 주어지지 않는다. 또한 영은 당신이 삶에서 겪게 될 일들을 '모두' 말해주지는 않는다. 중차대한 교훈을 얻기 위해서는, 혹은 자신에 관한 중요한 깨달음을 얻기 위해서는 사전지식 없이 부딪혀야만 하는 경험들도 있기 때문이다.

만약 어떤 영혼이 당신에게 메시지를 전달할 필요를 느낀다면 당신에게 메시지를 전달해주는 데 꼭 알맞은 사람에게로 당신을 인도할 것이다. 우연히 상담가를 만나게 될 수도 있고 누군가가 당신에게 영매를 추천해 줄 수도 있다. 하지만 삶 속에 우연이란 없다는 것을 기억하라. 뜬금없이 일어난 것 같아 보이는 일도 사실은 그렇지 않다. 이것은 삶의 여정을 가는 동안 우리 모두가 깨닫게 된다.

세상을 떠나버린 사랑하는 이와 교신하다 보면, 상담을 자꾸 해서 영혼과 계속 소통하고 싶은 유혹을 느낄 수도 있다. 그러나 이는 메시지를 받고 싶어하는 사람에게나, 계속 소환을 당하는 영혼에게나 모두 건강하지 못한 일이다. 잦은 방문은 오히려 내담자의 성장을 저해할 수도 있다. 영혼들의 인도에 지나치게 의존함으로써 혼자서는 아무런 결정도 내리지 못하는 지경에 이를 수 있기 때문이다. 물론 앞에서 말했듯이 사후세계의 영혼들은 사랑하는 이의 성장 과정을 가늠할 수 있기 때문에 필요한 만큼의 소통만 해준다.

영국에서 만났던 클로이라는 이름의 내담자가 생각난다. 그녀는 남편과 사별했는데 그와의 사이에 마무리 짓지 못한 일들이 있어서 나를 찾아왔었다. 그녀는 자살한 남편 탓에 회사운영과 온갖 업무를 다 떠안은 처지였다. 그녀는 남편에게 매우 화가 나 있었지만 그의 조언을 구하지 않고는 중요한 결정들을 내릴 수가 없다는 사실을 깨달았다.

클로이는 첫 상담에서 앞길을 헤쳐가기 위해 필요한 사업상의 조언 등 그녀가 구했던 답을 얻었다. 같은 해 말에 그녀가 다시 나를 찾아왔을 때도 나는 전혀 문제성을 느끼지 못했다. 그녀의 남편도 기꺼이 소통을 해주었다. 하지만 이제 그는 지상계에서 자신을 괴롭혔던 모든 것으로부터 치유를 받아서, 옛날 클로이가 사랑에 빠졌었던 바로 그 영혼으로 되돌아가 있었다. 그들의 유대는 매우 강했다.

그 후로 몇 번 상담을 반복하면서 클로이는 상담을 끝내자마자 다음 상담을 정기적으로 예약하는 버릇을 들였다. 당시엔 대기자 명단이 6개월치씩 밀려있었기 때문에 다음 상담일까지의 기간이 좀 있었으므로 상담을 예약하는 것이 불편하게 느껴지지 않았다. 그러나 상담과 다음 상담 사이의 기간이 점점 짧아지면서 나는 내담자가 남편과 너무 자주 소통하고자 하는 것이 건강하지 못한 일이 아닌가 하는 의심이 들었다.

결국 클로이의 남편은 자꾸 상담을 하는 것이 그를 지상의 차원에 묶어놓는 결과를 가져와서 자신의 진보를 방해하기 때문에 더 이상 교신하러 올 수가 없다고 나에게 말했다. 클로이에게 남편의 말을 전하는 것은 쉬운 일이 아니었다. 그녀가 듣고 싶어하는 내용이 아니어서 더욱 그랬다. 게다가 그녀는 나 몰래 다른 영매들에게서도 상담을 받고 있었다.

다음에 클로이가 찾아왔을 때 그녀의 남편은 나타나지 않았다. 대신 그녀의 인도령이 나타나서 그녀에게 상담은 그만 받고 삶이 자연스럽게 풀려나가도록 허용하라고 말했다. 클로이의 인도령은 그녀의 삶의 서약서에, 남편이 자살할 것이지만 그녀는 그것을 잘 극복하고 계속 살아가는 것으로 명시되어 있음을 밝혔다.

그 상담을 뒤로 하고 나는 미국으로 건너왔기 때문에 클로이를 다시 만나지는 못했다. 그러나 이메일을 통해서는 계속 연락을 주고받았다. 최근에 나는 그녀가 새로운 사람을 만나서 완전히 새로운 인생을 시작했다는 소식을 들었다. 사람들이 자신의 성장에 방해가 될 정도로 영적 상담에 의존하게 될 수도 있다는 사실을 그녀를 통해서 확실하게 깨달았기 때문에 나는 상담을 받은 후 6개월이 지나기 전까지는 다시 상담을 받을 수 없게 하는 새로운 규칙을 만들었다.

비록 세상을 떠난 사랑하는 이가 당신에게 정기적으로 메시지나 징표를 보여주기를 멈추더라도 그들은 여전히 당신과 연결되어 있음을 알라. 그들은 당신이 하는 말에 귀를 기울일 것이며 할 수 있는 한 오래 당신을 도와줄 것이다. 하지만 그들 역시 사후세계의 과정을 밟아가야만 하는 처지여서, 자꾸만 불려오는 것은 그들의 발전을 위해서 좋지 않다. 인내심을 가지고, 저세상에서 그들을 다시 만나게 될 것임을 기억하라.

방문이 끊어질 때

만약 세상을 떠난 사랑하는 이가 당신을 방문하기를 완전히 멈췄다면 이유는 간단한 것일 수 있다. 영혼들은 당신의 세속적인 감정상태에 비추어서 당신과 소통하는 것이 최선의 선택인지 아닌지를 판단할 수 있다. 그들은 자신의 판단에 근거하여 당신을 방문할 계획을 세운다. 그들은 지속적인 방문이 당신을 힘겹게 한다는 것을 발견할 수도 있다. 그리고 그들 역시 자신이 세상을 떠났다는 사실을 받아들이고 사후세계에서 잘 적응해가고 있으므로 자신의 치유여정에 집중하여 앞으로 나아가기를 택한다.

또 당신의 사랑하는 이가 환생하여 지상계로 돌아왔을 가능성도 있다. 이런 경우에는 말을 통해서 하는 소통이 눈에 띄게 줄어든다. 영매로서 나는 이 세상에서 옷가지에 DNA의 흔적이 남거나 유리에 지문이 남는 것처럼, 저세상에서도 영혼의 에너지가 각인된 흔적이 남는다는 사실을 배웠다. 이런 경우, 영매는 그 흔적을 읽을 수는 있지만 그와 연결해서 메시지를 받는 것은 불가능하다.

만약 세상을 떠난 사랑하는 이로부터의 방문과 징표가 환생으로 인해 끊어진 것이라면, 그리고 새로운 몸을 입고 태어난 사랑하는 이를 되찾고 싶다면 사랑하는 이와 똑같은 눈을 갖고 있는 사람을 찾아보라. 눈은 영혼의 창이므로 당신의 사랑하는 이가 이번에 누구로 환생했는지를 알아볼 수 있는 실마리를 제공해줄 수 있다. 당신의 본능적인 직감을 믿어야 한다. 만약 사랑하는 이의 환생이라고 느껴지는 사람을 만났다면 자신의 느낌을 믿고 그 가능성을 탐구해보아야 한다.

마지막으로, 어떤 영혼들은 사후세계에서의 생활이 행복하고 만족스럽기 때문에 더 이상 당신과 소통할 필요를 느끼지 못할 수도 있다. 이 영혼들은 당신이 잘 있는지는 계속 확인하더라도 더 이상 메시지나 징표를 보여주지는 않을 것이다. 왜냐하면 더 이상 그들의 소식을 알 수 없을 정도로 그들은 지상과 인연이 멀어졌기 때문이다. 하지만 활발하게 의사소통을 하지는 않더라도 그들은 여전히 당신과 연결되어 있다. 그리고 당신 역시 자신이 과거를 뒤로 하고 삶을 이어가면서 해가 지날수록 떠난 이를 덜 생각하고 있음을 발견할 것이다.

보호자의 방

다시 영혼의 여정으로 돌아와서, 당신이 보호자의 방을 방문할 시간이 되면 남은 여정에 대해 배우기 위해 인도령들을 재회하게 된다. 이 과정은 여태까지 당신이 거친 강렬한 치유의 과정들에 비하면 매우 느긋하고 편안한 과정이다. 이때쯤이면 당신은 사후세계에 많이 익숙해져서 매우 편안한 상태가 된다.

보호자의 방에서 당신은 여태까지 지상계를 방문하고 치유하느라 바쁜 나머지 그다지 많이 만나지 못했던 영혼의 인연들도 다시 만나볼 기회를 갖는다. 이 시간 동안 당신은 이 영혼들과의 인연, 특히나 주 인도령과의 인연을 깊이 다지게 된다. 또한 당신의 장로로 지정된 영혼을 더 깊이 알게 될 것이다. 앞에서도 말했듯이 장로란 매우 진화된 영혼으로서 기다림의 방에서 처음 도착하는 영혼들에게 삶의 서약서를 나눠주는 역할을 한다. 장로가 되려면 영혼은 자신의 여정에서 크게 진화해야 한다. 장로들은 높은 차원계로 진화했음에도 불구하고 여전히 우리의 차원계로 돌아와서 도움을 필요로 하는 이들을 돕는다. 흔히 구루, 곧 영적 스승이 되어서 말이다.

이제는 당신이 방금 경험한 삶과 그 전에 겪었던 많은 삶들의 의미를 전체적으로 고찰해볼 시간이다. 보호자의 방에서 당신은 자신의 모든 생애의 기억들을 보게 된다. 삶에서 일어났던 일들의 의미를 이해하기 위해서이다. 당신은 자신의 삶에서 인도령들이 담당했던 역할들, 그리고 또한 자신이 인도령들의 삶에 어떤 도움을 주었는지도 발견하게 될 것이다. 삶의 신비에 대해서도 많은 것들이 밝혀질 것이지만 당신이 이어질 여정을 계획하는 데에 필요한 만큼만 알게 될 것이다.

당신은 또한 아카샤 기록을 보게 될 것이다. 아카샤 기록이란 당신 영혼의 에너지가 각인된 기록으로서 아픔, 고통, 사랑, 비애 등 무수한 생을 통해서 당신이 겪어온 모든 것이 기록되어 있다. 당신은 이것을 주 인도령과 함께 훑어보게 될 것인데, 이것은 마치 한동안 만나지 못했던 오랜 친구와 함께 그간의 얘기를 나누면서 스크랩북이나 사진첩을 넘기며 함께 추억에 잠기는 것과도 비슷한 경험이 될 것이다.

또 한 가지 중요한 사실은, 순수한 흰빛을 통해서 사후세계에 들어오지 못한 어두운 영혼들은 보호자의 방에 들르지 못하고 지구로 돌아갈 준비를 하게 된다는 것이다. 이들은 사후세계에 더 머무르지 않을 것이기 때문에 여정을 계획하는 과정이 필요치 않다. 그들의 운명은, 상영의 방에 잠시 들러서 치유와 성장을 위한 배움을 얻을 새로운 가족을 선택하는 것이다. (사실 모든 영혼은 환생하기 전에 상영의 방에 들르게 된다. 이에 대해서는 뒤에서 더 상세하게 설명하겠다.)

나는 상담 중에 들어온 한 영혼을 통해 보호자의 방에서 무슨 일이 일어나는지를 알게 되었다. 이 영혼은 보호자의 방에 가본 경험이 있는 영혼이었다.

나는 조안에게 수년에 걸쳐 몇 번 상담을 해주었었다. 그녀의 어머니 패티가 암으로 세상을 떠났을 때, 조안은 어머니와 연락하고 싶어했다. 패티는 사실 내 할머니의 내담자였었고 살아 있는 동안 영계에 대해서 매우 열린 마음을 가지고 있었다. 조안이 상담하러 왔을 때 나는 패티도 나타나리라는 것을 믿어 의심치 않았다.

그리고 과연 그녀가 나타났다. 예상했던 대로 그녀는 사후세계에서까지 간직하고 있는 지상의 추억들에 대해 수다를 떨었다. 그리고 패티는 그녀의 딸도 나도 예상치 못했던 정보를 나누어주었다. 그녀는 저세상에서 매우 잘 생기고 근사한, 믿을 수 없을 정도로 멋진 남자를 만났다고 했다. 둘이 서로에 대해 알아가는 과정 속에서 그녀는 둘이 전생에서 연인 관계였다는 것을, 그리고 그녀가 지상계를 여행하는 동안 그는 사후세계에 남아 있기로 선택했었다는 것을 알게 되었다.

패티는 딸에게, 지상에서의 남편, 곧 조안의 아버지도 사랑하지만 이 잘생긴 남자야말로 자신의 인도령이자 소울메이트임을 알게 되었다고 말했다. 흥미롭게도 조안의 아버지 역시 사후세계에 있었다. 그와 패티 역시 중요한 영혼의 인연이었고 패티가 숨을 거둔 후 사후세계에서 함께 기쁨으로 재회했다.

천상에서의 진로 상담

보호자의 방에서 당신은 영혼으로서 자신이 다음으로 필요로 하는 것이 무엇인지를 발견하게 된다. 이는 마치 지상에서 진로상담가를 찾아가서 장래를 계획하는 것과도 같다. 당신은 저세상에 남아서 소울메이트와 함께하면서 성장과 발전을 위한 기회들을 더 누리기로 선택할 수도 있다. 아니면 봉사의 길을 택하여 이제는 당신 자신이 인도령이 되기 위해 훈련을 받아 천상의 도우미령들과 어깨를 나란히 하든지, 아니면 장로가 될 수도 있다. 혹은 지상계로 되돌아가기를 선택할 수도 있다. 당신은 여러 가지 방향의 진로를 선택할 수 있으며 당신의 미래는 순전히 당신의 선택에 달려 있다. 이 단계는 '당신의' 영혼을 위해서 무엇이 가장 좋을지를 찾아내는 과정이다.

조시야는 이렇게 말한다.

"그대가 이미 지상계로 돌아가서 환생한 상태가 아니라면, 이 단계에서 그대는 저세상에서 주어지는 삶의 가능성들을 탐사해보게 된다. 그대는 목표를 세울 기회를 얻지만 아직 선택을 요구받지는 않는다. 이는 삶 속에서 진로를 결정할 때 거치는 과정과 매우 유사하다.

이즈음에서 그대는 인도령 몇몇이 환생할 시간이 되어서, 혹은 계속 다른 영혼들을 돕기 위해서 그대를 떠나는 것을 보게 될 수도 있다. 인도령들이 그대에게 그들의 다음 임무를 도와달라고 부탁하거나, 자신의 인도령이 되어달라고 부탁할 수도 있다. 그럴 경우, 그대는 다른 이를 위해 인도령이 되어보는 새로운 입장의 경험을 할 수 있는 기회를 얻게 된다."

당신은 자기 영혼의 더 높은 발전을 위해서 사후세계에 좀더 오랫동안 머물면서 배우고 다른 영혼들에게 봉사하는 일을 하는 것이 더 유익하다는 것을 발견하게 될 수도 있다. 그대는 치유령이 되어 지상계가 계속 살아 숨 쉬게 하는 자연의 기운을 돕기를 선택하거나 혹은 다른 이의 인도령이 될 수도 있다. 선택에 옳고 그름이란 없다. 모든 것은 보호자의 방에서 되돌아봄의 시간을 가진 후에 당신이 내리는 판단에 달려 있을 뿐이다. 당신의 인도령들은 조언과 지도를 해줄 것이지만 당신을 대신해서 결정을 내려주지는 못한다. 당신의 영혼은 자신의 길을 알고 있으며, 당신은 그것에 따라 선택을 내릴 것이다.

보호자의 방에서 또 한 가지 발견하게 될 것은, 다음 생에서 완전히 터득해야 할, 아직 남아 있는 교훈에 관한 것이다. 만약 한동안 환생을 하지 않을 작정이라면 당신은 충분한 시간을 두고 다음번에 무엇을 배우고 싶은지를 정할 수 있다. 그러나 그것은 쉬운 결정이 아니다. 그래서 결정을 해야 할 때가 되면 당신은 심사숙고하라는 조언을 받게 된다.

이 시점에서 어떤 영혼들은 성급하게 결정을 내려 다른 영혼들보다 빨리 지상계로 돌아가기도 한다. 하지만 경솔해서는 안 된다. 당신이 깨우쳐야 할 교훈이 어떤 것들인지, 그리고 여태까지 얼마나 많이 배웠는지를 '주의 깊게' 살피는 것은 여정의 다음 단계를 결정하는 데에 큰 도움이 될 것이다.

만약 사후세계에 남기를 선택한다면 당신은 보호자의 방에서 '일거리'를 배정받게 된다. 즉, 당신이 다음 행보를 선택하는 동안에 다른 이들을 도와주는 것이다. 저세상에서도 일을 해야 한다는 것은 반갑지 않은 소식일 수도 있다. 사람들은 평생 동안 열심히 일했으니 죽은 다음에는 휴가 비슷한 것을 얻게 될 것이라고 기대하곤 한다.

그러나 사후세계에서 배정받는 일은 지구에서 하던 일과는 전혀 다르니까 안심해도 좋다. 그것은 여정을 가고 있는 다른 영혼들을 도와주는 영적인 임무 같은 것이다. 당신은 사랑하는 당신의 가족이 사후세계로 건너오는 것을 맞이하는 일을 배정받을 수도 있다. 당신이 사후세계로 건너왔을 때 환영받았던 것처럼 말이다. 빛 속으로 건너와야 하는 길 잃은 영혼들을 구하는 역할을 맡을 수도 있다. 혹은 가외의 도움을 필요로 하는, 죽음의 기로에 선 아이들이나 동물들을 돕도록 파견될 수도 있다. 목록은 끝이 없다.

당신은 다양한 기회를 얻을 것이며 이는 당신이 사후세계에서의 시간을 어떻게 관리하느냐에 따라 달라질 수 있다. 하지만 일거리를 배정받는 것만큼은 당신의 선택과 무관하다. 당신의 영혼을 위한 더 큰 계획을 담당하는 장로가 당신에게 배정될 것이며 그가 당신을 대신해서 일거리를 선택해줄 것이다. 당신에게는 자유의지가 있어서 많은 선택권이 주어지지만, 당신이 사후세계에서 배워야만 하는, 장로만이 알고 있는 교훈들도 여전히 남아 있다.

아리엘은 이 주제에 대해 약간의 지혜를 나눠준다.

"그대의 주된 임무는 배우는 것이어서 그대는 단 한 순간도 배우기를 그치지 않을 것이다. 이곳에 있는 것이 매우 수월하리라고 생각했다가 배우는 것이야말로 가장 어려운 일임을 깨닫는 영혼들을 나는 너무나 많이 보아왔다. 게다가 우리는 그들에게 맡아야 할 일거리가 있다는 얘기를 해줘야 한다! 어떤 영혼들은 충격을 받는다. 어떤 영혼들은 받아들인다. 하지만 누구에게든 이것은 쉬운 일이 아니다. 그대는 평생 동안 일했다. 그리고 이제 평화롭고 고요한 고향집으로 돌아왔는데… 또 일을 해야만 한다.

이곳에서 배정받는 일은 지상계에서 했던 일과는 다르다. 이곳에서는 그대가 살아 있는 동안 터득한 교훈에 따라 일을 배정받게 된다. 더 발전한 영혼일수록 더 중요한 일을 맡게 된다. 물론 모든 일이 다 중요하지만 당신이 영혼의 성장 과정 속에서 무엇을 성취했느냐에 따라서 역할이 주어지는 것이다.

이것을 받아들이고 일이 자연스럽게 풀려나가도록 허용하라. 그대의 일은 삶 속에서의 다음 목표를 위해 그대를 준비시켜줄 것이다. 그것은 다른 이들이 세상을 떠나는 것을 돕는 일일 수도 있고 인도령으로서 일하는 것일 수도 있고 아니면 지상계로 돌아가는 것일 수도 있다. 어떤 임무를 배정받든지 간에 최선을 다해서 사명을 완수하라. 그러면 그대는 천상의 더 높은 수준으로 나아가게 될 것이다. 그리고 그러다 보면 종국에는 영원한 존재의 상태에 이르게 될 것이다.

물론 저세상에서 일만 하면서 사는 것은 아니다. 즐겁게 노는 시간과 웃는 시간도 있다. 그대가 알고 있는 것과 같은 적대감이란 이곳에서는 전혀 찾아볼 수가 없다. 대신 사후세계는 배움과 인도의 장이어서 이곳에서 그대는 도움과 교육을 받게 된다. 만약 그대가 지상계로 돌아가서 사랑하는 이들이 잘 있는지를 확인하고 싶다면 그렇게 할 수도 있다. 그것은 그대에게 허용된 선택이다. 그러나 지상계로 돌아가는 데는 많은 에너지가 소모된다는 점을 숙지하는 것이 좋다. 그 에너지를 아껴서 눈앞의 임무를 완수하는 것이 더 나을 수도 있다."

사후세계 탐사

만약 당신이 사후세계에 남기를 택한다면 그것은 배우고 성장하고 눈앞에 펼쳐진 풍성한 지식을 온전히 소화할 수 있는 시간이 될 것이다. 장로와 주 인도령이 아직도 당신과 함께하고 있다면 그들도 만나게 된다. 당신은 자신이 세운 목표들을 달성하고 있는지를 지속적으로 확인해야 할 것이다. 하지만 이곳저곳을 돌아다니면서 저세상의 신비를 탐험할 기회도 충분히 주어질 것이다.

조시야는 이렇게 말한다.

"보호자의 방에서 시간을 보낸 후 그대는 자유롭게 사후세계를 돌아다닐 수 있게 된다. 그대는 아직도 영혼의 인연으로 맺어진 이들과 함께 있다. 이들의 임무는 그대가 옆길로 새지 않게 하는 것이다. 이곳에는 흥미로운 것이 무척 많기 때문에 어떤 영혼들은 옆길로 새서 임무를 완수하러 돌아오지 않기도 한다. 이런 경우 그들은 성장을 멈추게 되며, 그것은 그들이 지상계로 돌아가서 깨우쳐야 할 교훈들을 깨우칠 때가 왔음을 말해준다. 지상에서 그들은 교훈을 다시 깨우치기 위해 전생에서와 동일한 습관적 행동방식을 되풀이할 것이다.

저세상을 탐험하는 영혼으로서 그대는 장로와 인도령들과 정기적인 만남을 가질 것을 요구받는다. 그것은 그대 세상의 시간으로는 일주일마다 한 번씩이 될 테지만 우리의 시간으로는 30분마다 한 번씩이다. 하지만 믿어도 좋다. 그대는 충분한 시간을 가지고 이곳에 있는 엄청난 일들과 장소들을 발견할 수 있을 것이다."

사후세계 탐험을 위해 정해진 기간이란 없다. 왜냐하면 모든 영혼이 제각각 다르기 때문이다. 당신은 삶의 서약서에 명시되어 있는 한 오래도록 그곳에 있을 수 있다. 이 새로운 삶의 여정에는 발견하고 새로이 창조할 것이 너무나도 많으며 당신에게는 자유의지가 충분히 주어진다. 다른 영혼들도 당신이 행복하기를 원한다는 사실을 알라. 그리고 당신은 평화와 사랑 그리고 고요에 둘러싸일 것이다.

이것은 또한 당신의 영혼의 가족들과의 관계에 주의를 쏟을 시간이다. 당신은 소울메이트와 더욱 깊이 연결할 수 있는 기회를 가지고 서로를 향한 사랑을 온전히 경험하게 된다. 또한 이것은 영혼의 인연들과 함께하면서 그들이 하나의 그룹으로 연결되어 있는 이유를 이해할 수 있는 시간이기도 하다. 이들과 함께 당신은 평화로운 세상을 창조하는 것과 같은 숭고한 목적을 위해 일할 수도 있다. 또한 당신은 지상계에 있는 사랑하는 이들을 방문하러 갈 수도 있지만 이런 방문이 드물어졌음을 발견하게 될 것이다. 당신의 삶은 이제 저세상에 속해 있다. 당신은 그곳의 다양한 차원들을 탐사할 것이며 돌아와서 다시 환생할 시간이 올 때까지 탐사를 계속할 것이다.

보호자의 방을 떠나기 전에 당신은 사후세계에서 완수해야 할 과제들과 배워야 할 교훈들을 고른다. 수행해야 할 일도 배정받게 된다. 그것은 지상계로부터 오는 영혼을 마중하고 그가 사후세계의 여정을 잘 거칠 수 있도록 돕고 인도하는 것을 포함할 수도 있다. 당신이 배정받은 일은 보람 있는 일이어서 사후세계에서의 시간을 활용하는 데 도움이 될 것이다. 사실 당신이 스스로의 영혼을 발전시키고 키우고 사랑하도록 노력하는 그만큼 더 깊은 깨달음을 얻게 된다.

당신의 인도령이나 장로가, 당신이 지상계에서 한 경험을 통해 잘 알고 있는 상황과 관련해서 당신의 도움을 청할 수도 있다. 어쩌면 그들은 어떤 사람이 자신의 삶을 살아나가는 방식을 이해하는 데에 어려움을 겪고 있을 수도 있다. 어쩌면 그 상황에 영향을 미치기 위해서는 당신이 갖고 있는 지상세계에 대한 지식이 필요할 수도 있다. 그래서 당신은 그 사람을 돕는 임무를 배정받을 수도 있다. 왜냐하면 그가 겪고 있는 문제가 당신이 지상의 삶에서 경험했던 것일 수도 있기 때문이다. 예를 들어 그 문제는 탐욕이나 물질주의처럼 복잡한 것일 수도 있는데, 이런 경우에는 인도령이나 장로가 '충분히 최근에' 지상계를 방문하지 않았다면 이해를 하지 못할 수도 있기 때문에 도움이 필요할 것이다.

이런 종류의 임무는 간단한 것이지만 당신은 자신의 성장을 위해서 이 임무를 맡고, 그것을 깊이 이해하고 감사히 받아들일 것을 권고받는다. 조시야는 영혼이 배정받은 임무를 완수하는 것이 얼마나 중요한지에 대해 다음과 같이 말한다.

"그대는 최근 생의 자신과 비슷한 사람을 인도하거나 보살피는 임무를 맡을 수도 있다. 이는 그 사람을 지켜보는 것을 통해 그대 자신이 다른 사람들에게 미친 영향을 이해할 수 있게 하기 위해서이다. 그러면서 동시에 그대는 그 사람과 그의 인도령들을 도와주는 일을 한다. 이 과정에서 그대는 지상의 사람들이 자신의 내면의 목소리에 귀를 기울이지 않을 때 인도령들이 얼마나 답답한지를 경험하게 될 것이다. 이 내면의 목소리야말로 그들의 인도령인 우리가 보내는 메시지이기 때문이다.

그대는 새로운 각도에서 상황을 조명하여 그 사람이 왜 귀를 기울이지 않는지를 우리에게 가르쳐줄 수 있다. 그대는 우리보다 더 최근에 지상계에 있었기 때문에 우리를 도와 이해의 폭을 넓혀줄 수 있다.

그대의 임무가 무엇이든 간에 그것은 그대 자신과 우주의 가장 높은 이익을 위한 것이다. 또한 임무는 정기적으로 바뀐다. 그리하여 돌아갈 시간이 되면 그대는 영적으로 더욱 충만한 삶을 살게 해주는 지식을 풍부하게 지닌 채로 환생하게 될 것이다. 임무를 많이 수행할수록 그대는 지상의 사람들을 더 많이 도와줄 수 있다."

조시야는 다음과 같은 사적인 이야기도 덧붙였다.

"지난번 삶이 끝난 후 너는 그렇게 했었다. 그 삶에서 너는 자살을 했었다. 그리고 영혼으로서 진화해가기 위해, 너처럼 깊이 상처 입은 사람들을 돕는 임무를 능력이 허락하는 만큼 최대한 수행하겠노라고 서약했었다."

사후세계에서는 임무를 많이 배정받기도 하지만, 휴식을 취하고 사후세계가 제공하는 모든 것을 누리고 즐길 시간 역시 충분히 주어진다. 사후세계는 당신이 상상도 못할 정도로 근사한 세계이다. 이곳에는 호수와 강과 멋진 산의 경치 등, 말로는 표현할 수 없을 정도로 멋진 곳들이 당신이 발견해주기만을 기다리고 있다. 눈에 보이는 모든 것이 깜짝 놀랄 정도로 생기가 넘치고 약동하고 있지만 또한 이곳은 평화, 사랑, 그리고 조화로 가득 찬 곳이기도 하다.

조시야는 우리가 눈앞에 그 광경을 그려볼 수 있도록 이렇게 말한다.

"아, 이곳은 너무나 아름답다. 물론 그것은 모두 마음과 생각으로써 창조된 것으로, 우리가 무엇을 보고자 하는지를 보여준다. 아무튼 이곳은 구석구석이 모두 그림같이 아름답고 평화롭고 사랑으로 넘치는 곳이다."

물질주의와 사후세계

사후세계의 아름다움에도 불구하고 어떤 영혼들은 여전히 해소되지 못한 문제들을 안고 있다. 다행히도 그들의 문제는 결코 삶 속에서 사람들이 경험하는 문제들처럼 심각하지는 않다. 그것은 두 사람 사이에 의견 차이가 생겼지만 어디까지나 우호적인 차원에서 서로 동의하지 않기로 동의하면서 그 상황을 놓고 웃음을 터뜨리는 것과도 비슷한 상황이다. 이게 최고로 심각해지는 정도이다! 그리고 물론 이 영혼들은 그 문제를 해소하는 데 도움되도록 짜여진 임무들을 배정받는다.

어떤 경우에 이 문제들은 물질주의적인 생각과 탐욕과 관련되어 있다. 이것은 우리가 살고 있는 이 세상의 반영으로서, 아직도 많은 치유를 필요로 하는 부분이다.

조시야는 이렇게 말한다.

"사후세계에서 그대는 원하는 것을 무엇이든 창조할 수 있다. 그러나 만약 지상의 삶에서 그대의 목적이 돈이었고 원하는 만큼의 부를 모두 창조했었다면, 이곳에서 그대는 그런 창조물은 그저 상상의 산물에 불과하며 시간이 지나면 그대의 손을 떠나게 되어 있다는 것을 깨닫게 될 것이다. 이것은 우리에게, 삶에는 물질적 소유보다 더 깊은 뭔가가 존재함을, 그리고 받은 것을 당연하게 여겨서는 안 된다는 것을 가르쳐준다.

사후세계에서조차 부를 더 높이 쌓으려고 애쓰는 영혼들은 이곳에서 교훈을 깨우칠 생각이 없고 성장하고 싶어하지 않는 영혼들이다. 그들은 배당받은 임무와 과제들을 완수하지 않고 일신의 안락과 물질적 성취라는 환영에만 몰두한다. 이들은 이곳에서 교훈을 얻지 못했기 때문에 똑같은 마음 상태를 가지고 환생해서 같은 수업을 반복할 것이다.

사후세계에서 엄청난 부를 지닌 존재 상태를 창조한다는 것은 매우 유혹적으로 느껴진다. 그러나 통찰의 방에서 그대의 삶을 되살피면서 자신의 행동이 다른 사람들에게 어떤 방식으로 충격을 주었는지를 목격하고 나면 그대는 그 유혹에 마음이 덜 흔들릴 것이다."

조시야가 준 이 메시지를 다시 읽어보았을 때, 나는 우리가 얼마나 물질주의적인 세상에서 살고 있는지, 그리고 인간들에게 얼마나 더 많은 사랑과 이해가 필요한지를 충격적으로 깨달았다. 우리 지구별의 곳곳의 많은 사람들이 왜 영을 향해, 영적인 깨달음을 향해 점점 더 마음을 열고 있는지를 이것으로 설명할 수 있을 것이다. 또한 나는 우리가 우리의 미래이기도 한 축복받은 능력의 신세대를 낳고 있다고 믿는다. 이 아이들은 사후세계에서 다른 이들보다 더 오랜 시간을 보내어 훨씬 더 진화된 이들로서, 세상을 포용하고 세상이 필요로 하는 치유를 제공해줄 준비가 되어있다.

사후세계에 물질주의적인 가치관이 없다는 것은 매우 고무적인 일이다. 내가 영국에서 살면서 한 주에 스물다섯 건에 달하는 상담을 하고 있을 때, 사람들은 세상을 떠난 사랑하는 이들이 재정문제에 대해서는 별로 조언을 해주지 않는 것을 놀랍게 여기곤 했었다. 나는 항상 내가 받은 정보를 정확히 내담자들에게 전달해주었는데, 아주 절박한 상황이 아니고

서는 돈 문제에 대해 이야기하고자 하는 영은 거의 만나본 일이 없다. 영들은 물질적인 것에는 관심을 기울이지 않기 때문에 그들이 이 주제를 언급하는 것은 드문 일이다.

그럼에도 불구하고 내가 상담의 막바지에 내담자에게 질문이 있냐고 물으면 그들은 대부분 자신이 경제적으로 안정되게 살지, 혹은 자신에게 꼭 맞는 짝을 언제 만나게 될지를 묻는다. 영들은 시간감각이 없고 미래에 대해서는 생각하지 않기 때문에 이런 종류의 정보 역시 별로 보여주지 않는다.

영들은 또한 심판하지 않는다. 조시야는 이렇게 말한다.

"영혼들은 절대로 남을 심판하지 않는다. 그대의 영혼의 가족들은 절대로 그대가 지금 삶 속에서 하고 있는 일들을 심판하지 않을 것이다. 예를 들어 그대가 동성애 관계를 맺기로 결정을 내렸다고 하자. 지상에서는 가족들이 그것을 인정하지 않는다고 하더라도 죽음 이후에는 그들도 지상에서 그대가 내린 결정에 관해 그대를 심판하지 않을 것이다. 소위 삶과 죽음은 선택의 문제이며, 그대는 그것을 존중해야 한다.

사후세계를 탐사하는 동안 그대는 보호자의 방에 다시 들러서 주 인도령과 장로와 대화하는 시간을 가질 것이다. 그들은 그대에게 필요한 과제가 무엇인지를 정해주고 그대에게 도움이 되는 활동을 추천해줄 것이다. 그러나 이 시점에서 무엇을 하느냐는 궁극적으로 그대의 선택에 달려 있다. 그대는 자신이 발전해온 길을 되살펴보고 삶을 바꾸고 싶은지 어떤지를 결정할 수 있지만 아무도 그대로 하여금 변화하게 만들 수는 없다. 그대는 사후세계의 여정을 계속할 수도 있고, 아니면 지상에서 새로운 삶을 살기 위해 돌아갈 것인지, 만약 돌아가고 싶다면 언제 돌아갈지를 결정할 수도 있다. 그대는 언제든지 원하는 시간에 돌아갈 수 있으며, 무엇을 하고 싶은지도 결정할 수 있다."

치유 여정의 이 시점에서 당신은 영혼으로서의 다음 행보로서 사후세계에 계속 남아 있을지 아니면 지상으로 돌아가서 새로운 삶을 시작할지를 결정한다. 당신은 지상계로 돌아가고 싶지 않다고 생각하고 있을는지도 모른다. 그러나 삶의 서약을 모두 완수하여 더 높은 차원으로부터 지구로 돌아가지 않아도 된다는 조언을 받지 않은 이상, 돌아가야만 하는 것이 현실이다.

다음 장에서는 사후세계에 남기로 결정하는 이들의 여정이 어떠한지에 대해 상세히 설명하겠다.

제14장

높은 차원의 봉사, 그리고 신과의 만남

여정의 이쯤에 이르면 영혼의 세계를 다 탐사하고 깨우쳐야 할 교훈을 다 깨우쳤다는 느낌이 들지도 모른다. 그리하여 지상계로 돌아가기로 선택했다고 치자. 하지만 그렇게 돌아가면 십중팔구는 똑같은 잘못을 더 깊은 차원에서 되풀이하고 있는 자신을 발견하게 될 것임을 주지하라. 또한 지상의 형체를 입고 끝없이 높은 길을 향해 영혼의 진화를 이어가는 동안 당신에게는 새로운 교훈이 주어질 것이다.

이 장에서는 당신이 사후세계에 머물기로 결정하고 자신의 진화를 위해 차원 높은 봉사의 길을 택할 경우 어떤 일이 일어나는지에 대해 이야기한다.

인도령이 된다는 것

봉사의 길에서 택할 수 있는 첫걸음 중 하나는 지상의 영혼들을 도와주는 인도령이 되는 것이다. 임무의 경중은 물론 당신의 경험과 전에 인도령이 되어본 적이 있는지에 달려 있다. 그래서 이것을 선택할 경우 당신은 주 인도령과 앞으로의 진로에 대해 많은 의논을 나눠야 한다. 당신은 누구의 인도령이 될 것인지, 그리고 그 영혼이 환생할 것인지 아닌지를 알게 될 것이다. 혹은, 당신의 소울메이트나 영혼의 가족과 같은 영혼의 인연에 속한 어떤 사람을 인도하도록 선발될 수도 있다.

당신이 누구를 인도할 것인지는 당신의 결정사항이 아니다. 지상으로 돌아가는 영혼이 자신에게 필요한 교훈을 배우는 것을 가장 잘 도와줄 인도령이 누구일지 심사숙고한 끝에 스스로 선택할 것이다. 인도령이 되어 주기를 부탁받는 것은 매우 영광스러운 일이다. 왜냐하면 그것은 그만큼 당신이 진화된 존재여서 다른 이들의 인생수업을 인도할 수 있을 정도로 신임받고 있다는 뜻이기 때문이다.

그 생애에서 누가 인도하고 누가 인도를 받는지가 삶의 서약서에 명시되어 있는 경우도 있다. 예를 들어 나는 이번 생애에서 나의 주 인도령 벤과 서약이 되어 있다. 전생에는 둘이 역할을 바꿨던 적도 있다. 지난 생에서는 내가 그를 인도했었고 이번에는 그가 나를 인도하고 있다.

만약 삶의 서약서에 구체적으로 명시되지 않았다면 지상으로 돌아가는 영혼은 누구를 인도령으로 선택할지에 대해 장로에게 조언을 구하게 된다. 그러면 장로는 이 영혼이 딴 길로 새지 않고 올바로 살아가도록 잘 도와줄 수 있는 인도령을 택하여 준비시켜준다.

앞서 말했듯이 장로는 당신을 깨우쳐서 삶의 여정을 잘 가도록 돕는 사명을 가진 매우 진화된 영혼이다. 일단 당신의 장로가 되고 나면 — 그가 다시 환생하기로 결정하더라도 상관없이 — 그는 영원히 당신의 장로이다. 당신과 당신의 장로는 항상 연결되어 있으며 이 인연은 절대로 끊어지지 않는다. 그러나 한 영혼이 장로가 될 정도로 진화하고 나면 대개는 사후세계에 머무르면서 다른 영혼들을 돕는 일로 만족한다. 이런 영혼들이 지상으로 돌아갈 이유를 발견하기란 드문 일이다. 더 높은 근원으로부터 특별 요청이 있기 전에는 말이다.

장로들은 모두 땅 위를 걸었던 적이 있기 때문에 인간들이 깨우쳐야 하는 교훈이 어떤 것인지 잘 알고 있고, 이 차원에서 인간들이 겪게 되는 고난과 시련에 대해서도 잘 이해하고 있다. 그들은 무수한 생애를 살았으며 다른 사람들보다 더 고된 삶을 살았던 적도 있다. 그들은 가난, 부, 학대, 욕심, 사랑, 병, 그리고 다른 많은 부정적인 상황들을 포함해서 당신이 상상할 수 있는 모든 것을 이미 경험했다. 그들은 이 모든 시련을 이겨냈기 때문에 인간으로 환생할 영혼들의 준비를 어떻게 도와야 할지를 정말 잘 안다.

지상의 사람들은 자신의 삶이 왜 이토록 힘겨울까 하고 의아해하지만 다 이유가 있어서 시련을 겪고 있다고는 거의 생각하지 않는다. 나 역시 많은 경우에 비슷한 실수를 범했다. 하지만 나도 마침내는 우리 인간이 삶에서 겪는 어려움은 모두가 더 높은 목적을 위한 단련임을 믿게 되었다. (장로들도 마찬가지로 힘든 시간을 겪었다는 것은 내 관점을 뒷받침해준다.) 시련은 언제나 우리가 깨우쳐야 할 교훈을 담고 있다. 그리고 이 교훈을 포용하느냐 마느냐는 우리에게 달려 있다. 어떤 때는 이해가 되지 않을 수도 있지만 말이다. 당신이 겪고 있는 어려움이 무엇이든 간에, 그것이 당신의 삶 속에 존재하는 이유는 당신에게 뭔가를 가르쳐주기 위해서임을 알라.

사후세계에서 영혼들은 자신의 삶을 되돌아보면서 자신이 배운 것들을 되살펴본다. 어떤 경우에는 굉장히 큰 고난과 시련 속에서 배움을 얻기도 한다. 그들은 또한 다음번 환생을 기다리면서 삶의 서약서의 내용을 지키는 데 필요한 사건들과 교훈들을 결정하는 등 완벽하게 계획을 세운다. 그러나 지상계에 다시 태어날 때 우리는 자신이 그 삶을 선택한 이유가 편안하고 안락한 시간을 보내는 것이 아니라 늘 배우고 성장해가기 위한 것임을 까맣게 잊어버린다.

훈련 기간

인도령이 되기로 선택했다면 장로와 정기적인 만남을 가지는 것이 매우 중요해진다. 당신은 이 진화된 영혼과 많은 시간(지구 언어로 말하자면)을 보내게 되며 그는 당신이 스스로의 역할을 구상하고 준비하는 것을 도와줄 것이다. 그 역할이 인도령 팀을 돕는 역할이든 아니면 팀 전체를 관할하는 주 인도령의 역할이든 간에 말이다. 당신은 다양한 장소로 인도받아 가서 존재와 우주의 신비를 보게 될 것이다. 그리고 몇 번 지상계로 내려가서 당신이 인도할 영혼이 경험하게 될 다채로운 교훈들을 살펴보기도 할 것이다. 사후세계로 돌아오면 당신은 아카샤 기록이 보관되어 있는 기록의 전당으로 인도될 것이며 이곳에서 당신은 한 영혼이 환생하여 삶을 잘 헤쳐나갈 수 있도록 도와줄 때 이용할 수 있는 여러 가지 삶의 신비를 접하게 된다.

때가 되면 당신은 지구로 돌아가는 한 영혼을 배정받을 것이다. 그러면 그 영혼과 가까이 지내면서 서로에 대한 신뢰와 사랑과 지지하는 마음을 쌓아가는 과정을 갖는다. 둘은 영혼의 가족으로서 이미 관계를 맺은 상태이지만, 이 순간부터 둘은 앞으로 지상의 삶에서 겪게 될 교훈들을 잘 받아들이도록 준비하기 위해 계속 함께 지내야 한다.

그러는 동안에 당신은 이 역할을 수행하기 위해 자신도 스스로 발전해가고 있음을 깨닫게 될 것이다. 예컨대 당신이 전생에 치유의 재능이 있어서 사람들의 치유를 도우면서 자신의 능력을 발전시켰다고 치자. 이제 다른 영혼을 인도하는 영혼이 된 당신은 그 영혼이 치유의 능력을 계발하도록 도와주면서 그를 통해 자신의 능력을 한층 더 연마할 수 있게 된다.

주 인도령이 되기 위한 훈련을 받는 것은 매우 높은 수준의 공부이다. 그래서 이 역할에는 완전한 헌신이 필수적으로 요구된다. 벤이 나에게 말해준 바에 의하면, 주 인도령이 되려면 그 전에 도우미령 노릇을 몇 번 해야 한다고 한다. 또한 영혼들이 사후세계의 여정을 잘 치르도록 도와준 경험도 좀 있어야 하고 지상에서 사는 동안 많은 일을 완수했어야 한다고 한다.

주 인도령이 되기 위해 준비하는 동안에는, 지상의 어떤 사람이 겪고 있는 특정한 시련을 이겨낼 수 있도록 돕고 있는 인도령 팀을 보조하라는 요구를 간간이 받게 될 것이다. 하지만 나중에 당신 자신이 이런 인도령 중의 하나가 되었을 때는 당신만의 팀을 구성할 인도령들을 끌어모아야만 한다. 지상의 직장에서 높은 위치로 승진하려면 당신만의 팀을 만들어야 하듯이 말이다.

일정한 공부 과정을 다 통달하고 한 영혼이 삶을 잘 살아갈 수 있도록 돕는 경험을 이미 했다면 당신에겐 장로의 지도와 도움 아래 주 인도령이 될 자격이 주어진다. 이것은 바로 지금 당신이 살고 있는 삶 속에서도 일어날 수 있는 일이다. 현생에서 당신이 밟고 있는 여정이 당신을 주 인도령의 길로 인도해가고 있는지도 모르는 것이다.

이렇게 인도령이 되는 것은 환생하고자 하는 영혼에게 바치는 대단한 헌신의 약속 없이는 할 수 없는 일이며, 이 사람이 지상에서 사는 동안 당신은 환생하지 않기로 마음먹었을 경우에만 이런 약속을 맺을 수 있다.

당신은 지상계 가까이에서 지내면서 그 사람을 도와야만 하므로 당신 자신은 사후세계의 즐거움과 모험, 그리고 영혼의 인연들과의 시간도 한동안 접어둘 마음의 준비가 되어 있어야 한다. 당신은 대부분의 시간을 자신이 맡은 영혼과 함께 일하는 데 쓸 것이지만 더 깊은 공부를 위한 수업도 듣고 장로와의 만남도 가지게 될 것이다. 이 정도의 시점이면 당신은 장로와도 깊은 관계를 쌓았을 것이다. 따라서 직접적으로 대화하지 않더라도 연결이 가능하며 서로가 생각하고 느끼는 바를 바로바로 알게 될 것이다.

당신은 또한 당신을 지원하는 인도령 팀과 함께 일하게 될 것이다. 이들은 당신이 잘 알고 있고 또 당신을 도와줄 것임을 확신하는 영혼들이다. 즉, 이들은 당신이 앞에 놓여 있는 많은 어려운 과제들을 헤쳐나가는 것을 함께하며 도와줄 믿음직한 영혼들이다. 당신의 팀은 슬픔, 상실감, 재미, 웃음, 부모가 된다는 것, 그리고 삶의 온갖 중요한 상황들을 포함한 다양한 인생경험을 다룰 줄 알아야 한다. 하지만 당신이 인도하는 영혼에게 가장 알맞을 뿐만 아니라 당신 자신과 당신 팀의 다른 인도령들에게도 가장 좋은 길을 선택하는 결정권은 당신에게 달려 있다. 팀의 구성원들은 임시로 당신을 대신해서 당신의 역할을 떠맡을 수도 있다. 하지만 당신은 필요하면 언제든지 달려올 준비가 되어 있어야 한다. 당신에게는 팀을 관리하는 책임이 주어졌으므로 이를 매우 신중하고 진지하게 받아들여야 한다.

당신이 인도하는 영혼이 언제나 당신 삶의 최우선 순위에 놓여 있으며, 이 때문에 영혼들은 주로 자신의 소울메이트를 위해 주 인도령의 역할을 떠맡곤 한다. 오로지 최선의 것만을 소울메이트에게 주고 싶기 때문에 말이다. 그러나 당신이 인도하고 있는 영혼이 소울메이트가 아니라고 해도 걱정할 필요는 없다. 당신의 임무는 그 영혼을 최선의 방식으로 돌봐주는 것이므로 항상 그 영혼의 최선만을 온 마음으로 추구하게 될 것이다.

나의 주 인도령

이제 나의 개인적인 주 인도령 벤에 대해 잠시 이야기하고자 한다.

앞서 말했듯이 나는 외할머니를 방문하면서 벤을 소개받았다. 적응기간을 가진 후에 나는 그가 가까이에 있을 때와 그렇지 않을 때를 구분할 수 있게 되었다. 오늘날 나는 그가 나를 통해 하는 말의 소리를 통해서 그의 존재를 감지한다. 그의 말소리는 나의 것보다 약간 낮다.

벤은 평생 동안 내 곁에 있어주었다. 하지만 내가 그를 안 지는 9년밖에 되지 않았다. 그런데 그는 7년쯤 전에 완전히 자취를 감췄었다. 아니, 내가 그가 사라졌다고 오해를 한 것이다. 기실 그는 잠시 뒤로 물러나서 다른 인도령이 나와 함께 일하게 했었다. 이 새로운 인도령이 상담 중에 들어왔을 때, 나의 진동수가 그의 진동수에 맞춰져 있지 않았기 때문에 나는 거기 누가 있기는 한 건지, 있다면 그것이 누구인지를 전혀 알 수가 없었다. 솔직히 말해서 나는 벤이 나를 버린 줄 알았다.

6개월 정도의 기간 동안 나는 벤을 전혀 느낄 수 없었다. 그러다가 내가 런던의 한 시끄러운 나이트클럽의 화장실에 있을 때 그가 홀연히 내 앞에 다시 나타났다. 물론 그를 볼 수 있어서 뛸 듯이 기쁜 마음이었지만, 하필이면 왜 꼭 내가 변기에 앉아 있을 때 바로 앞에 서 있어야 하는 걸까, 하는 생각도 들었다. 사실 생각해보라. 내 앞에 나타날 더 적절한 시간을 얼마든지 찾을 수 있었을 텐데 말이다. 그러나 그는 그렇게 하지 않왔고, 그것은 벤 다운 처사였다. 우리 둘 사이의 친밀함이 그로 하여금 가장 사적인 시간에도 나를 찾아오게 한 것 같다.

나는 이내 부끄러움을 극복했고 내 주 인도령이 돌아왔다는 사실에 커다란 안도감을 느꼈다. 며칠 후 나는 명상을 하면서 그에게 왜 나를 떠났냐고 물었다. 그는 떠난 적이 없다고 말했다. 그는 그저 뒤로 한 걸음 물러나서 인도령 팀이 일하도록 맡겨놓고 내가 들어서게 될 삶의 다음 단계에 대해 배우러 갔었던 것이다. 그는 또한 내가 다른 에너지에도 익숙해질 수 있도록 다른 인도령이 나를 돕는 일을 하도록 허락했다고 덧붙여 설명했다. 그 인도령은 루신다로서, 그녀는 벤이 없는 동안 나를 도와주었다. 지금도 나는 그녀와 좋은 관계를 유지하고 있다. 하지만 여전히 그녀보다는 벤의 에너지파와 더 섬세하게 조율되어 있다.

내가 벤이나 루신다를 '그' 혹은 '그녀'라고 부르고 있기는 하지만 앞에서도 말했듯이 영혼들에게는 성별의 구분이 없다. 그러나 우리 인간들에게는 인도령을 언급할 때 성을 구분하는 것이 더 자연스럽게 느껴진다. 이는 단지 우리가 거기에 익숙해져 있기 때문이다. 이를 존중하는 의미에서 인도령들은 우리에게 올 때 성별이 구분되는 이름을 지니고 온다. 우리를 편안하게 해주고자 하는 의도이지만, 그들은 본질적으로 남성도 여성도 아니다. 그래도 벤은 나에게는 남성으로 보인다. 반면에 루신다는 여성으로 보인다. 왜냐하면 그녀와 주파수를 맞출 때 느껴지는 그녀의 에너지가 더 여성적으로 느껴지기 때문이다.

지상에 있는 사랑하는 이들과 소통하고자 하는 영혼들과 함께 일할 때, 나는 항상 남성 에너지에 더 주파수가 잘 맞춰진다. 물론 내가 여성적인 에너지를 받지 못한다는 뜻은 아니다. 나는 여성 에너지도 잘 수신할 수 있다. 어찌되었든 내가 봐도 이것은 신기한 일이다.

권능의 왕국

인도령이 되기 위한 훈련을 받을 때, 당신은 장로의 인도를 통해 꿈도 꾸어보지 못한 사후세계의 장소들을 방문하게 될 것이다. 특히나 이 장소들은 비밀에 부쳐져 있어서 대부분의 영혼들은 가보지 못하는 곳들이다. 이중 하나가 외진 곳에 위치한 권능의 왕국이라 불리는 장소로서, 이곳에는 가장 높은 천상의 존재들이 살고 있으며 극소수만이 방문할 수 있다.

권능의 왕국에서 당신의 장로는 당신이 근원(the Source), 혹은 가장 높은 주(the Highest Master)를 만날 수 있도록 인도해준다. 지상의 종교는 이 가장 높은 주를 '신(God)'이라고 부른다. 그러니 편의를 위해서 이 높은 차원의 천상의 존재를 '신'이라는 단어로 지칭하도록 하겠다.

수년 동안 나는 상담 중에 들어오는 영혼들로부터 사후세계에 있는 권능의 왕국에 대해 들어왔다. 그들은 모두 먼 곳에서 환하게 빛을 발하며 사랑과 온기를 뿜어내는 장소를 본 적이 있노라고 보고했다. 사실 그들 모두가 장로 조시야가 말해준 다음 내용과 동일하게 그곳을 묘사했다.

"사후세계에는 장로들만이 갈 수 있는 장소가 있다. 특별히 초대받지 않고는 이곳에 갈 수가 없다. 이곳은 권능의 왕국이라고 불리는데, 혹자들은 신이라고도 부르는 가장 높은 주가 계시는 곳이다.

먼발치에서는 이 왕국을 항상 볼 수 있다. 그곳은 무지개로 둘러싸여 있으며 굉장히 긴 금빛 다리를 통해 연결되어 있다. 이곳에 천상의 존재들이 살고 있다. 그대들이 신이라 부르는 전능하신 이가 그가 거느리고 있는 천사들과 함께 살고 있다. 그러나 영혼들은 그냥 대문에 가서 문을 두드리지 못한다. 많은 영혼들이 시도하지만 아무도 성공하지 못한다. 걷고 또 걸어도 목적지에 도달하지 못하는 상황을 상상해보라. 아무리 멀리 가도 그대의 목적지는 늘 같은 거리만큼 저만치 떨어져 있다. 마치 러닝머신 위에서 아무리 달려도 아무 데도 가지 못하는 것과 같다!

이 왕국은 아주 깊고 정교한 평화와 조화로 가득하며, 신과 만나는 것은 깨달음을 가져다주는 아름다운 경험이다. 왕국에는 위계가 있으나 그것은 에고의 기준에 근거한 것이 아니다. 신은 모든 상위의 의식들을 관할하는 높은 차원의 힘이다. 이는 자연, 아름다움, 행성들, 치유, 안위, 사람들, 그리고 사람들의 성장 등을 포함한다. 신은 모든 것을 다스리지만 모든 것을 통제하지는 못한다. 그래서 그는 수많은 존재 영역들을 관리할 수 있도록 도우미령들을 파견한다. 그는 장로들에게 많은 임무를 맡기며 장로들은 그것을 인도령들에게 나눠주고 인도령들은 살아 있는 사람들에게 임무를 맡긴다.

이제 그대는 우리 모두가 신의 목적을 달성하기 위해 노력하고 있다는 것을 알 수 있을 것이다! 이는 여럿이 하나가 되어 함께 일하고 협동하는 과정이다. 영혼들을 분리시켜놓는 종교, 싸움, 따지기 등은 존재하지 않는다. 신은 모두가 조화롭게 어우러져서 살기를 원한다.

상상할 수 있겠지만, 신 앞에 놓인 이 일은 쉽지 않다. 그러나 상황은 점점 더 나아질 것이며 세상은 점점 더 평화를 닮아갈 것이다. 이것은 몇 세기가 걸릴지 모르는 일이지만, 언젠가는 반드시 이루어질 것이다."

벤은 신을 만난 경험을 얘기해주면서(이것은 특별한 예외였다. 왜냐하면 원래는 장로들만이 신을 만날 수 있기 때문이다) 이렇게 말했다. "너무나 강렬해서 사후세계에서 경험한 어떤 것보다도 더 깊은 곳에서 그대의 영혼을 울리는 만남을 상상해보라."

나는 상담 중에 많은 영들로부터, 저세상의 많은 영혼들이 신을 만나려고 시도하곤 하지만 아주 적은 수만이 실제로 만남을 갖게 된다는 얘기를 들었다. 한번은 마지막 생에서 신부였던 한 영혼이 들어와서 그가 사후세계에서 아직도 신을 만나지 못했다는 얘기를 해서 그의 누이를 깜짝 놀라게 하기도 했다. 그는 권능의 왕국을 먼발치에서 보았으며 그곳에 도달하려고 시도해봤지만 도달할 수가 없었다고 말했다. 그는 자신이 초대를 받기에는 영혼으로서 아직 충분히 진화하지 못했으니 충분히 진화한 후에 다시 오라는 얘기를 들었다고 했다. 그는 비록 거절을 당했지만 신이 존재한다는 것, 그리고 신이 자신을 사랑한다는 것을 알고 있으며 신을 직접 만나도록 초대받을 때까지 조금 더 기다려야 한다고 누이에게 말했다. 영혼은 상담 중에 이렇게 말하면서 웃음을 터뜨렸다. "천국에 가서도 아직 줄 서서 기다리고 있다니 말이다!"

지구상에 살고 있는 우리 인간들 중 많은 수는 천사들의 존재를 알고 있었다. 이들은 우리의 삶의 여정을 도와주기 위해 인도령들 가까이에서 함께 일하는 천상의 존재들이다. 천사는 지상계에서 살았던 영혼이 아니다. 따라서 그들은 인간으로서 고난과 시련을 겪는다는 것이 어떤 것인지 알지 못한다. 그러나 천사들은 우리가 필요할 때 부르면 응답해주며 많은 경우 우리가 '수호천사'라 부르는 형태로 우리에게 온다. 수호천사들은 주 인도령처럼 우리를 보호하고 인도하며, 인도령 팀과 협동하면서 우리에게 그들이 주변에 존재하고 있음을 알려주기 위해 여러 가지 징표를 보여준다.

천사들은 모든 사람에게 배정된다. 하지만 우리 쪽에서 도움을 달라고 '요청해야만' 도움을 받을 수 있으며, 지상에서 사는 동안 도움의 요청은 언제든지 할 수 있다. 모든 천사는 저마다 다른 목적과 역할을 띠고 있어서 우리의 필요에 따라 — 예를 들어 힘이나 사랑 등 — 특정한 천사가 우리를 방문하여 도움을 줄 것이다. 그러나 천사들은 항상 우리의 가장 높은 차원의 이익을 위해서만 일한다는 것을 기억해야 한다. 그러니 그들이 복권 당첨번호를 들고 나타날 것을 기대하지는 말라!

내가 영매 노릇을 처음 시작했을 무렵, 나 역시 천사를 믿지 않고 천사를 믿는 사람들은 미친 것이라고 생각한 시절이 있었다. 그러나 그 후에 어떤 경험이 나를 변화시켰다. 이 경험은 내가 어느 날 오후 내담자와 함께 앉아 있을 때에 일어났다.

상담받으러 온 여자와 이야기를 나누고 있을 때 세상을 떠난 그녀의 남편 짐이 들어왔다. 짐은 그가 천사들과 함께 있으며 천사들이 모두 그녀를 돌보고 있다고 말했다. 그는 그녀에게 이것이 진실임을 보여줄 징표를 주겠노라고 약속하고 그녀에게 그것을 곧 찾아보라고 했다. 상담이 끝나갈 무렵 바로 우리 눈앞에서 위로부터 보송보송하고 하얀 깃털 하나가 날아 내려왔다. 우리는 둘 다 놀라서 엉겁결에 "짐!"이라고 동시에 소리쳤다. 그것은 바로 그가 보내기로 약속했던, 그가 천사들과 함께 있으며 천사들이 내담자를 돌보고 있음을 증명하는 징표였다!

그럼에도 불구하고 나의 의심 많은 마음은 가만히 있지 못하고 이 보송보송한 깃털 하나가 대체 어디서 갑자기 나타나서 떠다니는 것인지 이리저리 두리번거리며 살폈다. 창문도 모두 닫혀 있었다. 깃털이 들어 있는 방석조차 하나도 없었다. 방 안에서 깃털이 나오게 할 만한 것은 아무것도 없었다. 귀신이 곡할 노릇이었다!

그때부터 나는 천사의 존재를 믿기 시작했으며 그 이후로는 한 번도 그들의 존재를 의심해본 일이 없다. 아닌 게 아니라 이제 나는 그들을 자주

보는데, 특히 많은 관중 앞에서 공개상담을 할 때면 더욱 그러하다. 극장에서 무대 위에 서 있으면서 위를 올려다볼 때면 나는 방의 위쪽에서 둥둥 떠다니면서 공간을 빛과 따스함으로 채우고 있는 거대한 천사들을 보곤 한다. 그러면 나는 내가 영들과 연결할 때에 보호받고 있다는 것과 그 자리에 있는 모든 이들이 사랑으로 가득 채워지고 있다는 것을 깨닫는다.

그렇다. 천상계는 진짜로 존재한다. 우리가 근원 혹은 신이라고 부르는 높은 존재가 진짜로 존재하듯이. 우리 모두는 신으로부터 보호받고 인도받고 사랑받고 있다. 우리가 어떤 종교를 믿든 (혹은 믿지 않든) 상관이 없다. 그의 포옹은 우리 모두를 감싸 안고 있으며 우리는 항상 풍성하게 제공되는 지식과 자원에 둘러싸여 있다.

여태까지 읽은 내용에서 알 수 있듯이, 엄청난 모험이 사후세계에서 당신을 기다리고 있다. 이는 우주 전체를 다스리는 높은 권능이 총지휘하는 치유와 봉사의 모험이다. 그리고 그곳에 있는 동안 당신의 장로와 인도령들은 당신이 항상 가장 높은 가능성들을 실현시켜나가면서 각 발전의 단계를 통달하여 영혼으로서 더욱 진화해가도록 최선을 다해 도와준다.

이제 당신은 지상의 삶과 배움을 위해 또 한 차례 돌아올 준비가 되었다. 이젠 당신을 도와줄 준비가 충분히 된 인도령 팀과 주 인도령을 택할 차례이다. 이 선택을 내릴 때 당신은 장로의 도움을 받는다. 이 마지막 단계는 상영의 방에서 일어나는데, 이곳이 지구 행성에서 새로운 몸을 입고 자그마한 아기로서 깨어나기 전에 사후세계에서 들르는 마지막 방이다. 이 모든 것은 4부에서 다루도록 하겠다!

4부

돌아오기

제15장

다시 세상으로

나로서는 얻을 수 없는 정보들도 있지만, 이 책에서 나는 영혼들이 사후세계에서 거치게 되는 치유여정을 최대한 온전한 그림으로 그려 보여주기 위해 최선을 다했다.

이제는 영혼들이 지상계로 돌아오기로 결정을 하면 어떤 일이 일어나는지에 대해서, 그리고 환생하는 과정은 어떠한지에 대해 설명하고자 한다. 이번 장을 통해서 지구로 돌아오는 영혼들은 왜 그토록 많은 시련과 고난으로 점철된 삶을 선택하는지에 대한 의문도 모두 해소할 수 있을 것이다.

다음 생 계획하기

지상으로 돌아오기로 결정하고 나면 당신은 이제 곧 들어서게 될 길을 잘 안내해줄 최고의 인도령 팀을 선택하게 된다. 당신은 자신이 내린 결정에 대해 영혼의 인연들과 이야기를 나누고 그들 역시 모두 만족스러워한다. 그들은 지상에서의 모험과 배움을 한 번 더 경험하는 것이 당신이 영혼으로서 성장해가는 과정의 한 부분임을 알고 있다. 어떤 영혼의 인연들은 당신이 떠나는 것을 슬퍼할 테지만 그들 역시 당신의 선택을 지지해준다. 한편 다른 일부 영혼의 인연들은(여기에는 당신의 소울메이트도 포함될 수 있다) 지상에서 당신을 곧 만나게 될 것임을 알고 있다.

인도령들을 선택하고 나면 당신은 준비 과정으로 한동안 바쁠 것이다. 왜냐하면 앞으로 일어날 일들에 대해 인도령들이 배워야 할 것이 많이 있기 때문이다. 당신은 전생을 되살피고 당신을 풍요롭게 해주는 사후세계의 각종 다양한 장소들을 탐험하면서 다음 생에서 살고 싶은 생애를 구상할 때 사용할 정보를 모아뒀다. 당신의 장로는 계획 세우는 일을 도와줄 것이며 당신은 이번 환생에서 반복하고 싶지 않은 문제들을 해소하기 위해 치유의 방들을 더욱 자주 방문할 수도 있다. 새로운 삶에서는 묵은 습관과 행동방식을 가능한 한 반복하지 않는 것이 좋으므로 이것은 매우 중요한 일이다.

새 인도령 팀의 도움을 받아 지구로 돌아올 채비를 하면서 당신은 인도령 한 명 한 명과 아주 친해진다. 물론 그들 중 많은 이와는 이미 친해져 있을 테지만 이번에는 그들을 다른 각도에서 보게 된다. 왜냐하면 이번에는 그들이 맡은 일과 역할이 있기 때문이다. 이 새로운 관계는 친구가 어느 날 나의 상사가 되었을 때의 경험과 비슷하다. 이제 당신과 당신의 친구는 공적인 관계와 사적인 관계라는 두 가지 방식으로 관계를 맺게 된다. 당신이 환생을 하면, 인도령들은 상사와 비슷한 역할을 하면서 인간의 관점으로는 보기 어려운 견지에서 당신의 결정들을 지도해줄 것이다.

이제 사후세계에서 만난 영혼의 인연들에게 작별을 고해야 할 시간이 왔다. 만약 이들을 지상계에서 다시 만난다면 첫눈에 어떤 설명하기 힘든 친밀감을 느끼게 될 것이다. 당신은 누군가를 만났을 때 마치 그 사람을 예전부터 알고 있었거나 어디선가 만난 적이 있는 것 같다는 느낌을 받는 경험을 해본 적이 있을 것이다. 그러면 약간의 시간이 걸릴 수도 있지만 결국에는 당신과 그 사람이 영혼의 차원에서 연결되어 있으며 예전에 함께한 적이 있었음을 깨닫게 될 것이다.

저세상을 떠나는 것은 슬픈 일이지만 인간이 사랑하는 이와 사별하고 상실감과 비애에 빠지는 것과 같은 그런 식의 슬픔은 아니다. 당신은 지상에서 보내게 될 시간이 사후세계에서 보내는 시간에 비하면 짧다는 것을 알고 있다. 또한 사후세계에 남아 있는 이들이 마음먹으면 언제든지 당신이 잘 지내고 있는지를 확인해볼 수 있다는 것도 알고 있다.

상영의 방

환생의 공식적인 과정을 시작하기 위해서 당신의 장로와 새로이 배정된 주 인도령은 당신을 상영의 방으로 인도한다. 이곳에서 당신은 자신의 여정의 주요 세부사항에 대해 알게 된다.

조시야는 상영의 방에서 일어나는 일에 대해 다음과 같이 말한다.

"상영의 방에서 그대는 그대의 부모가 될 준비가 된 다양한 사람들을 보게 된다. 그들은 이 사실을 알 수도 있고 모를 수도 있다. 여기서 그대는 깨우쳐야 할 교훈을 가장 잘 깨우치기 위해서 누구에게로 가는 것이 좋을지를 결정하게 된다.

그대는 상영의 방에서 그들을 한동안 지켜보면서 그대가 목표를 달성하기 위해서, 그리고 그들 역시 삶에서 깨우쳐야 할 교훈을 가장 잘 깨우치기 위해서 서로가 서로에게 맞는 조합인지 어떤지를 판단한다. 그런 후 그대가 지상계로 돌아가는 것을 가장 잘 도와줄 수 있는 부모를 정한다."

이는 당신에게는 매우 신나는 시간이다. 왜냐하면 그대는 삶에 대한 새로운 이해를 바탕으로 배움과 도전의 여정을 시작할 참이기 때문이다. 일에 대한 열성과, 앞으로 일어날 일에 대한 궁금증을 품은 채 새 직장에 나가는 것이 얼마나 신나는 일인지를 생각해보라. 새로운 삶에서 당신이 대면하게 될 공부거리에 관해서는 인도령 팀과 이미 충분히 의논하고 합의했기 때문에 성취하고자 하는 것들을 가장 잘 이룰 수 있는 길은 이미 잘 닦여 있는 셈이다.

상영의 방에서 당신은 주 인도령과 인도령 팀의 도움을 받아서 삶의 서약서를 작성한다. 조시야는 이에 대해 이렇게 설명한다.

"그대는 곧 시작하게 될 생에서 성취해야 할 목표와 공부거리로 가득한 목록을 받을 것이다. 이 사항들은 그대의 동의하에 인도령들과 장로들에 의해 선택된 것이며 그대 영혼의 진화 단계에 맞춰져 있다. 그대는 또한 가외로 성취하고 싶은 목표들을 나열한 '희망사항 목록'을 만들 것이다. 이 목록에는 그대가 겪어보고자 하는 경험들이나 사건들도 포함되어 있다. 이 두 목록은 모두 삶의 서약서의 일부분이지만 서로 매우 다른 성질의 것이다. 첫 번째 목록은 필수적인 사항이지만 희망사항 목록은 개인적인 희망과 바람을 반영한다.

그대는 자신의 삶을 지도처럼 그려나가면서 목록에 있는 사항들 중 무엇이 자신에게 가장 중요한지를 결정할 것이다. 모든 영혼은 환생하기 전에 삶의 서약서를 작성하는 과정을 거친다. 혼란에 빠진 영혼들도 마찬가지이다."

마지막 부분에서 조시야는 저세상의 모든 영혼은 지상으로 돌아오기 전에 삶의 서약서를 작성해야 한다고 말하고 있다. 이것은 지상에 사는 동안 해악을 끼쳤기 때문에 다른 치유의 차원으로 들어갔던 영혼들도 마찬가지이다. 삶의 서약서에는 깨우치고자 하는 교훈들과 만나게 될 사람들이 명시되어 있다. 다시 말하면 새로 환생해서 겪게 될 모든 일이 적혀 있는 것이다.

우리는 삶 속에서 이 일들이 전개되는 것을 '운명'이라고 부르기를 좋아하지만, 사실 그것은 모두가 우리 스스로 계획한 일들이다. 따라서 특정한 일이 일어나거나 어떤 사람을 만날 때, 우리는 다른 차원에서 그 모든 것이 예정되어 있었다는 사실을 마음속 깊은 곳에서 알고 있다.

상영의 방에서 당신은 미래에 일어나게 될 이혼, 결혼, 졸업 등등, 특히 삶을 반전시키는 사건들을 미리 보게 될 것이다. 이 때문에 인간의 형체를 입고 있는 우리에게는 그 순간들이 희미하고도 신기한 기억처럼 다가오는 것이다. 우리는 그것을 '데자뷔'라 부른다. 상영의 방에서 본 것들은 당신의 잠재의식으로 흡수되기 때문에 후에 같은 사건이 일어났을 때 당신의 잠재의식이 "아, 나 그거 어떻게 풀려나갈지 알아!"라고 반응한다. 묻혀 있던 기억이 의식의 차원으로 떠오르면서 '언젠가 경험했던 것 같다'는 느낌이 들게 하는 것이다.

부모 선택하기

당신은 당신의 새로운 몸이 잉태되기 전에 어머니와 아버지를 선택한다. 그래서 상영의 방에서 예비 부모와 그들의 삶을 미리 살펴볼 수 있다. 당신은 그들이 자신에게 적합할지, 그리고 삶의 서약서상에 명시된, 당신에게 중요한 일들을 성취하는 데 필요한 모든 것을 그들이 제공해줄 수 있을지를 미리 살펴볼 수 있다. 당신은 또한 그들의 삶의 서약서도 살펴보고 그들의 목적이 당신의 목적과 잘 맞는지, 그래서 그들이 당신과 조화로운 조합이 될 수 있는지도 점검한다.

당신을 낳아줄 부모는 당신이 삶 속에서 교훈을 깨우칠 수 있도록 필요한 모든 상황을 제공해줌으로써 공부의 시작을 도와줄 것이다. 다른 부모에게 입양되거나 다른 사람의 양육을 받는 경우에도 마찬가지이다. 당신의 어머니와 아버지도 영혼으로서 배워야 할 그들만의 공부거리가 있다는 것을 기억하라.

조시야는 입양되는 영혼들에 대해 다음과 같이 설명을 덧붙인다.

"영혼이 태어날 즈음이면 그는 이미 자신이 선택한 부모의 삶의 여정을 살펴본 상태이다. 영혼은 부모의 삶을 통제할 수는 없지만 부모를 선택하는 것을 통해 자신의 삶에 어느 정도 영향을 미칠 수는 있다. 영혼은 부모 중의 하나가 어느 시점에 집을 떠날지, 세상을 떠날지, 아니면 아이를 다른 사람에게 맡길지 등등을 이미 알고 있다. 그러니 그는 자신이 깨우쳐야 할 교훈들을 깨우치기에 가장 적절한 환경을 선택한 것이다.

그대는 영혼으로서 상영의 방에서 얻은 정보를 바탕으로 원하는 부모와 짝이 지어진다. 이곳에서 그대는 다음 생을 계획하고 결정짓는다. 비록 환생할 때면 자신이 사실은 지상의 생애를 모두 스스로 계획했다는 사실을 의식적으로 기억하지 못할 테지만 말이다."

환생하기를 원하는 모든 영혼은 부모를 선택하는 과정을 거쳐야 하며 이를 통해 누구나 자신이 배우고 성장해가기에 가장 완벽한 조건의 부모를 배정받을 수 있도록 보장받는다.

어떤 경우, 당신은 어머니와 아버지가 자신들의 교훈을 깨우치게끔 도와주기 위해서 지상으로 돌아오기도 한다. 다시 말해서 자신을 위해서라기보다는 다른 이들과의 서약을 완수하기 위해서 환생하는 경우도 있는 것이다. 당신은 부모가 어려운 과정을 잘 지날 수 있도록 돕기 위해서 돌아온 것일 수도 있다. 혹은 일찍 세상을 떠남으로써 그들의 삶에 깊은 영향을 미칠 수도 있다. 당신이 한 부부의 갓난아기나 어린아이였을 경우에는 특히 그러하며 그들은 자식의 이른 죽음을 경험하면서 많은 교훈을 얻게 된다.

지상의 삶으로 돌아갈 때, 당신은 세상에 태어날 준비가 다 될 때까지는 실제로 새로운 몸속으로 들어가지 않는다는 사실에 주목할 필요가 있다. 조시야는 이렇게 말한다.

"그대는 수태 이전부터 출산의 시간까지 그대가 선택한 부모들과 계속 함께할 것이다. 그러고 나서 그대는 갓난아기로서 그들과 함께할 것이다. 그러나 출산 이전에는 어느 때든지 자신이 환생할 준비가 되어 있지 않다고 판단되면 임신이 중지되도록 요구할 수 있다. 장로들 또한 그대의 진화 과정과 그대의 부모가 될 기로에 있는 두 사람의 진화 과정에 대한 고려를 바탕으로 이런 상황에 대해 조언을 해줄 수 있다. 그 두 사람은 부부로서 서로 맞지 않을 수도 있다. 이런 이유들로 해서 인간은 유산이나 사산을 경험하게 된다."

자연유산이나 달수를 다 채우고 사산이 된 경우, 태아의 영혼이 부모를 거부함으로써 예비부모에게 큰 고통을 끼친 것이라고 생각하는 경우가 많지만 이는 사실이 아니다. 오히려 이런 일이 일어나는 것은 두 사람이 부모로서 그 영혼을 돌볼 준비가 되어 있지 않았거나 먼저 처리해야 할 다른 일들이 있었기 때문이다. 자연유산이나 사산 이후에 영혼은 다른 영혼의 인연이 있는 사람에게로 가서 태어나거나, 아니면 원래 선택했던 부모에게로 다시 돌아갈 적절한 때를 기다릴 수도 있다.

만약 당신이 사후세계에서 영혼으로서 더 깨우쳐야 할 교훈들이 있는데도 불구하고 너무 일찍 지상으로 돌아왔다고 생각한다면 여정을 수정하여 나중에 같은 부모에게서 다시 태어날 수도 있고, 아니면 적어도 지난번에 당신의 몸을 잉태시킨 부모 중 한 사람을 통해 태어날 수도 있다.

어떤 경우에는 선택받은 부모 중 하나가 아기를 낳아 키우기에 적합한 배우자를 만나지 못해서 아이를 세상으로 맞아들이기를 원치 않을 수도 있다. 그런 경우 그들은 영혼이 그들의 아이로서 돌아오는 것을 막을 것이다. 조시야는 이런 경우에 어떤 일들이 일어나는지에 대해 다음과 같이 설명한다.

"그대가 환생할 준비가 다 되었다고 마음을 먹었을지라도 그대가 선택한 부모에게는 그대가 그들의 자식으로서 세상에 들어오는 것을 막을 권리가 있다. 어머니 혹은 아버지 — 혹은 두 사람 다 — 가 부모가 되는 것에 대해 생각을 바꿀 수도 있으며 따라서 임신중절을 선택할 권리가 있다.

 이런 선택은 문제가 되지 않는다. 왜냐하면 영혼으로서 그대는 언제든지 다른 때에 돌아올 수 있기 때문이다. 그대가 선택했던 부모의 가까운 친척으로, 혹은 다른 가족으로 다시 돌아올 수도 있다. 혹은 부모 중 한 명을 정해놓고 그 혹은 그녀가 적합한 배우자를 만날 때까지 기다렸다가 만남이 성사되면 돌아오기도 한다. 그대의 어머니 혹은 아버지가 가정을 꾸리고 싶어하는 배우자를 새로 만날 수도 있고, 시간이 흐른 후에야 처음에 선택했던 부모 양편 모두가 이젠 아이를 가질 준비가 되었다고 마음먹을 수도 있다.

 이런 상황들은 모두 매우 자연스러운 일이다. 모든 사람이 제각기 자신의 선택을 하게 되어 있으며 영혼들 사이에서는 아무도 남을 심판하지 않는다."

 부모를 선택하고 나면 당신은 상영의 방에서 그들을 관찰하고 그들이 당신에게 알맞은 선택인지 아닌지를 확인하면서 남은 시간을 보내게 된다. 당신은 수태되기 몇 주 전부터 출산의 순간까지 일어나는 모든 일을 다 볼 수 있다. 당신은 예비부모 주변에 있는 사람들의 반응과 그들이 느끼는 바를 모두 목격하게 된다. 또한 임신기간을 부모의 입장에서 경험해 보기도 하고, 두 사람이 임신에 대해서 각각 어떻게 느끼는지, 그리고 임박한 당신의 탄생에 대해서 어떤 생각을 하는지도 경험한다.

영혼의 눈으로 보기

한 엄마로서 나는 처음으로 임신했을 때 의심과 걱정이 커플의 마음을 뒤흔들어놓을 수 있다는 것을 잘 안다. 특히 두 사람의 관계가 안정적이지 않을 경우에는 더욱 그렇다. 나는 나 자신의 상황 때문에 아이를 불확실한 환경 속으로 데리고 온다는 것에 대해서 극심한 죄책감을 느꼈다. 그러나 영은 내 아들 찰리의 영혼이 결코 나를 심판하지 않을 것이라고 안심시켜주었다. 지상으로 돌아오는 영혼들은 매우 순수하기 때문에 남을 심판하는 것은 그들이 할 만한 일이 아니라는 것이었다.

찰리는 영혼이었을 때 자신의 아버지인 사이먼과 나를 출산 전부터 시간을 두고 관찰했다. 나는 이 사실에 대한 이야기를 아들로부터 직접 들었다.

찰리가 잉태되기 몇 주 전 사이먼과 나는 휴가차 짧게 스코틀랜드에 갔다. 우리 둘 다 스코틀랜드는 처음이었고 무척 즐거운 시간을 보냈다. 우리는 미리 호텔을 예약했는데 도착해보니 초과예약이 되어 있어서 건너편에 있는 호텔로 옮겨야 했다. 그곳에 묵는 동안 나는 쇼핑을 하러 가서 입어보지도 않고 옷을 몇 벌 샀다. 방으로 돌아와서 나는 산 옷이 맞지 않는 것을 발견하고 모두 반품하러 가야 했다. 그러고 나서 사이먼과 나는 영화를 한 편 보러 갔다. 영화를 보고 나서 저녁식사를 하면서 나는 처음으로 연어를 먹어보았다.

어느 날, 찰리가 세 살 정도 되었을 때, 갑자기 자기도 스코틀랜드에 가본 적이 있다고 억지를 부렸다. 찰리는 나랑 사이먼과 함께 영화를 보고 쇼핑을 한 적이 있으며 그때 나는 옷을 반품하러 옷가게에 다시 갔었고 저녁식사 때에는 주저하다가 연어를 먹었다고 말했다. 나는 깜짝 놀랐다! 그러고 나서 찰리는 도착했을 때 아빠가 기분이 안 좋았다고, 왜냐하면 예약했던 호텔에 묵을 수 없었기 때문이라고 덧붙였다.

찰리가 해준 이야기는 나를 완전히 혼비백산하게 만들었다… 특히 찰리가 묘사한 일들이 일어났을 당시에 그 애는 존재하지도 않았기 때문에 더욱 그러했다. 우리가 스코틀랜드로 여행 가서 겪은 일들에 대해서 찰리가 이토록 상세하게 알고 있는 것을 설명할 방도가 달리 없었다. 찰리의 영혼이 사이몬과 나를 부모로 선택한 후에 우리를 지속적으로 관찰하고 있었다고 설명하는 것 외에는 말이다. 찰리는 아직 잉태조차 되지 않은 상태였으니!

삶의 시련들

이처럼 영혼의 상태에서 당신은 당신을 낳아줄 부모에 대해 많은 것을 알게 된다. 당신은 또한 그들과 함께 나눌 삶 속에서 어떤 일들이 일어날지에 대해서도 미리 안다. 왜냐하면 모든 것이 청사진을 그리듯이 미리 계획되고 준비되기 때문이다. 이렇게 하여 당신은 경험하는 상황들을 통해 성장해가며, 그 상황들을 올바로 대면하면 당신의 영혼은 더욱 강인해질 것이다.

삶은 쉽지 않다. 하지만 쉽지 않게끔 되어 있는 것이 또한 삶이다. 누구나 시련을 겪게끔 되어 있는 것이 바로 태초로부터 설계되어 있는 존재의 계획인 것이다. 하지만 당신은 자기 삶 속의 시련들이 무척 힘들고 고되다고 느끼고, 대부분의 사람들에 비해서 자신의 삶은 왜 유독 더 힘드냐고 투덜거릴 수도 있다. 만약 당신이 어떤 특정한 사람들을 보면서 그들의 삶이 더 수월할 것이라고 생각하고 있다면 당신의 생각은 여지없이 틀렸다고 알면 된다. 당신과 마찬가지로 그들 역시 깨우쳐야 할 교훈들이 있으며, 그들의 세계 역시 당신이 상상하는 것처럼 근사하지는 못하다. 당신이 보는 것은 그들이 남들에게 보이고 싶어하는 모습일 뿐이지 그들의 삶의 진짜 모습이 아니다.

예컨대 유명 연예인 커플들을 생각해보라. 화려한 잡지에 나오는 유명하고 부유한 사람들은 모두들 너무나도 행복해 보이고 그들의 결혼생활과 아이들은 모두 완벽해 보인다. 그러나 실제로는 그들 역시 당신이나 내가 떠안고 있는 문제들과 같은 문제들을 가지고 있다. 그들 역시 인간일 뿐이다. 그들도 진로를 결정해야 하고 인간관계의 갈등을 겪으며, 심각한 건강상의 문제가 발생할 수도 있다. 가장 완벽해 보이는 결혼 역시 속을 들여다보면 그다지 완벽하지 않다. (나는 이것을 개인적인 경험을 통해 알고 있다.)

아무도 피해 갈 수 없다. 완벽한 삶이란 존재하지 않는다. 모든 사람은 극복해야만 하는 어려운 장애물들을 만나게 되며, 정확히 어떤 장애물들과 맞닥뜨리게 될지는 — 즉, 관련된 인물들과 상황들과 모든 세부사항들은 — 는 모두 당사자가 지상계로 돌아오기 오래전에, 즉 영혼이 아직 사후세계에 있을 동안에 결정된다.

어쩌면 당신은 자신이 다음번에 사후세계에서 맡게 될 임무를 수행하는 데 필요한 것들을 배우기 위해 환생했음을 깨닫게 될지도 모른다. 그것은 다른 영혼이 지상계로 돌아올 때 그의 인도령 역할을 해주기 위함일 수도 있다. 혹은 특정한 가족이나 상황 속에서 한 생애를 보내면서 훈련의 기간을 거치고 있는 것일 수도 있다. 인간인 당신은 전체 그림을 다 보지 못할 수도 있다. 그러나 영혼인 당신은 자신이 왜 특정한 문제나 심지어는 트라우마를 경험하는지를 잘 알고 있다.

예를 들어 내가 예전에 어떤 여성 내담자를 위해서 했던 상담 중에 내담자의 인도령들이 그녀가 큰 위험에 처하게 될 것이라고 경고한 적이 있다. 나는 인도령들의 메시지를 그녀에게 전달하면서, 신체적 학대와 관련된 일이 일어날 것이지만 종국에는 모든 것이 괜찮아질 것이라고 말해주었다. 그녀의 인도령들은 더 자세한 사항은 말하지 않았는데, 나는 전달된 사실을 감추는 일은 하고 싶지 않았기 때문에 그것을 감사히 여겼다.

참담하게도 그녀는 그 후에 강간을 당했다. 우리가 다시 만났을 때 그녀는 비록 자신이 끔찍한 고난을 겪긴 했지만 인도령들이 그것을 구체적으로 말하지 않은 것에 대해 다행스럽게 여긴다고 말했다. 강간은 그녀에게 엄청난 영향을 미쳤지만 그것은 당신이 상상하고 있는 것과는 매우 다른 영향이었다. 결과적으로 이 사건을 통해서 그녀는 자신이 삶을 통해 무엇을 하고 싶은지를 깨달았다. 그전까지 그녀는 목적 없이 흐릿한 초점으로 수년간 직장을 다녔지만, 이제는 동네 경찰서에서 운영하는 강간 긴급대책 본부에서 일하고 있다. 그녀는 비슷한 일을 겪은 다른 여성들이 삶을 전환하도록 도와주면서 기쁨을 느낀다. 이 여인은 스스로의 삶 속에서 커다란 전환을 이루고 지상에서 하기로 되어 있는 일을 마침내 시작하기 위해서 비극을 겪어야 했던 것이다.

육신 속으로 들어오기

상영의 방에서, 미래의 부모를 선택하고 나면 당신은 그들에 대해 깊은 사랑과 존경을 쌓아가게 된다. 당신은 임신을 둘러싼 행복한 순간들과 슬픈 순간들을 지켜보게 되며, 그들이 아직 태어나지 않은 아기를 위해 틀어주는 음악과 읽어주는 동화를 듣게 되며, 그들이 생각하고 있는 당신의 이름이 무엇인지도 알게 된다.

부모들은 고려 중인 이름이 언급되었을 때, 혹은 특정한 음악이 연주되거나 노래를 불렀을 때 아직 뱃속에 있는 아기가 작은 발길질로 반응하는 것을 왕왕 경험하게 된다. 그것은 아직 육신 속으로 들어가지 않았더라도 영혼은 출산 전 뱃속에서 자라나고 있는 그 몸의 반응에 영향을 미칠 수 있기 때문이다.

마침내 당신은 새로운 몸으로 들어가서 출산과정을 경험할 시간을 맞는다. 조시야는 이 때 어떤 일들이 일어나는지에 대해서 다음과 같이 설명한다.

"그대가 지상으로 돌아갈 준비를 다 마치고 나면, 그리고 그대의 몸이 그대가 선택한 어머니의 자궁 속에서 잘 자라고 있으면, 그대가 새 몸으로 들어갈 수 있는 기회가 짧은 시간 동안 열리게 된다. 이것은 주로 출산 며칠 전에 일어난다. 새로운 몸으로 들어가는 문이 열리면 그대는 먼저 문을 미끄러지듯이 통과해서 바로 자유낙하가 시작되는 것을 경험한다. 하지만 즉시 생명선이 그대를 붙들어준다. 이것이 바로 그대의 은빛 코드이다.

뱃속에서 새로운 몸이 자라나는 동안에 그대는 부모에 대한 사랑이 깊어가는 것을 경험할 것이다. 그대는 그들이 하는 말 한 마디 한 마디를 모두 들었고 그들의 기쁨과 그 외의 감정들도 모두 함께 느꼈다. 그대는 어머니가 겪는 일들을 모두 똑같이 경험했을 것이다. 왜냐하면 주로 어머니를 가장 가까이 따라다니게 되기 때문이다. 어머니의 임신기간 동안 그대는 어느 한 사람과 특별하게 더 깊은 관계를 맺게 해주는 사건을 목격하거나, 그런 감정을 느끼게 될 수도 있다.

그러다가 드디어 그날이 와서 출산의 진통이 시작되면 새로운 몸속에 들어가 있는 그대는 마치 온몸이 공격을 받고 있는 듯한 느낌이 들 것이다. 출산과정 내내 그대는 꼭 지상으로 돌아가리라는 의지를 굳게 갖고 새로운 삶 속으로 무사히 도착하기 위해 그대의 새로운 몸을 잘 보호하도록 주의를 해야 한다."

지상으로 돌아오는 여행은 많은 경우 영혼에게 트라우마를 남기는 경험이다. 나는 전생을 다시 경험하기 위해 전생퇴행 치유상담을 받았을 때 출산의 순간을 다시 경험하기를 몹시 두려워했었다. 왜냐하면 아기가 태어날 때 큰 고통을 겪는다는 이야기를 들었기 때문이다. 다행히도 나는 그것을 다시 경험할 필요가 없었다! 그러나 그 광경을 명상 중에 심상으로 보기는 했다. 그리고 임사체험 당시에는 내 영혼이 몸으로 다시 들어가는 것을 체험하기도 했다. 몸으로 다시 들어가는 것은 매우 빠르게 일어났으며 마치 진공청소기의 진공관을 통해서 빨려 들어가는 것 같은 느낌이었다. 그리고 나서 나는 어두운 터널을 따라 돌진하듯이 내려가서 내 몸으로 들어갔다. 그것은 기이하고도 무서운 느낌이었다!

조시야는 나의 경험을 증언해주었다. 만약 당신도 임사체험을 했거나 태어나던 순간을 재경험한 적이 있다면 당신이 기억하는 체험 역시 조시야의 이야기를 통해 확증받을 수 있을 것이다.

"돌아오는 여정은 아주 빠르게 일어난다. 그대는 은빛 코드를 통해 부모와 에너지 면에서 깊은 유대를 형성하게 된다. 이 은빛 코드는 그대를 지상의 존재와 연결시켜주는 생명선이다. 이제 그대는 점점 더 인간이 된 것처럼 느끼기 시작한다.

그러다가 육신 속으로 들어갈 시간이 되면 — 주로 몸이 잠들어 있을 때 — 그대는 눈부신 흰빛 속으로 빨려 들어간 후, 긴 터널 속을 팽개쳐진 듯이 통과하고 나서 강제로 육신의 형상 속으로 집어넣어지는 것을 경험하게 된다. 이제 그대는 다시 인간이 된 것이다."

내가 임사체험 중에 겪은 짧은 시간 동안의 경험을 돌이켜보면 내 영혼이 무한한 자유로움을 느꼈던 것을 기억한다. 그것이 오래도록 지속되지는 않으리라는 것을 알았지만 그래도 그것을 온전히 느끼고 이해할 수 있었다. 그러나 몸으로 들어가는 경험은 완전히 새로운 느낌이었다. 나는 마치 납작하게 눌리는 듯한 느낌을 받았다. 꼭 내 영혼이 사로잡혀서 꽉 끼는 몸속으로 집어넣어지는 느낌이었다. 더군다나 나는 당시 병으로 인해 고통이 심했으므로 몸으로 돌아가고 싶지 않았다. 내 몸속으로 온전히 돌아왔을 때, 에너지가 전율처럼 나를 강타했다. 그러나 자유로운 느낌은 아니었다. 오히려 마치 느껴야 할 감각들을 느끼지 못하고 있는 듯이 둔탁하고 무거운 느낌이었다. 나중에 나는 이 현상이 당시에 내 몸이 나를 아주 고통스러울 수도 있는 경험으로부터 보호하는 과정에서 일어난 현상이었음을 깨달았다.

조시야가 설명하는 과정은 내가 경험한 것과 완전히 일치한다. 이 과정은 당신이 한 경험과도 유사할지도 모른다.

"다시 태어나는 과정은 힘들다. 몸과 영혼이 공히 고통을 겪기 때문이다. 많은 영혼들은 이 과정을 겪고 싶어하지 않는다. 하지만 어떤 영혼들은 이 과정을 얼른 끝내고 다음 과정을 밟고 싶어한다. 이 과정은 그대가 터널을 보는 것으로 시작되며 이 터널에 들어서는 순간 그대는 자유로운 느낌을 잃어버리고 굉장히 옥죄이는 듯한 느낌을 받게 된다. 그리고 이 길고 어두운 복도를 억지로 밀고 나가듯이 지나가게 된다. 이처럼 비좁은 곳에 갇혀서 압박당하는 경험을 그대는 해본 적이 없다. 그러다가 마침내 그대는 빛을 보게 된다. 바로 인간 세상의 빛이다.

그대를 붙잡고 세상 속으로 끌어당기는 손들이 낯설게 느껴지겠지만 일단 낯익어 보이는 사람의 품에 안기고 나면 사랑의 물결이 그대의 모든 세포를 가득 채우게 된다. 그대는 금방 집에 온 듯한 느낌을 느끼면서 이 사람으로부터 위안을 얻게 된다. 왜냐하면 그대는 방금 떠나온 세계에서 만이 아니라 지상에서 살았던 수많은 전생을 통틀어서 이 여인을 아주 오랫동안 알아왔고 사랑해왔기 때문이다."

당신은 다시 한 번 배움과 성장의 위대한 모험을 시작하기 위해 지상의 집으로 돌아왔고, 환영받으며 맞아들여졌다. 당신은 영혼으로서 생존해 있었고, 진화의 여정에서 삶으로부터 사후세계로, 그리고 다시 사후세계로부터 삶으로… 그렇게 지나왔다. 당신이 이 지상의 시간 속에서 겪었던 일들은 세상을 떠난 후에 다시 보게 될 것이다. 그러니 최선을 다해서 이번 삶을 살라. ─ 당신은 진화 여정을 피할 길이 없다!

제16장

지금 이 순간을 살라

죽음 이후 영혼의 여정이라는 주제를 조명해보기 위해 이 책을 쓰다 보니 내게 주어진 정보들 중 어떤 부분에 대해서는 자연스럽게 의문이 일어났다. 이것은 의구심 많은 마음의 작용으로서, 이 책을 읽은 독자들도 아마 그랬으리라.

나는 개인적으로, 약간의 의혹을 품는 태도는 좋은 것이라고 늘 생각해왔다. 게다가 인간은 그런 식으로 사고하게끔 되어 있지 않은가. 하지만 나는 의심의 틀 밖으로 나와서 믿음을 가져야만 했다. 그래서 이 책을 쓰는 중에도 규칙적으로 명상을 하면서 최대한 온전한 정보를 수신할 수 있도록 애썼다.

우리 할머니 낸 프랜시스가 가르치셨듯이, 나는 영능력을 계발하고 영매술을 배우고자 나를 찾아오는 사람들에게 항상 자신의 본능과 직감적 반응을 믿어야 한다고 말해준다.

나도 비록 처음에는 의심을 품기도 했지만 이제 나는 내가 받은 정보와 채널링한 내용들을 좋아한다! 이 여정에서 나를 도와준 인도령들과 그 밖의 영적 존재들은 자신들의 정보를 인간의 마음이 이해하고 받아들일 수 있는 방식으로 전해주려고 애쓴 것이 분명하다. 이것은 내게 큰 축복이었다.

영혼의 여정을 돌아보니 이 과정은 정말 복잡하고 놀랍다. 하지만 무엇보다도 이 과정은 아름답다. 사후세계는 우리가 지상에서 상상할 수 있는 그 어떤 것도 초월하는 사랑으로 충만해 있다. 하지만 우리가 여기서 저세상에 대해 얻은 정보만으로도 '지금 이 순간' 속에서 최선의 삶을 살아가는 데에 많은 도움이 되리라 믿는다.

지금 이 순간에 존재하면서 지금 이 순간을 살아가는 것이야말로 진실로 가장 중요한 일이다. 우리는 늘 자신의 삶을 두고 '만일의 경우'를 상상하면서 근심에 빠진다. 하지만 우리는 지금 있는 그대로와 과거에 일어났던 그대로를 받아들이고, 한 번에 한 걸음씩 앞으로 나아가야 한다.

사랑했던 사람이 세상을 떠났다면 그이는 지금도 당신과 함께하면서 당신이 잘 있도록 지켜주고 지켜보고 있다는 것을 알기 바란다. 그이의 삶의 여정이 정확히 계획한 바 그대로였다는 것을 안다면 크게 마음이 놓일 것이다. 실수란 없다. 우리는 언제나 바로 지금 이 순간 있어야 할 곳에 있는 것이며 지금 사후세계에 있는 영혼들에게도 그것은 마찬가지이다.

여기서 나는 우리가 사랑하는 애완동물들도 죽은 후에 인간들과 똑같은 과정을 겪는다는 사실을 말해주고 싶다. 당신이 세상을 떠날 때, 그들 역시 영혼으로서 사후세계에서 당신을 기다리고 있을 것이다. 하지만 이것을 이야기하려면 책 한 권을 더 써야 한다!

자신이 불멸의 영혼이라는 영적 지식을 바탕으로 한층 넓어진 마음을 지니고 살아갈 것인지 말 것인지는 당신의 선택이다. 자기 삶의 여행길을 어떤 식으로 나아갈 것인가 하는 것은 전적으로 당신 자신에게 달려 있다. 당신에게는 자유의지가 있으니 말이다. 어떤 일을 겪게 되든지 오로지 그것은 여정의 다음 단계로 나아가기 위해 당신을 준비시키는 과정임을 명심하라.

 그러니 이젠 좋은 시절을 누리든지 나쁜 시절을 겪든지 모든 일에는 다 이유가 있음을 알아. 당신은 모든 것을 사랑과 미소로써 안아 들일 수 있다. 결국은 모든 일이 되어야 할 대로 되어갈 테니까 말이다. 지금 당신이 살고 있는 그런 삶을 계획한 데에는 다 이유가 있었음을 잊지 말라. 특정한 사람이 특정한 시기에 당신의 삶 속으로 끼어들어오는 것은 당신이 일부러 그렇게 되도록 계획했기 때문이다. 그리고 그 목적은 당신을 성장시켜줄 교훈을 깨우치기 위해서이다.

 그렇다, 이 '모든' 것에는 더 높은 목적이 있다. 또한 그렇다, 당신은 이 모든 것을 다시 시작하기 위해 돌아와야만 한다. 그러나 그것은 자기 발견의 대항해, 짜릿하고 엄청난 모험이다!

 이것이 영혼의 삶이다….

에필로그

이 책을 다 쓴 후에, 모든 사람이 언젠가는 나서게 되는 사후세계로의 여행에 대해 더욱 깊은 통찰을 전해주는 놀라운 사건이 일어났다.

내가 나의 소중한 친구 일레인의 채널 역할을 하게 된 데에는 이유가 있다. 나는 일레인이 저세상으로 떠나가는 것을 도와주었는데, 그녀의 죽음으로 인한 아픔이 아직도 생생하게 남아 있지만 이 경험을 독자들과 나누고자 한다. 이 이야기를 통해서 독자들이 정보와 영감을 얻어서 세상을 떠난 사랑하는 이들과의 통신을 스스로 시도해보기를 바란다. 영과 소통한다는 것은 특별한 재능이 필요한 일이기는 하지만, 마음을 열고 있는 사람에게는 살아 있는 동안 사랑의 인연을 나누다가 세상을 떠난 영혼이 보내오는 징표가 흔히 나타난다.

나는 일레인의 딸 제니에게 이 책의 독자들과 우리의 이야기를 나누어도 될지를 물어보았고 그녀는 영광이라고 대답해주었다. 나와 마찬가지로 그녀도, 어머니의 죽음에 관한 이 이야기가 사람들로 하여금 영혼이 죽음 이후에도 살아서 여정을 계속 이어간다는 사실을 의심의 여지 없이 깨닫게 하리라고 믿는다.

일레인 샐러는 모성이 강한 여성이자, 믿고 속을 털어놓을 수 있는 친구이자, 힘들 때 기대어 울 수 있는 어깨이기도 했다. 물론 그녀는 나를 자신도 모르게 웃고 있게 만들곤 했지만 말이다. 무엇보다도 그녀는 내가 만나본 중 가장 멋지고 소중한 친구였다. 겉보기로는 우리의 우정은 성립될 수 없는 것처럼 보일 수 있다. 왜냐하면 그녀는 나보다 나이가 서른 살 정도 위이기 때문이다. 그러나 우리의 인연은 물질 차원에만 머문 것이 아니라 실로 영혼의 차원으로 이어져 있었기 때문에 나이는 별 상관이 없었다.

나는 누군가가 내 삶으로 들어와서 그처럼 깊은 영향을 미칠 수 있으리라고는 상상도 하지 못했다. 단지 그녀 자신으로서 존재하는 것만으로도, 일레인은 나에게 마음먹은 것은 무엇이든 해낼 수 있음을 깨닫게 해주고 용기와 감화를 주었다. 자신의 죽음을 통해서조차도 말이다.

일레인은 필라델피아 출신이었는데 거침없는 기운을 몰고 다녔다. 아무도 그녀를 가로막을 수 없었다. 만약 그녀가 사랑하는 사람을 당신이 조금이라도 괴롭혔다면, 당신에게 신의 가호가 있기를. 그녀는 삶 속의 그 무엇도 자신을 끌어내리도록 허락하지 않았다. 상황이 힘들어질 때에도 마찬가지였다.

그녀는 또한 수다를 좋아해서 때로는 쉰 번은 들은 것 같은 이야기를 되풀이함으로써 나를 돌아버릴 것 같은 지경으로 몰고 가기도 했다. 그녀는 침묵이 흐르면 뭔가 소리를 내서 그것을 깨야만 했고, 자는 동안에조차 말을 했다. 이런 생각을 떠올릴 때면 나는 정이 담뿍 담긴 미소를 짓게 된다. 그게 바로 그녀이기 때문이다. 언제나 얘깃거리를 가지고 있고 곁에 있는 사람들로 하여금 함께 웃지 않을 수 없게 만드는 그녀. 그녀는 정말 진저리나게 멋진 여자였다.

나의 이 소중한 친구는 지상에서 보낸 마지막 두 해 동안 인생을 최대한 즐기면서 자신을 화사하게 꽃피웠다. 그녀의 사교생활은 패리스 힐튼을 주눅들게 만들었을 것이다. 그러나 친구들이 아무리 많더라도 아무도 그녀의 가정, 특히 그녀의 아름다운 두 딸과 그들의 아이들 사이에 끼어들 수는 없었다. 그녀는 또한 전남편을 계속해서 가족으로 여기면서 아주 좋은 관계를 유지했다. 나는 샐러네 가족의 일원으로 온전히 받아들여지는 축복을 받았다.

2008년 추수 감사절 주에 일레인과 나는 애리조나의 유명한 케넌 랜치 스파에서 그녀의 친구인 마릴린을 만났다. 우리는 행복하고 느긋한 시간을 즐기며 스포츠 수업도 받고 마음껏 휴식했다. 그 무엇도 일레인을 막을 수 없었다. 그녀는 기회가 있을 때마다 힘차게 운동을 했다. 또한 마음껏 호사를 누렸다. 뿐만 아니라 스파에서 일하는 젊은 남자와 유쾌한 농지거리를 나누기도 했다!

그곳에 머무르는 동안 그녀는 딱 한 번 불평을 했는데 그것은 고관절의 가벼운 통증 때문이었다. 나는 마녀의 직업에서 벗어나 휴식을 취하던 중이라 별다른 생각 없이 그저 고관절 진찰을 받아보라고만 하고 말았다. 우리는 둘 다 마릴린과 함께 셋이서 한 주를 즐기고 재미나게 보내는 데에만 온 마음을 쏟고 있었다.

1년 정도 후에 내가 호주를 떠나 미국으로 돌아가려던 참에 일레인으로부터 이메일을 받았다. 그녀는 결코 이메일을 한 적이 없었고 전화를 걸어 수다 떠는 것을 더 좋아했기 때문에 나는 좀 놀랐다. 그녀는 목에 생긴 혹 때문에 조직검사를 했다고 하면서 별로 심각한 것 같지는 않다고 했다. 나 역시 그것을 심각해질 수 있는 일로 생각하고 싶지 않았기 때문에 마녀가 되어 상황을 들여다보려고 하지 않았다. 그러나 이제 와서 생각해보면 그것은 내가 친구에게 일어나고 있는 일의 진실을 알고 싶지 않았기 때문에 스스로를 보호하려고 했던 것이었음을 깨닫게 된다.

나는 미국에 착륙하자마자 일레인으로부터 음성 메시지가 왔는지 확인하기 위해 핸드폰을 켰다. 그녀는 조직검사 결과 암이라는 것이 밝혀졌다고 말하고 아무도 흉내 낼 수 없는 그녀만의 말투로 "이 몹쓸 놈을 납작하게 만들어주겠어!"라고 덧붙였다. '역시 일레인이군!' 하고 나는 생각했다. 나는 비행기에서 내리기도 전에 일레인에게 전화를 걸어서 "알았어요. 그럼 이건 당신이 치유를 받기 위해 일주일에 두 번씩 절 괴롭혀야 한다는 뜻이군요! 그렇죠?"라고 말했고 우리는 함께 웃었다.

그 후 다섯 달 동안 나는 떠나 있지 않을 때는 늘 그녀를 보러 갔다. 화요일과 금요일이면 찰리를 학교에 데려다준 후 곧장 일레인의 집으로 갔다. 많은 면에서 그것은 나에게 세상으로부터의 피신처이기도 했다. 왜냐하면 우리 둘의 시간을 방해할 수 있는 것이란 없었기 때문이다. 우리는 전화나 다른 방해 요소들을 모조리 무시해버렸는데, 그것은 황홀한 경험이었다. 내가 레이키 요법가로서 치유의 기운을 그녀와 나눌 때는 그녀가 심지어 침묵을 지키기까지 했다. 아마도 그녀를 침묵시킬 수 있었던 사람은 내가 유일했을 것이다. 그리고 나는 정말로 그것을 해냈다! 적어도 내가 치유의 기운이 그녀의 몸으로 들어가는 것을 느끼는 순간까지는 그랬다. 치유의 기운이 몸에 녹아드는 것을 느끼고 나면 그녀는 갑자기 다시 입을 열고 해 아래 일어나는 모든 일에 대해 이야기하기 시작했다.

겉으로 봤을 때는 그녀가 암을 앓고 있다고 상상할 수가 없었다. 그녀는 화학요법 치료 일정이 진을 빠지게 만들어도 자신의 병에 대해 긍정적인 태도를 견지했고 날마다 직장에 다니며 활발한 사교생활을 계속했다. 물론 그녀는 여전히 활기에 넘치고 사람들에게 재미를 선사해주었기 때문에 모두들 그녀와 함께 화학요법을 받고 싶어할 정도였다. 치료 과정에 대해 그녀가 수다를 늘어놓을 때는 그것 자체가 모두에게 일종의 사교활

에필로그

동이 되었다.

크리스마스 휴가철이 와서 나는 선물을 사려고 쇼핑을 나갔다가 스와로브스키 크리스탈이 박혀 있는 아름다운 샴페인 잔을 두 개 발견했다. 눈부시게 아름다운 잔이었는데 그것들이 "일레인!"하고 소리를 지르고 있었기 때문에 나는 그것을 구입했다.

그 후에 일레인을 보러 갔을 때 그녀는 이렇게 말했다. "세상에 리사, 내가 너를 위해서 세상에서 젤로 근사한 크리스마스 선물을 발견했다는 것 아니니. 너도 무척 좋아할 거야! 근데 감기나 인플루엔자를 앓고 있는 사람들이 있을 수도 있어서 사람들이 많은 곳엔 갈 수가 없구나. 그래서 가게에 가서 사올 수가 없어." 물론 나는 그녀의 상황을 충분히 이해했다. 그리고 나는 이미 가장 소중한 선물을 받았다. 바로 일레인이라는 친구 말이다.

하지만 일레인은 비밀을 담아두지 못하는 성격이었다. 그래서 내가 준비한 선물을 차에서 꺼내오려고 문을 나서는 참에 갑자기 말했다. "내가 너한테 주고 싶어하는 크리스마스 선물이 뭔지 보면 아마 넌 기절할 거야. 스와로브스키 크리스탈 샴페인 잔이거든!"

나는 그녀에게 잠깐만 기다려달라고 말하고 차로 가서 선물 상자를 가져왔다. 그리고 그녀가 선물을 여는 순간 이렇게 말했다. "바로 이 샴페인 잔 말이죠? 그죠?" 우리는 우리가 서로에게 같은 선물을 주려고 마음먹을 정도로 깊이 연결되어 있음에 놀라움을 금치 못했다! 그녀는 내가 그녀에게 선물한 샴페인 잔을 내가 가져야 한다고 고집을 부렸다. 그녀가 샴페인 잔을 구입하면 그때 가서 맞바꾸자면서.

2월의 어느 아침, 일레인과의 치유작업을 마치고 사무실로 돌아왔을 때 나의 친구 조네시가 일레인은 좀 어떠냐고 물었다. 나는 갑자기 울음을 터뜨렸다. 일레인의 의사는 그녀가 차도가 있을 것이라고 말했기 때문에 그렇게 반응할 논리적인 이유가 없었다. 그럼에도 불구하고 나는 조네시에게 일레인이 병을 이겨낼 것 같지 않다고 말했다.

그날 밤 나는 집에 가서 크리스탈 잔들을 상자에서 꺼내어 특별한 때에만 꺼내 쓰는 잔들을 모아두는 찬장의 가장 높은 선반에 놓아두었다. 나는 한 번도 일레인에게 그녀가 병을 이겨내지 못할 것이라고 말하지 않았다. 오히려 그녀가 물어볼 때마다 모든 것이 괜찮다고 말해주었다. 영혼의 차원에서 모든 것이 괜찮을 것이라는 말이었다. 의식의 차원에서 나는 그녀가 암을 극복할 것으로 믿고 싶었다. 그러나 내 영혼은 진실이 그렇지 않다는 것을 알았다. 하지만 나는 내 의식이 하는 말을 믿고 싶었다.

2월 이후 나는 내 친구가 변해가는 것을 볼 수 있었다. 그녀는 긍정적인 태도를 유지하긴 했지만 이젠 마치 뭔가를 알고 있는 듯했다. 치유작업의 시간 동안 우리는 종종 침묵을 지켰다. 그것은 매우 그녀답지 못한 일이었다. 한번은 그녀가 자신의 뇌리를 떠나지 않는 삶 속의 어떤 문제에 대해 이야기를 꺼냈다. 내가 "포기하셨군요, 그죠?"라고 묻자 그녀는 그렇다고 대답했다. 우리는 둘 다 그녀의 상황에 대해 이야기하고 있다고 생각했지만, 영혼의 차원에서 우리는 그녀의 암 투병에 대해 이야기하고 있었던 것이다.

내 생각에 그녀가 진정으로 무엇을 느끼고 있었는지를 알았던 사람은 내가 유일했던 것 같다. 그녀는 영혼의 차원에서는 현실을 대면하고 있었을지 모르지만 의식의 차원에서는 현실을 받아들이지 않고 계속 저항하고 싶어했다. 그녀는 차도가 생긴 것을 기념하는 파티를 열 계획에 대해

에필로그

이야기했고 내 생일이 있는 6월에는 다시 캐넌 랜치로 함께 가서 잔치를 벌이자고 했다. 그녀는 그때면 암이 다 나을 것이라고 굳게 믿고 있었다.

그러나 그녀가 병에 대항하는 힘이 점점 약해지는 모습이 서서히 나타나기 시작했다. 그녀는 마치 더 이상 피할 수 없는 일을 받아들이기라도 한 것처럼 보였다. 그녀는 심지어 간병인을 집에 들여서 함께 살든지 해야겠다고 말했다. 상황이 악화되리라는 것을 알았기 때문이었다. 나는 그녀가 그런 말을 하리라고는 상상도 해본 적이 없었다. 내 친구는 인생에서 너무도 많은 것들과 싸워서 이겨왔기 때문에 주변 사람들은 그녀가 병마도 같은 방식으로 물리치고 있다고 생각했다. 그러나 그녀는 유언장을 써서 딸들이 잘 보살핌을 받을 수 있게 하는 것 등에 대한 이야기들을 나에게 털어놓기 시작했다. 뒷정리를 하려고 하는 것이 분명했다.

4월의 어느 월요일, 하와이 여행으로부터 돌아오자마자 나는 일레인이 혈전 때문에 지난 일주일간 입원해 있었음을 알게 되었다. 내가 치유를 해주러 가고 있노라고 말했을 때, 놀랍게도 그녀는 쉬고 있다고 오지 말라고 했다. 나는 그녀가 단순히 잠옷을 입고 화장도 안 한 모습을 보이고 싶지 않아서가 아니라 뭔가 다른 이유가 있어서 오지 말라고 하는 것임을 알았다. 잠옷 입은 모습과 화장 안 한 모습은 지난 수년간 여러 번 봤기 때문이다.

물론 나는 이런 생각들을 털어놓지 않았다. 하지만 이때부터 그녀를 잃는다는 것을 받아들이고 그 상실감과 슬픔을 껴안는 과정을 시작했다. 나는 너무나 많이 울어서 주체를 할 수가 없는 지경에까지 이르렀다. 오직 생각할 수 있는 것이라곤 일레인의 친구한테 전화를 걸어서 아침에 일레인의 집 앞에서 만나자고 하는 것이었다. 나 말고 일레인이 소리를 지를 수 있는 대상이 필요했다. 그렇다. 나는 일레인이 야단칠까봐 무서웠

339

다. 비록 몸이 약해지기는 했지만 일레인은 여전히 거침없는 데가 있었고 오지 말라고 했는데도 내가 말도 없이 찾아와서 자신의 초라한 꼴을 보는 것을 싫어할 것이 틀림없었다.

나는 화요일 아침에 일레인의 집에 도착해서 간병인의 마중을 받았다. 간병인은 일레인의 친구가 이미 와서 그녀와 함께 침실에 있다고 말했다. 침실에 들어갔을 때 나는 일레인이 매우 졸린 상태로 큰 고통을 견디고 있는 것을 보았다. 나는 가까이 다가가서 그녀가 쉬는 동안 그녀의 몸에 내 손을 얹고 치유의 기운을 보내겠다고 말했다.

"내 수정들이 어디 있는지 모르겠네"라고 그녀가 대답했다. 우리는 치유작업을 할 때마다 수정들을 사용했었는데 그걸 생각해내다니, 역시 일레인다웠다! 나는 걱정할 필요 없다고 말하고 손을 그녀의 몸에 얹었다. 그 순간 내가 가장 두려워하고 있었던 것이 명확해졌다. 이제 끝이 오고 있었다. 나는 치유의 기운이 그녀의 몸 안으로 부드럽게 들어갈 수 있게 했고 그녀의 몸은 그것을 필요한 만큼 받아들였다. 나는 갑자기 너무 많은 치유의 기운이 들어가지 않도록 조심했고 그녀가 의식이 돌아왔을 때 의사를 꼭 보겠다는 약속을 받아냈다.

갑자기 그녀는 "우리가 만난 데에는 다 이유가 있어"라고 말했다. 우리는 항상 우리가 함께하게 된 것은 같은 시기에 이혼 경험을 했기 때문이라고 믿어왔었다. 그러나 내가 그녀의 삶 안으로 들어오게 된 진짜 이유는 그녀의 영혼을 돕기 위해서였고 그녀가 내 삶으로 들어온 이유는 내가 마음먹은 일들을 해내는 데 필요한 용기를 주기 위해서였다.

일레인은 그날 밤 병원에 입원했고 다음날 아침 나는 그녀를 보러 가서 내일 또 오겠다고 약속했다. 그날, 즉 목요일 오후 세 시경 나는 병원에 도착했다. 그녀가 나를 쳐다보았을 때, 나는 그녀의 영혼을 볼 수 있었

에필로그

다. 그것은 할아버지가 돌아가셨을 때 경험했던 것과 같은 현상으로, 나는 그런 모습을 보는 것이 싫었다. 일레인의 딸은 의사가 두 자매에게 어머니가 병을 이겨낼 기운이 없어서 화학요법 치료를 할 수가 없으며, 고비를 넘기기 힘들 것이라고 하더라고 했다.

나는 일레인의 변호사 친구가 도착할 때까지 그녀의 몸에 내 손을 얹고 있었다. 둘은 잠시 동안 이야기를 나누었고 일레인은 그가 그날 해준 모든 일에 대해 연신 감사를 표했다. 마치 그날이 그런 일을 처리할 수 있을 정도로 의식이 살아 있는 마지막 날임을 미리 알고 있기라도 한 것 같았다.

그러고 나서는 우리 둘만이 방에 남았다. 그녀는 내 손을 꼭 잡고 몸을 일으켜 앉더니 나의 눈을 똑바로 들여다보면서 물었다. "무슨 일이 난 거지? 왜 이 사람들이 다 여기 와 있는 거지?" 그녀는 자신을 찾아온 친구들에 대해서 묻고 있었다. "너는 알고 있지?"

나는 의사가 한 말을 그녀에게 해줄 필요는 없다고 생각했다. 왜냐하면 누구의 말과도 상관없이 그녀는 계속 투병을 할 것이었기 때문이다. 그래서 나는 무슨 일인지 모르겠다고 대답했다.

하지만 그녀는 나를 영혼 대 영혼으로 바라보면서 물었다. "나 오늘 밤을 넘길 수 있는 거니, 리사야?" 그녀가 너무나도 심각하고도 간절하게 대답을 알고 싶어했기 때문에 나는 거짓말을 할 수 없었다. "일레인, 솔직히 말해서 나도 모르겠어요"라고 내가 대답했다. 나는 그녀에게 다른 대답을 해주고 싶었다. 하지만 진짜로 나는 알지 '못했다.'

그러자 그녀는 자신을 떠나지 말아달라고, 자신의 앞에 놓여 있는 것이 무엇이든 간에 잘 넘길 수 있도록 도와달라고 부탁했다. 나는 그녀에게서 가장 개인적이고 내밀한 순간에 함께해달라는 부탁을 받은 것에 큰 영광을 느꼈다.

그러고 나서 일레인은 두 딸 중 하나를 불러서 법적인 문제에 대해 이야기했다. 하지만 그녀는 듣고 싶어하지 않았다. 나는 귀담아 듣는 것이 좋다고 강력히 권했다. 왜냐하면 상담하면서 사람들이 사랑하는 이의 마지막 말에 귀 기울이지 않은 것을 후회하는 것을 수도 없이 보았기 때문이었다.

나는 자정까지 병원에 있었다. 그리고 떠나면서 일레인의 딸들에게 조금이라도 변화가 있으면 꼭 연락을 해달라고 당부를 해놓았다.

다음날 아침 6시 55분경 나는 일레인이 내 이름을 부르는 소리를 듣고 눈을 떴다. 5분 후 나는 일어나서 이를 닦고 옷을 입으면서 일레인의 딸에게 문자메시지를 보내려고 허둥지둥하고 있었는데 메시지가 왔다. "제발 와주세요."

나는 아래층으로 뛰어 내려갔다. 찰리와 나의 조수 인마가 함께 레고로 만들기를 하느라고 온통 집중하고 있었다. 나는 아들에게 입을 맞추고 학교 끝나고 보자고 말했다. 인마가 아이를 돌봐줄 수 있다는 것이 너무나도 감사했다.

15분 후에 병원에 도착했다. 일레인의 딸들은 내가 너무나 빨리 도착한 것에 놀라움을 금치 못했다. 나는 내가 스포츠카를 모는 데는 다 이유가 있다고 농담을 했다. 때로 스포츠카는 정말로 쓸모가 있다. 그러나 사실 일레인의 영혼이 아침에 나를 깨웠을 때부터 최대한 빨리 병원으로 가야 한다는 것을 알고 있었기 때문에 그토록 빨리 도착할 수가 있었던 것이다.

일레인의 상태는 밤을 보내면서 악화되기는 했지만 아직 싸울 기운이 조금 남아 있었다. 그녀는 숨 쉬는 것조차 고통스러워했다. 나는 그녀를 안정시키기 위해 치유의 기운을 보내주었고 그녀의 몸은 필요한 만큼 그 것을 받아들였다. 영혼의 차원에서 그녀는 이 치유가 그녀를 도와주리라 는 것을 알고 있었다. 그녀는 정신이 들 때마다 사람들을 보고 미소를 지 으며 "이 몹쓸 놈의 병과 싸우고 있어"라고 말하여 모두에게 실낱같은 희망을 주었다. 그러나 그녀는 나를 쳐다보지 못했다. 왜냐하면 우리가 서로를 마주보는 순간 그녀는 진실을 볼 것이었고 나 역시 그럴 것이었기 때문이었다. 나는 상황을 받아들이고 거기에 대응하기가 몹시 힘겨웠다. 그러나 그녀를 사랑하는 사람들을 위안하기 위해서, 그리고 일레인이 뭔 가를 필요로 할 때 그것을 주기 위해서 강하고 긍정적인 태도를 유지해야 했다.

그날 일레인의 가족들은 그녀의 침대맡을 떠나서 장례식을 준비하러 갔다. 유대교의 풍습에 의하면 장례식은 운명의 날로부터 며칠 안에 거행 되어야 했다. 그날 밤도 나는 자정까지 일레인과 함께 있다가 다음날 아 침 일찍 돌아갔다. 토요일 오전 8시경 우리는 일레인을 방문하는 사람들 이 다 들어올 수 있도록 가구를 재배치하기로 하고 일레인의 침대를 방 한가운데로 옮겼다.

일레인은 마지막까지 일레인다웠다. 그녀는 딸들에게 욕을 하면서 그 '몹쓸 놈의 것'과 싸우기 위해서는 평화와 고요함이 필요하니 떠들지 말 고 입을 다물라고 했다. 웃음이 나오지 않을 수 없었다. 그녀의 몸은 날이 갈수록 약해지고 있었지만 기운만은 여전히 강인하고 거침이 없었으며 그녀는 마지막까지 모든 것을 다해서 병마와 싸우고 있었다.

그렇기는 해도 그날이 가장 힘든 날이었다. 나는 그녀의 다리를 붙잡 고 치유의 기운을 보내주는 것으로 아침을 시작했다. 나는 그녀의 영혼이 몸을 떠나려고 하는 것을 느낄 수 있었는데, 그때마다 그녀의 생각이 영혼을 다시 몸으로 되돌리면서 쿵 소리를 내곤 했다. 나 말고는 아무도 그것을 느끼지 못하는 것 같았다.

어느 순간 방 안의 사람들이 일레인이 잠들어 있다고 생각하고 깨우지 않기 위해 소리 없이 흐느껴 울기 시작했다. 나는 그녀의 영혼이 주변에 무리를 짓고 있는, 자신을 데리러 온 영들과 대화를 나누기 위해 잠시 몸을 떠나는 것을 느꼈다. 그때 나는 "그만들 좀 울라고 해줘! 제길!" 하는 소리를 들었다.(이쯤이면 독자들도 그녀가 욕쟁이였음을 알 수 있으리라)

나는 일레인의 영혼이 통증을 벗어나서 저세상으로 건너갈 준비를 하기 위해 몸을 떠날 필요가 있다는 것을 알 수 있었다. 숨 쉬는 것을 도와달라는 요청을 여러 번 받긴 했지만 그 시점에서 내가 할 수 있는 일이란 별로 없었다.

랍비이기도 한 그녀의 절친한 친구가 문안을 오자 그녀는 뭐라고 중얼거리기 시작했다. 그러다가 갑자기 종소리처럼 선명하게, "저놈은 몹쓸 얼간이야!"라고 했다. 그러자 그는 "일레인, 나한테 하는 얘기는 아니지?"라고 해서 우리는 모두 함께 웃었다. (그때 그녀가 누구에게 그 말을 했는지는 아직도 알지 못한다.)

랍비는 계속 우리와 함께 있었고 우리는 다 같이 기도를 드렸다. 그것은 매우 친밀하고 특별한 경험이었다. 랍비가 떠나고 나서 한 시간쯤 후에 나는 다시 일레인에게 치유의 기운을 보내주기 시작했다. 그녀는 말을 하기 시작했고 우리는 그녀의 말을 듣기 위해 그녀에게 몸을 굽히고 귀를 기울였다. 그녀는 딸들을 불러서 자기 자신에게 항상 솔직하라고 조언하고 행복하게 살라고 당부하고는 서로가 서로의 아이들을 돌봐주라고 했다. 그리고 나서 그녀는 방 안에 있는 모든 사람에게 모두가 그녀에게 제각각 무척 소중한 사람들이라고 말했다. 그녀는 가족들에게 그녀 주변에 둥글게 모여달라고 말했다. 두 딸이 각각 그녀의 손을 하나씩 잡았고 나는 그녀의 한쪽 손과 머리 위에 내 손을 하나씩 얹었다. 우리는 돌아가면서 그녀에게 감사한 일들과 그녀가 우리에게 미친 영향들에 대해 이야기했다.

그 후에 일레인과 나만이 방에 남게 되었다. 일레인은 오줌을 눠야겠다면서 일어나서 화장실로 걸어가려고 했다. 내가 막자 그녀는 "네 말이 맞아, 리사. 나는 여기 그냥 있어야 해. 하지만 두려운 마음이 든다"고 말했다. 나는 두려워하지 말라고, 내가 그녀와 함께 있으면서 그녀의 영혼을 보살피겠다고, 나를 믿어야 한다고 말했다. 나는 절대로 그녀를 떠나지 않겠노라고 약속했고, 실제로 그녀와 함께했다.

나는 밤새도록 일레인과 함께 있었다. 머리를 일레인의 발치에 있는 베개에 누이고 새우잠을 잤다. 자면서도 한쪽 눈을 열어놓고 그녀가 고통스러워하지 않는지 확인하기 위해 그녀의 숨소리에 귀를 기울였다. 일레인이 깨어날 때마다 나는 기운을 북돋아서 그녀가 안정을 취할 수 있게 했다. 그것이 그 시점에서 그것이 내가 할 수 있는 일의 전부였다. 그녀가 피할 수 없는 과정을 통과하는 동안 평안한 기운을 주는 것.

일요일이 왔고 그것은 모든 사람이 두려워하던 날이었다. 특히나 일레인의 딸들은 아주 어려운 결정을 내려야 했다. 그들은 일레인이 고통을 느끼지 않도록 모르핀 투여량을 가장 높은 수준으로 올리기로 결정했다. 우리는 모두 각자 그녀와 함께하는 시간을 갖고 그녀에게 사랑한다고 말했다. 일레인은 아직도 정신을 차리고 딸들과 이야기를 하려고 했다. 그러나 목에 물이 차서 말이 잘 안 나오는 상태였기에 그녀를 이해할 수 있는 사람은 나밖에 없었다.

지금 와서 돌아보면 내가 그녀의 말을 영혼의 차원에서 듣고 있었다는 것을 알 수 있다. 하지만 당시 내 의식 역시 한몫을 하고 있었다. 참 이상한 일이었다. 그녀는 종종 두렵다고 말했지만 나는 그것을 다른 사람들에게 이야기하지 않았다. 대신 나는 영혼 대 영혼으로 그녀에게 말했다. 이제 모든 것을 내려놓을 때라고, 모든 것이 다 잘 될 것이라고.

후에 우리는 그날 저녁 일레인의 집에 있는 전등들이 깜빡거리기 시작했다는 소식을 들었다. 그곳에는 일레인의 손주들이 모두 묵고 있었다. 집에서는 찰리가 안절부절못하고 있었다. 인마의 말에 의하면 찰리가 9시 35분경에 내 침대에서 자도 되느냐고 물었다고 했다. 9시 35분은 일레인이 저세상으로 떠나가기 시작한 시점이었다.

그 순간 일레인의 딸 제니는 방이 추워지면서 어머니가 그녀에게 오는 것을 느꼈다. 나는 내 친구 주변으로 영들이 가까이 모여드는 것을 볼 수 있었고 내 팔을 벌려서 친구가 그들을 잘 받아들일 수 있도록 도왔다. 나는 그녀가 내 벌린 팔에 내려앉는 것을 느꼈다. 그녀의 영혼은 투병으로 인해 무겁게 지쳐 있었다. 그녀의 영혼은 내 품 안에서 한 5분 정도의 시간 동안 휴식을 취했다. 나는 "모두에게 사랑한다고 전해줘"라는 말을 들었고 그녀의 영혼은 내 품을 떠났다. 그녀는 평안을 필요로 했다.

일레인이 아직 숨을 쉬고 있는데도 불구하고 사람들은 그녀에게 작별인사를 고하고 떠나기 시작했다. 나는 여기까지 함께했기에 떠나고 싶지 않았지만 또한 그녀가 딸들과 나누는 마지막 순간을 방해하고 싶지 않았다.

2010년 4월 26일 월요일 밤 12시 30분경, 막 떠나려고 하는데 제니가 나를 붙잡고 내가 한 모든 일에 대해 감사를 표했다. 갑자기 나는 폭발하는 듯한 에너지를 느끼면서 "가긴 어딜 가!"라는 소리를 들었다.

내가 방으로 돌아와서 일레인의 호흡을 재보기 시작했을 때 일레인의 딸인 데브라는 어머니의 손을 잡은 채 그녀 곁에서 잠이 들어 있었다.

마지막 순간이 가까워진 것을 알고 제니와 나는 동시에 "데브, 일어나"라고 말했다. 우리 셋은 모두 거기서 일레인이 마지막 숨을 거두는 것을 지켜봤다.

그것은 매우 평화롭고 고요하고 수월한 전환이었다. 하지만 나는 일레인이 그 과정에 스스로 영향을 미쳤다고 믿는다. 그녀는 "안 되지, 넌 마지막 순간까지 떠나면 안 돼. ― 네가 안 있겠다면 내가 지금 떠날 테야!"라는 메시지를 보냈던 것이다. 후에 우리는 그녀의 끈질긴 면을 이야기하면서 함께 웃었다.

일레인의 죽음은 내가 살면서 경험한 일 중 가장 친밀하고 달콤씁쓸한 순간이었다. 비록 나는 이미 이 책의 집필을 다 했고 죽음의 과정을 잘 알고 있지만 이것은 많은 사람들에게 도움이 되리라는 것을 알기에 그녀가 세상을 떠나는 동안 함께했던 경험을 세상과 나눠야만 한다고 생각했다. 나는 내가 깊이 사랑하는 한 친구를 잃어버렸다. 하지만 동시에 그녀의 마지막 순간을 함께할 수 있었다. 그것은 참으로 아름답고 희망을 주는 시간이었다. 그리고 그녀의 영혼을 내 팔에 안았다는 것… 그 엄청난 느낌은 말로 표현할 길이 없다.

찰리는 내가 인마와 나누는 대화를 엿듣고 내가 일레인과 함께 병원에 있었다는 것을 알아차렸다. 그는 여러 번 나한테 "엄마, 일레인이 다 낫기 전에는 집에 돌아오지 마세요"라고 말했었고 나는 그대로 따른 셈이었다.

일레인이 세상을 떠난 날, 집으로 돌아온 나는 아들과 함께 앉아서 일어난 일을 이야기해주었다. 그리고 확신하는 목소리로, 일레인은 이제 정말 좋아졌다고 말했다. 그녀의 영혼은 평안한 상태에 있었고 더 이상 쓸모가 없는 지친 육신으로부터 해방되어 있었다.

나는 일레인을 위해 구입했던 샴페인 잔에 쌓인 먼지를 털어낼 때라고 생각했다. 찰리에게도 샴페인을 잔 바닥에 찰랑찰랑할 정도로만 아주 조금 따라주었고 나도 다른 잔으로 샴페인을 마셨다. 우리는 함께 크리스탈 잔을 들고서 너무나 멋진 여인 일레인을 위해 건배했다. 그리고 웃으면서 일레인에 대한 가장 좋은 추억을 나누었다.

그 주 주말에 일레인의 딸 데브라가 방문차 우리 집에 들렀다. 나는 잔들을 다시 꺼내서 그녀의 어머니를 위해 거품이 이는 샴페인을 마셨다. 그리고 내 잔을 비운 후 깨끗이 씻어서 건조대의 중간에 깨지지 않도록 조심스럽게 올려놓았다.

우리가 대화를 나누던 중 데브가 갑자기 "어머나 안돼!"라고 소리를 질렀다. 내가 고개를 돌렸을 때, 크리스탈 잔이 서서히 떨어지는 것이 보였다. 잔의 아랫부분이 바닥을 치면서 잔의 대가 부러지면서 크리스탈은 산산조각이 났다. 마치 일레인이 "안 되지… 이 잔은 너하고 나만 마실 수 있어!"라고 말하면서 잔을 하나만 나에게 남겨준 것 같았다. 그날 이후로 나는 잔에서 떨어져 나온 크리스탈 조각으로 일레인을 기념하는 장신구를 만들어서 착용하고 다니기로 했다.

일레인이 세상을 떠난 지 정확히 한 달 하고 하루가 지난 5월 26일에 징표가 하나 더 주어졌다. 찰리와 나는 말벌 스물여섯 마리가 집안에서 죽은 채로 일레인의 사진 주변에 흩어져 있는 것을 발견했다. 말벌집이 있나 하고 바깥을 샅샅이 뒤졌지만 우리는 아무것도 발견할 수 없었다. 뿐만 아니라 말벌이라고는 산 것이든 죽은 것이든 한 마리도 발견할 수 없었다. 후에 우리는 일레인의 사진이 샴페인 잔에서 떨어져 나온 크리스탈과 함

에필로그

께 바닥에 놓여 있는 것을 발견했다. 그것은 기이한 일이었다. 왜냐하면 사진은 거실에 있었고 잔은 부엌에서 깨졌기 때문이다.

일레인의 영혼이 우리 모두와 아직도 연결되어 있다는 것을 보여주는 징표는 너무나 많이 나타났다. 가장 특별한 징표는 장례식 전날에 나타난 것으로, 그때 일레인은 나에게 직접 찾아와서 다음날 전달해달라면서 그녀의 삶에서 소중했던 사람들에게 전하는 개인적 메시지들을 나에게 주었다. 장례식 전에 나는 일레인이 그날 아침 나를 통해 상점에서 고른 카드에다 그 메시지를 적어서 사람들에게 각각 나누어주었다. 그것은 일레인의 영이 언제나처럼 사랑으로 가득하고 힘찬 모습으로 우리를 지켜보고 있다는 것을 우리 모두에게 확신시켜준 아름다운 나눔이었다!

나는 여러 해 동안 영과 소통을 해왔지만 일레인의 죽음은 우리의 영혼 속에 간직되어 있는 힘을 더 깊이 통찰할 수 있게 해주었다. 나는 그녀가 세상을 떠나는 과정에 함께할 수 있었던 것을 큰 축복으로 여긴다. 슬프기는 했지만 이 책을 통해 그 경험을 나눔으로써 많은 사람들이 삶과 죽음을 거쳐가는 자신들의 여정에 큰 도움을 받을 것이라고 믿는다. 육신으로는 존재하지 않아도, 일레인은 내가 세상 사람들에게 영혼의 여정을 이야기해주도록 아직도 끊임없이 도와주고 인도해주고 영감을 불어넣어 주고 있다.

감사의 말

이 책을 집필하는 동안 나의 삶에 영향을 미친 사람들이 많이 있다. 그 한 사람 한 사람에게 깊은 감사를 전한다. 특히 다음 사람들에게 감사를 표한다.

찰리에게, 네가 있는 그대로의 특별한 영혼으로서 존재해주는 것에, 그리고 어려웠던 시기에도 날마다 웃음 짓게 해준 것에 감사한다.

홀리에게, 나로 하여금 빛을 볼 수 있게 해주고 내가 나 자신을 믿을 수 있게 도와준 것에 감사한다. 홀리는 정말 엄청나게 영감이 넘치는 사람이다. 그런 홀리가 내 삶의 일부라는 것이 내게는 크나큰 축복이자 감사제목이다. 사랑해요.

조네시와 캐롤린에게, 내가 일정과 마감날짜를 계획대로 지킬 수 있도록 도와준 것에 감사한다. 쉽지 않았다는 것을 안다!

마이크에게, 나에게 책을 어떻게 쓰면 되는지 영감을 불어넣어주고 인도해준 것에 대해 감사한다…. 당신은 스타다!

제이니에게, 나와 함께해주고 힘들 때 기대어 울 수 있게 어깨를 내어주고 불평을 들어준 것에 감사한다. 당신은 이 힘든 여행에서 내가 일탈하지 않도록 너무나도 많은 방식으로 나를 도와주었다. 제이니, 당신은 내 영혼의 자매이고 항상 그러할 것이다. 사랑한다, 예쁜이!

미셸과 사라에게, 내가 하는 일을 믿어주고 내 글을 읽어준 것에 감사한다. 나에게 질문을 던짐으로써 모든 사람이 이해할 수 있는 책을 쓰도록 도와주었다. 참으로 고맙다!

라이언, 스티브, 그리고 더블 D에게 감사한다. 여행 중에 나를 보살펴주고 항상 나를 웃겨주어서 감사한다. 나도 이젠 "책을 써야 해!" 하지 않고 느긋하게 같이 놀 수 있다.

나의 매니저이자 친구인 마크에게, 항상 함께해주면서 나를 지지해주고 인도해준 것에 감사한다. 정말 고마워요!

리드 트레이시, 루이스 헤이 그리고 헤이하우스 팀 모두에게 감사한다. 나의 재능을 믿어주고 사람들에게 영혼의 여정에 대해 가르쳐주고 또 그들의 영혼의 여정을 도와줄 수 있는 장을 열어준 것에 감사한다.

나의 편집자 낸시 메리엇에게 감사한다. 이 책을 위한 당신의 피나는 노력, 사랑, 그리고 정열이 없이는 아무것도 이루어내지 못했을 것이다. 당신은 내 삶의 축복이었다. 이 모든 것이 조화로운 우정의 시작에 불과하기를.

LW 멤버들과 나의 재능을 지지해준 사람들에게 감사한다. 이런 후원을 받는다는 것이 나에게 얼마나 의미 깊은 일인지는 표현이 불가능하다. 응원과 사랑의 말들에도 감사한다. 당신들 모두가 정말로 내 마음속에 소중히 간직되어 있다!

이 외에도 감사해야 할 사람들이 너무나도 많다. 말 안 해도 본인들은 알 것이라고 믿는다. 당신이 늘 내 마음속에 있다는 것을 기억해달라. 당신들을 내 삶에 보내준 우주에게 깊은 감사를 보낸다.

역자후기

번역하면서 책의 내용을 통해서 많은 것을 배웠습니다. 에고의 제한된 시야를 훨씬 넘어서는 세계가 있다는 것, 그리고 의식을 그 세계 속으로 확장시키면 나 자신도 세상도 달리 보인다는 것은 귀중한 배움이었습니다. 지구 밖으로 확장된 의식 속에서 내 삶을 들여다보노라면 새로운 시각을 얻을 수 있었고, 지금 이 순간 이곳에서 사랑과 기쁨을 만끽하고 나누는 것이, 그것이 곧 전부이며 극치의 삶임이 명료해졌습니다.

이 책을 통해 죽음이 곧 새로운 삶을 향한 전환이라는 메시지가 더욱 널리 퍼지고, 우리가 지구상에서의 삶과 지구 바깥에서의 삶 모두를 사랑과 기쁨으로 설계하는 데에 보탬이 되기를 바랍니다. 또한 우리 모두가 단 한 순간도 혼자가 아니라는 사실을 마음 깊이 껴안게 되기를 바랍니다.

지금 이 순간을 가슴에 넘치는 사랑과 기쁨으로 산다는 것! 이것이 지상에 존재하는 가장 큰 보화임을 배우게 되어 참 기쁘고 감사합니다. 또한 이 가장 큰 보화가 매 순간 우리 모두의 가슴 속에 주어지고 있다는 것도 참 감사한 일입니다. 정신세계사 편집부에 깊은 감사를 보냅니다.

2012년 8월 옮긴이 자야리라